Pierre Chaunu, Georges Duby,
Jacques Le Goff, Michelle Perrot

Leben mit der Geschichte

Vier Selbstbeschreibungen

Herausgegeben und
mit einem Vorwort versehen von
Pierre Nora

Aus dem Französischen von
Eva Moldenhauer

S. Fischer

Die französische Originalausgabe erschien 1987
unter dem Titel ›Essais d'ego-histoire‹
bei Gallimard, Paris
© Editions Gallimard, Paris 1987
Für die deutsche Ausgabe:
© 1989 S.Fischer Verlag GmbH, Frankfurt am Main
Alle Rechte vorbehalten
Umschlaggestaltung: Buchholz/Hinsch/Walch
unter Verwendung eines Wandgemäldes von
Puvis de Chavannes ›L'Histoire‹ (Ausschnitt)
(Réunion des Musées Nationaux, Paris)
Gesamtherstellung: Wagner GmbH, Nördlingen
Printed in Germany 1989
ISBN 3-10-015503-3

Inhalt

Vorwort

In der *Bibliothèque des Histoires** wird diesmal ein Buch vorgestellt, das anders ist als die anderen. Es ist nicht Ergebnis
einer Untersuchung, sondern ein Laborexperiment: Historiker versuchen, ihre eigenen Historiker zu sein. Es sind Quellen und von künftigen Historikern als solche zu behandeln,
jedoch Quellen zweiten Grades; nicht solche, wie die Historiker sie im allgemeinen verwenden, sondern solche, die sie
über sich selbst verfaßt haben. Diese Essays können und sollen so gelesen werden, wie sie geschrieben wurden, d. h. unabhängig voneinander. Aber ihre Niederschrift, die einem
eindringlichen Auftrag folgte, und ihre Zusammenführung
möchten vor allem zur Erarbeitung einer Gattung beitragen:
der Ego-Historie, der Selbstbeschreibung. Eine neue Gattung
für ein neues Zeitalter des historischen Bewußtseins.

Sie entsteht am Kreuzweg zweier großer Bewegungen: Einerseits sind die klassischen Anhaltspunkte der historischen
Objektivität erschüttert worden, andererseits ist die Gegenwart ins Blickfeld des Historikers geraten.

Eine ganze wissenschaftliche Tradition hat seit einem Jahrhundert die Historiker dazu bewogen, vor ihrer Arbeit zu-
rückzutreten, ihre Persönlichkeit hinter ihrem Wissen zu verstecken, sich hinter ihren Karteikarten zu verbarrikadieren,
vor sich selbst in eine andere Epoche zu flüchten, sich nur
mittels der anderen auszudrücken; etwas Vertrauliches durften sie allenfalls in der Widmung oder im Vorwort zu einem
Essay einfließen lassen. Seit etwa zwanzig Jahren haben die
Errungenschaften der Geschichtsschreibung das Trügerische
dieser unpersönlichen Haltung deutlich gemacht. Daher ist
der Historiker von heute im Unterschied zu seinen Vorgän-

---

* Eine im Verlag Gallimard herausgegebene geschichtswissenschaftliche Reihe.

gern bereit, die enge und sehr persönliche Beziehung einzugestehen, die er zu seiner Arbeit unterhält. Inzwischen weiß jeder, daß ein eingestandenes und erläutertes Interesse einen besseren Schutz bietet als vergebliche Beteuerungen der Objektivität. Das Hindernis verkehrt sich in einen Vorteil. Die Entschleierung und Analyse des existentiellen Engagements stehen einer ungetrübten Forschung nicht mehr im Wege, sie werden vielmehr zum Instrument und Hebel des Verständnisses.

Derselbe Korpus von Traditionen nährte ein gesundes Mißtrauen gegenüber der Zeitgeschichte, von der man meinte, sie könne wegen ihrer zu großen Nähe nicht angemessen erhellt werden. Die Eroberung des eigenen Jahrhunderts und der Gegenwart durch den Historiker bildete im Laufe des letzten Jahrzehnts einen der Fortschritte der Disziplin. Sie zeigte, daß sich die für unüberwindlich erachteten Hindernisse bewältigen ließen und daß ein historisches Verständnis der Gegenwart nicht nur möglich, sondern notwendig war. Und wie sollte bei diesem kritischen Abstand gegenüber dem Unmittelbarsten nicht jeder veranlaßt sein, sich selbst als Untersuchungsgegenstand zu betrachten, an erster Stelle der Historiker, der in doppelter Weise gefordert ist?

Diese Feststellung hat uns bewogen, einigen Historikern vorzuschlagen, ein Experiment zu wagen[1]*. Diese Historiker sollten dem Publikum durch ihre Werke bekannt sein und aus verschiedenen Schulen stammen, um für ihre Disziplin repräsentativ zu sein, und nicht schon selbst ähnliche Versuche unternommen haben. Viele haben aus persönlichen Gründen abgelehnt, ohne ihr methodisches Interesse an diesem Vorschlag zu leugnen. Um so dankbarer bin ich den Autoren, die – die Risiken des Unternehmens wohl einkalkulierend – den Schritt gewagt haben. Sollte irgendein verständnisloser Geist über diesen Exhibitionismus erstaunt sein, so würde der Vorwurf einzig denjenigen treffen, der die hier versammelten Hi-

* Die Anmerkungen stehen am Ende des Bandes.

storiker in einer ganz persönlichen und uneigennützigen Anwandlung von Neugier dazu verleitet und gleichsam auch die Spielregeln bestimmt hat. Die vorliegenden Selbstbeschreibungen stellen weder falsch verstandene literarische Autobiographien noch unnötig intime Beichten, weder abstrakte Glaubensbekenntnisse noch einen Versuch wilder Psychoanalyse dar. Die Übung besteht darin, die eigene Geschichte so zu beleuchten, wie man es mit der Geschichte eines anderen täte, und den kalten, umfassenden, erklärenden Blick – jeder in seinem Stil und mit den ihm eigenen Methoden – auf sich selbst zu richten, der so oft anderen gegolten hat; als Historiker das Band zwischen der Geschichte, die man gemacht hat, und der Geschichte, die einen gemacht hat, zu erklären.

Möge der Leser beurteilen, ob das Ergebnis die bewährten Gattungen des persönlichen Gedächtnisses erneuert und das Verständnis der Zeit vertieft.

Leben mit der Geschichte enthielt in der Originalfassung noch drei weitere Beiträge, die für das französische Publikum insofern wichtig waren, als sie von herausragenden Kennern der Geschichte der politischen Sensibilitäten Frankreichs stammten: Maurice Agulhon, Historiker der republikanischen Kultur und der Linken, Raoul Girardet, Historiker des Nationalismus und der militärischen Gesellschaft, René Rémond, Historiker der Rechten und der katholischen Bewegungen. Diese Auswahl von sieben Autoren, so willkürlich und unvollständig sie sein mochte, verlieh dem Ganzen sein Gleichgewicht und seine Repräsentativität. Sie erlaubte es mir, in einem Schlußwort zu würdigen, welchen Beitrag diese individuellen Erfahrungen für die Geschichte der französischen Historiographie geleistet haben, da die Beleuchtung dieser historischen Schule, einer der originellsten Ausdrücke *unserer* intellektuellen Geschichte nach dem Krieg, im Grunde das Ziel dieses Unternehmens war.

Dieses Ziel bleibt, wie mir scheint, durch die hier versammelten, dem deutschen Publikum unmittelbarer zugänglichen vier Essays noch einsichtig genug. Zweifellos hat die vorliegende Fassung einen weniger experimentellen und demonstrativen Charakter als die französische, aber die Vielfalt der Ansätze zeigt hinlänglich, so hoffe ich, die Neuheit und Fruchtbarkeit dieser Form der historischen Forschung zweiten Grades.

Pierre Nora

Pierre Chaunu
Der Sohn einer Toten

Ich bin Historiker, weil ich der Sohn einer Toten bin und weil mich seit meiner Kindheit das Rätsel der Zeit umtreibt.[1] Soweit meine Erinnerung zurückreicht, fasziniert mich das Gedächtnis. Es bindet den Zement des Geistes, das Geheimnis unserer Identität, das Gedächtnis überantwortet uns dem Taumel des Seins und der Zeit. So wie Sie und so wie der Neandertaler, der vor fünfundvierzigtausend Jahren in La Chapelle-aux-Saints in der Region von Corrèze, aus der meine Väter stammen, mit einem komplexen Ritus den ersten Toten bestattete und zweifellos beweinte, also der erste wirklich menschliche Mensch, der im Bewußtsein des Todes in diesem Land lebte, so wie er, so wie Sie habe ich ein Problem mit der Zeit. In Wahrheit haben wir wohl, seit wir zu jagen verstehen, nie ein anderes Problem gehabt. Und dieses Problem ist das Problem des Todes. Wir wissen, daß die Zeit, besser gesagt die Dauer, nur in eine Richtung fließt, daß sie uns in ihrem Tunnel aus der Leere des Vorher in die Leere des Nachher stößt. Die Zeit läßt sich nicht rückwärts durchschreiten. Der Historiker weiß es, auch wenn er mit Michelet von der utopischen Wiedererstehung der Vergangenheit träumt; das Gedächtnis, mein Gedächtnis bewahrt nur einen schwachen Widerschein des Augenblicks, den ich gelebt habe und den wiederaufleben zu lassen ich mich in diesem Moment bemühe. Und in gewisser Weise kann ich den Augenblick, den ich gelebt habe, nur dann wiederaufleben lassen, wenn ich versuche, den Augenblick zu ersticken, den ich gerade lebe. Genau das ist der Schlüssel zu dem befremdlichen Haß, der uns umgibt und uns überrascht, dem Haß auf eine Vergangenheit, der paradoxerweise die Gegenwart und die Zukunft ermordet. Eben deshalb wird sich immer ein Wahnsinniger erheben und verkünden, man solle »mit der Vergangenheit aufräumen«. Was das einzige unfehlbare Mittel bleibt, die Gegenwart und die Zukunft zu vernichten. Sollte der Historiker derjenige sein, der, wenn er wie jeder Mensch vor dem grausamen Dilemma steht, seine Eltern nur dadurch wieder zum Leben erwecken zu können, daß er sein eigenes Kind erstickt, sich willentlich dafür entscheidet, sein Kind zu ersticken? Ist es vielleicht unsere Mobilität, die uns die Eindimensionalität der Zeit auf so tragische Weise fühlbar macht? Im Raum besitzen wir eine gewisse Freiheit, die wir sogar mit unseren fernen Ahnen teilen, welche in zehn Millionen Jahren gelernt haben, sich im beängstigenden Raum des aufrechten Gangs zu bewegen..., die Zeit dagegen klemmt uns ein. Welch sinnlose Ausflucht! Ich akzeptiere den Einwand. Wollen Sie etwa ihr persönliches Schicksal mit dem Abenteuer aller Menschen erklären? So besehen müßten alle Menschen Historiker sein. Habe ich nicht versucht, das mir Eigentümliche hinter der Trivialität unseres gemeinsamen Schicksals zu verstecken? Nein. Ich denke, daß wir alle, ich so gut wie Sie, unerhörte Anstrengungen unternehmen, um zu vergessen. Lange glaubte ich, das Gedächtnis sei dazu da, uns zu erinnern, jetzt aber weiß ich, daß es vor allem dazu da ist, zu vergessen. Den meisten Menschen gelingt es, die beklemmende Faszination der Dauer zu verdrängen. In meinem Fall konnte die Verdrängung nicht stattfinden. Meine frühe Kindheit erlaubt es mir nicht, das Banalste unseres gemeinsamen Schicksals aus meinem Bewußtsein zu vertreiben.

Ich wurde am 17. August 1923 geboren, in einem erst kurz zuvor aus seinen Trümmern wiedererrichteten Winzerhaus am Fuß der Maas-Hügel, etwa drei bis vier Kilometer von der Stelle entfernt, wo sich 1916 die Front vorschob, am Rand der roten Zone des Schlachtfelds auf einer Erde, von der kein Zentimeter von Kugeln und Granaten verschont geblieben war. Mein Gedächtnis ist noch immer angefüllt mit den großen toten Bäumen, die man erblickt, wenn der Renault 6, der keuchend von Ban-Saint-Martin bei Metz nach Belleville bei Verdun kriecht, aus der Woëvre-Ebene zum Rand des Vorgebirges gelangt. Meine frühe Kindheit, behutsam eingebettet in eine Welt von betagten Erwachsenen und Greisen, war glücklich. Als ich im Alter von neun Monaten meine Mutter verlor, wurde ich von einem kinderlosen Ehepaar aufgenommen, der um vieles älteren Schwester meiner Mutter und einem Onkel, dessen wunderbare Begabung zum Vater mich einhüllte. Dieser Onkel, vom Vater her ein Pyrenäer und mütterlicherseits ein Lothringer, den ich verlor, als ich neun Jahre alt war (es war mein erster Schmerz, meine erste Begegnung mit dem Unglück, das mich später mit der Krankheit und dem Tod meines ältesten Sohns erneut traf), war mir mehr als ein Vater. Er war mein Gefährte und ich der seine. Stundenlang wanderten wir Hand in Hand. Er erzählte mir alles, erklärte mir alles. In dem langen Schweigen, das seinem Tod folgte, lebten seine Worte in mir fort. Er hatte mir gesagt... Was hätte er gesagt? Das hatte er vorausgesagt... Mein Onkel war Berufsoffizier. Wir wohnten in der Nähe von Metz am Fuß der Mosel-Hügel. Ich ging oft nach Verdun am Fuß der Maas-Hügel in mein Geburtshaus, in dem meine Großeltern lebten, *Virodunum,* die *civitas Virodunensium,* die im 13. Jahrhundert von der Stadt der Mediomatriker abgetrennt wurde. Ich wußte es nicht, aber es hätte meinem Metzer Patriotismus gutgetan.

Es kam auch vor, daß meine Großeltern uns besuchten. Sie waren schwarzgekleidet, traurig wie die zerschossene Kathedrale von Verdun, wie die toten Bäume und die geschundene Erde in diesem niedergedrückten Land, niedergedrückt vom Leid einer Million zerfetzter Leben. Meine Großeltern hatten den Tod meiner Mutter nicht verwunden. Meine Großmutter dämmerte dahin, und mein Großvater war schroff, griesgrämig, ungeduldig, wortkarg. Für ihn war das Leben mit dem Tod meiner Mutter zu Ende gegangen. Ich erinnerte ihn grausam an die Abwesende.

Man beugt sich über Fotografien. Wir sind am Kilometerstein 33 auf der Straße nach Metz, in Ban-Saint-Martin; durch das Fenster sieht man die Mosel. Wie Simonides von

Keos erinnere ich mich an den genauen Standort der Personen und Dinge... die Szene ist erstarrt. Vielleicht hat sie sich mehrmals abgespielt, daß sie so tief in mein Gedächtnis gedrungen ist. Die Bilder sind immer die gleichen: Verdun, die Hügelkette der Maas, Verdun, immer während der Schlacht. Häuserruinen, Mauerreste, zerfetzte Bäume. Es kam mir normal vor. Als einziges Kind in einer Welt von Erwachsenen bedauerte ich es, nicht teilgenommen zu haben an diesem Abenteuer, von dem nur ich ausgeschlossen war. Was war diese so nahe und faszinierende Sache, die allen gehörte und von der ich allein getrennt war? Auf jenen Fotografien erkannte ich alle Leute wieder. Meinen Vater, er kommt uns von Zeit zu Zeit besuchen, von weit, sehr weit her, und sein Besuch bereitet mir große Freude. Für ein paar Stunden herrschen in diesem gewöhnlich stillen Haus fieberhaftes Treiben und gekünstelte Freude. Auf diesen vergilbten Fotografien eine hochgewachsene Frau, weißgekleidet, ein wenig traurig, schön. Ich frage, wer diese Frau ist... und bekomme keine Antwort. Die Blicke wenden sich ab. Verstohlen wischt man eine Träne ab. Eine rätselhafte Abkapselung geschieht. Zweifellos fürchten sie, mich zu verletzen. Mit ihrem Schweigen verletzen sie sich selbst. Ich darf es nicht wissen. Ich bin der Sohn der Toten. In Belleville sagen die Dörfler: »Der Sohn von Héloïse«. Sogar mein Onkel, der immer so offen ist, tut, als verstehe er nicht. Es steht ihm nicht zu, dieses Gesetz des Schweigens zu übertreten.

Heute verstehe ich die Bedeutung dieser Leere des Vorher. Wegen dieser unterbrochenen Kommunikation kann ich es nicht ertragen zu vergessen.

Ihretwegen bin ich Historiker geworden. Wirklich zählt im Leben nur die frühe Kindheit, die uns prägt, und mehr noch das geheimnisvolle Leben davor, das intrauterine Leben. Das wußte ich ganz intuitiv. Die ersten Regungen in der Tiefe der Existenz sind diejenigen, die uns formen, das dichte Geflecht im Herzen unserer Selbst bilden, von dem aus sich alles orga-

14

nisiert, in einem Achsensystem, das man zwar biegen, aber nicht radikal verändern kann.

Als Kind, das allein inmitten von bejahrten Erwachsenen und Greisen lebt, konfrontiert mit einer doppelten Abwesenheit – der Abwesenheit der geheimnisvollen weißen Dame und der des Kriegs – und spät eingeschult, fehlt mir die Gesellschaft anderer Kinder, deren kurzes Gedächtnis sich mit dem meinen verschränken und damit zu einer gemeinsamen Wahrnehmung der Dauer beitragen könnte. Ich lebe allein, mit einem verstümmelten Gedächtnis, dessen Achsen zu dem rätselhaften, unerreichbaren, nahen, verschwimmenden, irritierenden Horizont eines Vorher fliehen, das Leere, Bruch, Einschnitt, Trennung bedeutet. Am Anfang war der Tod, am Anfang war das Vergessen. Gegen dieses Vergessen empört sich mein ganzes Wesen. Das Amerika, das ich entdecken muß, ist die Vergangenheit, die mit dem Gedächtnis der Erwachsenen beginnt, mit dem Gedächtnis unserer Großeltern, und die ich zurückverfolgen werde bis in jene Raumzeiten, wo alles nach mir ruft.

Lange bevor ich von ihrer Existenz wußte, betrieb ich die Kunst jener antiken Rhetorik, deren unvergleichliche Historikerin Frances A. Yates gewesen ist. Zwischen Metz und Verdun, wo sich meine ersten Lebensjahre abspielten, habe ich mir einen historischen Raum geschaffen. In diesem Raum, wie in meinem Gedächtnis, gab es den Krieg. Alles in Metz und Verdun, alles, was mich umgab, war für den Krieg. Und so wie Tage und Nächte aufeinanderfolgen, so organisiert sich die Dauer um jene beiden Gesichter: Der Krieg ist die starke Zeit, die wahre Zeit, die mit wahren Ereignissen angefüllte Zeit. Er ist es, der den Rest der Dauer festhält, die schlaffe Dauer der Vor- und der Nachkriegszeiten, die nichts anderes sind als künftige Vorkriegszeiten; 1914–1918 war überall. Das Bild der kleinen Amateurfotografien bestätigend, bot sich meinem Blick das riesige Schlachtfeld zwischen dem Rand der Maas-Hügel und Verdun, die rote Zone, die Mauerruinen, die zerschossene Kathedrale. Wir sind bis nach

Reims vorgestoßen, dessen aufgerissene Kathedrale noch beeindruckender war. Bescheidener hinterließ 1870, woran meine Großeltern sich erinnerten, seinen Stempel: es war Mars-la-Tour, Gravelotte. Zwischen Metz und Verdun durchquerte ich den Krieg von 1870 (den ich nicht mochte, wegen seiner lächerlichen Kanonen und weil wir ihn verloren hatten: »das Schwein Bazaine«) vor dem bei weitem eindrucksvolleren Krieg von 1914–1918; mit Entsetzen überschritt ich auch die ehemalige Grenze, die zwar getilgt war, unsichtbar und diskret jedoch fortbestand, vor allem natürlich durch das Merkzeichen der schwerfälligen wilhelminischen Architektur auf dem angrenzenden Hang. In Metz das Post- und Bahnhofsviertel, das zum Teil mit den fünf Milliarden der Reparationssumme finanziert worden war. Wir hatten sie zurückgewonnen. Die Zeitmaschine funktionierte in entgegengesetzter Richtung, die traditionelle Chronologie hatte sich umgekehrt.

Und es stört micht nicht. Die Geschichte erschöpfte sich nicht in 1914–1918 und 1870. Es gab auch noch die Römer. Sie waren massiv vertreten in Jouy-aux-Arches, mit den Ruinen des Aquädukts, der Metz versorgte. Vor den Römern hatte ich ungeheuren Respekt. Sie bezeichneten wirklich die Stunde Null. Die Steine der Pfeiler von Youy-aux-Arches faszinierten mich. Ich hatte sie mir aus der Nähe angeschaut. Die zerfressenen Steine, den roten Zement dazwischen. Ausgezeichnete Maurer, diese Römer, kommentierten meine Onkel. Welches Kind hat nicht Mörtel angerührt und versucht, eine Mauer hochzuziehen? Später dämpften die Mißgeschicke von Vercingetorix ein wenig meine Bewunderung. Aber die Gallier, die meinem Blick nichts hinterlassen hatten, blieben außerhalb meines raumzeitlichen Rasters. Noch umfaßte der enge Kreis meiner kindlichen Erfahrungen weder Eyzies noch La Chapelle-aux-Saints. Ja, 1914–1918, 1870 und die Römer sorgten für die starken Zeiten meiner räumlichen Chronologie, die Körnung meiner Raumzeit. Zwischen sie schoben sich schlecht und recht einige bescheidene

Gäste: Ludwig XIV., nicht sehr geschätzt, durch die Place d'armes (und Versailles, in das meine Tante vernarrt war; Ludwig XIV. gehörte zu einer weiblichen Gegenwelt), und das Mittelalter, von dem die Kathedrale von Metz zeugte, waren auf der Suche nach einem angemessenen Status.

Die wahre Chronologie war die des Krieges, das *yin* der Raumzeit, die männliche, harte, wahre Realität. Mein Onkel war Angler. Wir fuhren die Mosel hinauf bis zu den Eisenbahnbrücken: die von vorher, fremdartig, außer Betrieb, mit ihren Markierungen, die es erlaubten, das Fortschreiten der Risse zu verfolgen (die von vor 1870, zumindest glaubte ich es), und jene von danach (von vor 1914). Metz hatte zwei Bahnhöfe, vor allem die Lokomotiven faszinierten mich; meine Familie zählte mehrere Eisenbahner, meinen Großvater, meinen Vater, einen Onkel. Die Welt der Züge fügte sich schlecht und recht in mein Bezugssystem. Der Bahnhof von vor 1870, unauffällig, blaß, und der kolossale, von Kaiser Wilhelm gewünschte, mit den fünf Milliarden erbaut. Ja, der Krieg war wirklich der universelle Kontrapunkt. Die verborgene, harte Realität, deren sichtbarer Teil lediglich die Rinde war. Untereinander sprachen die Erwachsenen von nichts anderem. Manchmal senkten sie die Stimme, wenn es, dessen war ich sicher, um meine rätselhafte Vergangenheit ging, um das, was ich nicht wissen durfte. Der Krieg war also das wahre Sein der nahen und unerreichbaren Zeit, das Geheimnis der Ursprünge. Der Krieg war die Zeit der weißen Dame, Héloïse Charles, meiner Mutter, gestorben im Alter von dreiunddreißig Jahren, kurz nach meiner Geburt.

Jenseits dieser nahen und fernen Linie begann etwas, das man der Bequemlichkeit halber Geschichte nennt, etwas, das ich undeutlich erkannte, noch bevor ich ihm einen Namen gab, die Geschichte, das Jenseits der nahen Linie, wo alles sich trübt, umkehrt, auflöst, zerrinnt. Das, was Sie Geschichte nennen, wird also mit der natürlichen Eroberung dieses Jenseits zusammenfallen, wenn an die Stelle des Nebels eine Ordnung tritt, eine »Zunahme an Licht«, von der man instinktiv spürt, daß es sie geben muß, vergraben, also erreichbar, jenseits des Todes. Denn am Anfang meines Gedächtnisses ist der Tod, der Lärm, der »noise« von Michel Serre, und die beginnende Geschichte ist wie ein Jenseits des Todes. Im nachhinein ermesse ich jetzt, wie schwer dieser Bruch, der meine frühe Kindheit durchzog, auf der Entwicklung meiner Persönlichkeit lastete. Vielleicht sogar der Tod meiner Mutter, die an meiner Wiege zusammenbrach, und die Reise durch Frankreich in anderen Armen, die indes so fürsorglich waren, wie man sie sich nur erträumen kann. Ich begeisterte mich für Erzählungen. Wie Herodot versuchte ich mit Hilfe meiner Zeugen und des Raums, den ich mir als Geschichtsbuch errichtet hatte, voller Merkzeichen wie lauter Hierophanien, das Feld dessen zu organisieren, was ich nicht erlebt hatte, sowie dessen, was um mich herum weiterlebte. Verstehen Sie mich recht. Daran ist nichts Seltsames. Jene Kontinuität des Werdens, die in uns ist, mein persönliches Abenteuer als Waisenkind, das in eine Welt von Greisen verpflanzt worden war — mehr als ein anderer hatte ich das Bedürfnis, sie zu verwurzeln, indem ich sie über die stumme Zone des Anfangs hinaus verlängerte. Dazu mußte ich die Gegenwart zu dem einzig Greifbaren explodieren lassen, zur Vergangenheit; dazu würde ich also andere Gedächtnisse annektieren müssen.

Weil ich in meiner frühen Kindheit, am Anfang des Lebens, dem Tod begegnet bin, wie man es wohl nennen muß, und zwar auf tragische, mysteriöse, existentielle Weise, ist jenes Bedürfnis in mir entstanden, das mich in Ermangelung eines Besseren zum Historiker gemacht hat.

In Ermangelung eines Besseren. Gewiß bin ich in meiner frühen Kindheit dem Tod begegnet. Aber ich habe keine Erinnerung daran ... Er hat ein zweites Mal zugeschlagen in meiner Kindheit; und später mit der endlosen Agonie meines ältesten Sohns in der Blüte seiner Jugend. Vielleicht habe ich ihn deshalb so stark gespürt, weil er die Wunde aufriß, die er beim ersten Mal meinem Unbewußten zugefügt hatte. In der langen Nacht vom 11. zum 12. März 1933, dicht wie die Ewigkeit – ich höre die Glocke die Viertelstunden schlagen, ich betaste die vor angstvoller Schlaflosigkeit schwitzende Schwärze, schwärzer als Ruß – habe ich das Unglück erfahren. Ohne jedes Vorzeichen ist im Alter von zweiundfünfzig Jahren derjenige, der mir mehr als mein Vater war, mein Gefährte, der Bruder, der Freund, der Führer, der Vertraute, mein Gedächtnis, mein Wissen, mein ein und alles gestorben an einer Krankheit, die man damals noch nicht Herzinfarkt nannte. Zum erstenmal habe ich das Unglück erlebt. Von dem Sekundenbruchteil Ewigkeit an, der das Unglück trägt, kreuzen sich die Fäden, verwirren sich, kehren sich um, verlieren sich, das Unglück explodiert wie tausend Atombomben; von dem Augenblick des Unglücks an ist alles fremd, eisig, heiß, bitter, anders.

Das Kind wählt, durch Identifizierung mit einem geliebten Wesen, ein Vorbild. Solange mein Onkel gelebt hatte, war es mein Traum, Soldat zu werden. Alles ermutigte mich dazu. Sorgte nicht der Krieg für die starken Zeiten? Das gesamte Leben von Metz und Umgebung kreiste um eine Garnison von achtundzwanzig- bis dreißigtausend Mann. Dort habe ich über die Afrikaarmee die kaiserliche Republik kennen und lieben gelernt, die den großen Fleck auf den Landkarten bildete. Deutete nicht alles darauf hin, daß eines nicht fernen Tages eine noch furchtbarere Armee am Horizont auftauchen würde, die man gegen das nach Revanche lechzende Germanien, so wie wir nach Revanche gelechzt hatten, gegen neue Barbaren erneut würde bekämpfen müssen? Da die Welt, die ich mir errichtet hatte, ganz und gar an diesem Raster hing, von dessen Natur ich natürlich nichts ahnte, war es völlig normal, daß ich davon träumte, hier meinen Platz einzunehmen. Da der Krieg jene geheimnisvolle Dichte war, da es ihn vorzubereiten galt, um ihn nicht zu führen, würde ich Offizier werden.

Soldat sein, das heißt im starken Sinne Geschichte machen. Aber der Kindertraum konnte mein Vorbild nicht lange überleben. Mein Onkel, ein Offizier, dieser aufgeklärte Mann, der mehr Pyrenäer als Lothringer war, der die »Deutschen« sagte und nicht die »Boches«, dieser Soldat, der den Krieg nicht liebte, dieser Militär, der eher Politiker als Krieger war, dieser Republikaner, der, zuweilen laut, von der Versöhnung der beiden Völker träumte: »Die Deutschen sind mutige Männer, es sind gute Soldaten; könnten sich Franzosen und Deutsche doch eines Tages vertragen.« Er hatte das Ruhrgebiet besetzt, und das hatte ihm nicht gefallen. Mit wachsender Sorge hatte er die Entwicklung in Deutschland zwischen 1930 und 1932 verfolgt, und sie gefiel ihm ganz und gar nicht. Nach ein paar Monaten begriff ich, daß mein Onkel meine Kinderträume mit sich genommen hatte. Das Militärische – ich sah es jetzt von außen – erschien mir brutal, dumpf, unverständlich, langweilig, es war mir fremd geworden. Ich habe die Soldaten immer respektiert, aber ich weiß, daß ich instinktiv in meinem Herzen ein Zivilist bin, der wie meine bäuerlichen Vorfahren und wie mein leiblicher Vater zwar Waffen tragen würde, wenn es nötig wäre, und sich Mühe gäbe, seine Sache gut zu machen, es jedoch anderen überläßt, dauernd daran zu denken.

Aus einem noch subtileren Grund konnte mein Traum mein Vorbild nicht überleben. Indem er mitten in der Nacht, während ich schlief, feige den Menschen packte, den ich auf der Welt am meisten liebte, wurde mir klar, daß der Tod nicht nur, nicht wesentlich der äußere Feind war. Um ihn zurückzudrängen, war mehr und Besseres vonnöten als Soldaten.

Ich habe immer nur von drei Schicksalen geträumt: von dem des Soldaten, das mein erster Schmerz zu Grabe getragen hat; von dem Beruf, den ich ausübe, sowie dem des Biologen oder des Arztes. Wie das kleine Kind der Dritten Republik träumte ich davon, Pasteur oder Calmette zu sein, die man auf Briefmarken abbildete. Zwischen den drei Träumen erkenne ich heute einen Zusammenhang, der mir lange entgangen war. Fasziniert vom Riß des Anfangs, werde ich den Tod zurückdrängen. Entweder indem ich die äußere Bedrohung auf Abstand halte oder indem ich dem Tod das verschüttete Gedächtnis derer entreiße, die, jenseits des Schleiers des Anfangs, die Raumzeit meiner Kindheit abgesteckt hatten; oder aber indem ich den Tod selbst zurückdränge wie Pasteur und die Pasteurianer, die die republikanische Schule in den Himmel hob.

Seinen Sohn Arzt werden zu lassen, war der geheime Traum meines Vaters. Für ihn bedeutete es sozialen Aufstieg, und er war bereit, große Opfer zu bringen. Ich hatte für die Naturwissenschaften eine ausgeprägte Vorliebe. Es war die krankhafte Angst vor dem Blut und vielleicht eine Nervenschwäche, die Unmöglichkeit, ganz und gar im Mitgefühl zu leben und alle Leiden und Schmerzen des anderen auf mich zu nehmen, die diese fragile Anwandlung kurz nach dem Bakkalaureat beendete. Diesen Traum habe ich in meinen Kindern verwirklicht und vielleicht in meiner Forschung – in der Faszination durch alles, was mit der biologischen Wirklichkeit der Menschen in den Fasern ihres Fleischs zusammenhängt.

Der Wunsch nach Geschichte wurde in mir geweckt, als ich in Metz in der sechsten Klasse an einem der ersten Oktobertage 1934 meinen Lehrer Grosdidier de Matons über Ägypten sprechen hörte. An jenem Tag wußte ich, daß ich Geschichtslehrer sein würde wie er. Ich würde weggehen, das Gedächtnis mit dem Vorher anreichern, was eine andere Art und Weise ist, den Tod zurückzudrängen, eine Art, gegen das zu kämpfen, was ich noch weit mehr fürchte als den Tod: das Vergessen.

Was sich danach ereignete – ich habe es hier und da der Feder anvertraut –, hat keinen so unmittelbaren Einfluß mehr auf meine Ego-Historie als Geschichtswissenschaftler. Ich werde mich daher auf das Wesentliche beschränken. Ich hatte das Privileg – und das fällt ins Gewicht –, sehr gute Lehrer gehabt zu haben. Einige Monate im Gymnasium von Metz und später im Corneille-Gymnasium von Rouen Jean Schneider, Louis Girard und Michel Mollat. Heute kann man sich das Glück der kleinen Gymnasiasten dieser Dritten Republik

zur Zeit der »Dekadenz« kaum noch vorstellen. Was das Er-
ziehungswesen angeht, so erfreuten wir uns wunderbarer
Überlieferungsreste.

Michel Winock, der mich für die Zeitschrift *Histoire* inter-
viewte (das Interview erschien drei Jahre später in gekürzter
Form), stellte mir, nachdem er mir eine halbe Stunde zuge-
hört hatte, eine, wie ich glaube, nicht vorgesehene Frage:
»Mit einem Wort, Sie haben das aufregende Jahrzehnt der
dreißiger Jahre durchlebt, [...] jene Jahre wachsender Spannungen, des schleichenden Bürgerkriegs in Frankreich, und
nichts davon kommt in Ihren Büchern vor. Weshalb dieses
völlige Desinteresse für die politische Geschichte? [...].« Ich
hatte mir die Frage noch nie gestellt, so natürlich kam mir
mein Verhalten vor. Ich hätte mich auf das erste Vorwort zu
La Méditerranée von Fernand Braudel berufen können. Vier
Jahre Sorbonne hatten mich zum Teil unbefriedigt gelassen.
Die fünf Vorlesungen über Lateinamerika, ausgehend von
Humboldt und seiner Erfahrung, die Fernand Braudel, aus den
Gefangenenlagern zurückgekehrt, in einem kleinen Saal des
Historischen Instituts hielt, hatten einen solchen Schock in mir
hervorgerufen, daß sie meine ganze Pilgerfahrt als Historiker
beherrschten. Schon in den ersten zehn Minuten war ich er-
obert, überwältigt. Ich bin es noch immer. Das räume ich ein.
Aber es ist keine Antwort. Wie ich hatte sich Michel Winock
für die nahe Vergangenheit begeistert. In seinem Unbewußten
war die Heraufkunft des Faschismus vielleicht das, was für
mich das Schlachtfeld von Verdun gewesen war. Die Leere des
Vorher, die Faszination dieses nahen Gedächtnisses, das nicht
mehr das unsere ist, das ist für mich 1916, es sind nicht die
traurigen Jahre von 1933 bis 1937. Ich erlebte sie in völliger
Isolation. Da ich fast das ganze Jahr allein mit meiner Tante
verbrachte, die durch ihre Trauer gebrochen war – heute
würde man von einer sehr langen Depression sprechen –, von
einem Familienkonflikt überschattet, waren diese Jahre ohne
jeden Zweifel die schwärzesten meines Lebens.

Ein Teil meines Lebens war am 12. März 1933 zu Ende gegangen, um ein Uhr morgens. Wenn ich die Zeitung las oder Radio hörte, Augen und Ohren offen für die Welt, aber durch ein sehr kleines Fenster, versuchte ich instinktiv, alles, was neu hinzukam, an meinem einzigen Orientierungspunkt zu messen: dem Urteil meines Onkels. Mein innerer Dialog war der Dialog mit einem Toten. Rückblickend scheint mir, daß diese Lesart des Ereignisses ebenso gut war wie eine andere.

Mein Onkel hatte mit vorausahnender Furcht die Welle des Nazismus anrollen sehen. Alles, was in einem praktisch zweisprachigen Land durch die Grenze sickerte, trug dazu bei, mich in meiner traditionellen Sicht zu bestärken. Mein kindliches Bewußtsein sah die *Barbaren* kommen. Und sie würden auf dem traditionellen Weg kommen.

Vor dem Krieg war Metz die große jüdische Stadt Frankreichs. Meine »israelischen« Schulkameraden konnten im allgemeinen Deutsch, und was sich die Kinder ins Ohr flüsterten, war beunruhigend. Man dachte nicht immer daran. Aber alles schürte das Unbehagen.

Der Schock, die große persönliche Bewußtwerdung war für mich das Saarland. Die Grenze ist vierzig Kilometer entfernt. Das Saarland wird wählen, wir rechnen. Die Prognosen lassen sich gut an. In der Straßenbahn von Ban-Saint-Martin nach Metz unterhalten sich zwei Mosel-Bauern und wägen ab. Der eine sagt zu dem anderen: »Du sollst nicht denken, daß ich ein schlechter Franzose bin. Die Saarländer sind Deutsche ...« Ich habe die Zahlen noch im Gedächtnis. »Die Mehrheit wird für Deutschland stimmen, trotz allem, was im Augenblick passiert (die Mosel-Bauern mißtrauten Hitler), das macht höchstens 30% für den *status quo* und Frankreich, mehr für den *status quo* als für Frankreich« (71% für Deutschland, 29% für die Autonomie sollten die freien Wahlen 1955 ergeben). Die beiden Mosel-Bauern, ohne ihr Wissen Nacheiferer von André Siegfried, hatten den jeweiligen Anteil der Alteingesessenen der Eifel und der Einwanderer aus dem industrialisierten Osten Deutschlands während der wilhelminischen Periode des großen Wohlstands abgewogen. Ihre Worte hatten mich empört. Die Zahlen (93%) ließen uns erstarren. Noch heute spüre ich sie wie ein Schwert in meinem Fleisch.

Wenn ich heute diese Ereignisse heraufbeschwöre, steigen noch immer zwei Bilderfluten in mir auf. Ein britisches Bataillon des Ordnungsdiensts der S. D. N. marschiert unter unseren Fenstern in Ban-Saint-Martin vorbei. Noch nie haben wir so feurige Soldaten gesehen. Unsere Infanteristen wirken grau und glanzlos. Wir sind gedemütigt und beruhigt. Alles wird ordnungsgemäß verlaufen; einige Tage später kommen die ersten Flüchtlinge an, jammervoll. Jene, die falsch gestimmt hatten oder die Anwandlung dazu verspürt hatten, die triste Kohorte der jüdischen Familien, gehetzt und verstört, traf in Metz ein.

Im Hof des Gymnasiums, in einer Ecke, ein Neuer. Ich nähere mich ihm, reiche ihm die Hand... Er schützt seinen Kopf. In diesem Augenblick bemerke ich sein Gesicht. Es ist geschwollen. Er glaubte, ich käme, um ihn zu schlagen. Ich stand wie versteinert. Er verstand kein Französisch. Meine wenigen Worte Deutsch reichen nicht aus. Außerdem wären sie mir nicht aus der Kehle gekommen. Die Verstörung ist stumm. Dieser junge Saarländer, etwas jünger als ich, ist nie aus meinem Gedächtnis verschwunden. Er ähnelt dem kleinen Jungen auf dem Umschlag des Buchs *Der gelbe Stern* von Gerhard Schoenberner.

Diese alten Bilder sind die starken Zeiten einer sehr langen Sequenz. Ein deutschsprachiger Nachbar aus Lothringen, mit einer Saarländerin verheiratet, der mir ein Freund geworden ist und mich als Erwachsenen behandelt, vertraut mir 1937 folgendes an: Seine saarländische Frau, die nur Deutsch spricht, hört den deutschen Rundfunk. Sie ist von Hitlers Rede aufgewühlt. Man hört die heisere Stimme durch die Tür: »Hör zu, Kleiner, dieser Adolf bringt uns nichts Gutes [...] Meine Frau, eine liebe Frau, wenn sie ihm zuhört,

24

erkenne ich sie nicht wieder, sie gebärdet sich wie eine Verrückte.«

Mehrere Schlägereien... Wenigstens zweimal habe ich mich geprügelt. Einmal in Metz, weil ich bestimmte antisemitische Witze nicht ertrage. Ich bin »Anti-Antisemit«, sagt der Sohn des Apothekers der Stadt höhnisch zu mir. In Rouen, weil ich im Januar 1939 erzählte, was wir in Metz über das Geschehen in Deutschland voraussahen; ein großer kräftiger Kerl, stark wie ein Stier, sehr erregt, so reich, wie ich arm war, der sich für einen Kommunisten ausgab, schlägt mir mit einem enormen Faustschlag das Gesicht blutig wegen des Verbrechens der Kriegshetze. Ohne Groll traf ich ihn ein Jahr später auf der Flucht in Tulle, und ich fragte ihn, was er nun von den friedlichen Absichten der Nazis halte, dieser braven Deutschen, für die er sich damals im Namen der Internationale so heftig verbürgt hatte.

Als entschiedener Republikaner im Gymnasium von Metz, wo sich die aktivste Gruppe für die *Action française* erwärmte, jedoch als gemäßigter Republikaner innerhalb der Familientradition, wo man das Andenken Poincarés in Ehren hielt, hatte ich lustlos den Wahlsieg der Volksfront erlebt. Angesichts des Spanischen Bürgerkriegs schlug mein Herz entschlossen für die Helden des Alcazar; ab 1938 ließ die politische Vernunft den Sieg Francos fürchten, denn man konnte vermuten, daß er sich – viele meinten, durch unsere Schuld – dem wahnwitzigen Deutschland anschließen würde, ein Alptraum.

Nein, die Innenpolitik ist entschieden von mir abgeglitten. Ich sehe nichts, was im Laufe jener Jahre auch nur eine einzige Zwangsvorstellung genährt hätte, es gab nur die ferne Drohung: bald werden sie wiederkommen. Das Schlachtfeld von Verdun hat seine junge Beute nicht fahrenlassen. Ich kann meine Aufmerksamkeit nicht wirklich auf Spiele richten, deren Regeln und Bedeutung mir entgehen.

Ich habe die Agonie vom Sommer 1938 erlebt. Mein Vater

verbot mir, nach Metz zurückzukehren. Meine Tante, der Weisung gehorchend, hat sich in die Normandie abgesetzt. Diesmal ist der Krieg eine Gewißheit. Endlich kommt das ersehnte Gewitter. Die Kriegserklärung empfand ich als Befreiung. Seit 1935 fühlte sich der kleine Junge aus Metz als Träger einer erstickenden Gewißheit. Innerlich ließ niemand es gelten, daß ein Kind in so schwerwiegenden Problemen, also Erwachsenen-Problemen, eine Meinung haben konnte. Damals und in jenem bescheidenen Milieu hatte ein Kind zu schweigen. 1939 endlich war die Maske gefallen. Ich bin nun fast erwachsen und von der Landschaft meiner Kindheit abgeschnitten. Das Leben hat mich herumgestoßen, es ist rauh. Um nicht ständig verletzt zu werden, habe ich mich bemüht zu vergessen. Zwei oder drei Tage nach dem 10. Mai 1940 widerfuhr mir ein Abenteuer. Ich wohne in der Gegend von Rouen, in Le Petit-Quevilly am linken Ufer. Am frühen Nachmittag höre ich in der Buchhandlung Van Moe in Rouen die Nachricht, daß Sedan gefallen ist. Eine Verkäuferin bricht in Tränen aus. Ich gehe hinaus, mein Kopf ist leer. Bei einem Nachbarn am linken Ufer taucht plötzlich überdeutlich eine Szene vor mir auf, die ich vergessen hatte. Im Herbst 1932 kommt mein Onkel von den großen Manövern zurück. Er ist sehr aufgeregt, ungewöhnlich gesprächig. Er erklärt: Die Maginot-Linie wird unüberwindlich sein, wenn sie fertig ist. Natürlich gibt es die Maas, aber mit den Ardennen ist der Komplex nicht zu umgehen. Die »Partei der Roten«, die das Unmögliche versuchte, wurde mit Glanz und Gloria zurückgeworfen. Dann bricht eine andere Szene hervor. Mein Onkel erklärt mir mit gut gespitztem Bleistift und einem Blatt Papier die Strategie des Angriffs auf das Scharnier und der doppelten Einkreisung auf den Flügeln, das ABC des *Kriegsspiels**. Ohne jeden Zeit- und Ortsbegriff denke ich laut: »Sedan ist gefallen, die Maas ist überschritten worden, das Scharnier ist aufgesprengt, die Mitte durchbrochen, also haben wir den

---

* deutsch im Original

Krieg verloren.« Eine kräftige Ohrfeige reißt mich aus meinem Traum. Am nächsten Morgen hatte ich diesen bösen Gedanken glücklicherweise verjagt.

Am Tag vor dem Bakkalaureat, zu Beginn des Kriegs, mußte man sich entscheiden. Die schwierigen materiellen Bedingungen schränkten meine Wahl ein. Nachdem ich die Medizin aufgegeben hatte, blieb die Geschichte. 1942 habe ich – ein kleines Haus in Aulnay-sous-Bois ermöglichte es mir – die Vorlesungen in der Sorbonne besucht, die fast normal arbeitete.

Ich wußte, daß meine Zeit bemessen war. Daß ich unter den gegebenen Verhältnissen ein langes Studium hätte absolvieren können, wäre ein kleines Wunder gewesen. Ich wollte es um jeden Preis beenden. Ich brannte vor Eifer. Ich sammelte die Unterlagen für mein Diplom, von Juni bis August 1944. Da die Vorortzüge nicht mehr verkehrten und die Straßen von Kontrollen und Sperren blockiert waren, hatte mir mein Vater eine Armbinde der *S.N.C.F.* besorgt, und so gab ich mich als Bahnbeamter aus und erreichte Paris mit dem Fahrrad, dessen Reifen ich mit Lappen sicherte. Bis zu dem Tag, an dem gegen elf Uhr, als die Schlacht um Paris beginnen sollte, die Verwaltung der *Bibliothèque Nationale* den letzten zehn Lesern ihre Pforten verschloß. Und so habe ich die zweihundertundvier Bände der Werke von Eugène Sue zu Ende gelesen. Ohne das Wort zu kennen, haben mir die Bauern, von denen ich abstamme, die bescheidene Religion der Staatspflicht vererbt. Hätte mich der deutsche Wachtposten nach meinen Papieren gefragt, wäre ich höchstwahrscheinlich erschossen worden. Nach reiflicher Überlegung weiß ich nicht, ob die Werke von Eugène Sue dieses Risiko wirklich wert waren. Trotzdem habe ich meine Mühe nie bereut.

1945 begegnete ich Fernand Braudel. Hätten Sie mich vor zwanzig Jahren gebeten, eine Selbstbeschreibung zu verfassen, so hätte ich Sie mit diesem langen Exkurs verschont. Ich hätte als erstes dargelegt, daß ich, nachdem ich mich aus Neigung für das Fach Geschichte entschieden hatte, eine Diplomarbeit über Eugène Sue vorbereitete, weil Charles Hippolyte Pouthas ein netter Mensch war; er schüchterte mich weniger ein als Pierre Renouvin, den ich sehr bewunderte, und er hatte zwischen diesem populären Romancier des 19. Jahrhunderts und mir eine geheime Verwandtschaft erraten. Ich glaube, daß er mir dieses Thema deshalb vorschlug, weil ich als Gegenstand eines Referats die »Gegner des Katholizismus« gewählt hatte. Wie Michelet, Victor Hugo und viele andere ist Eugène Sue ein Spiritualist, der sich mit der Kirche in Konflikt befindet. Der zähe Katholizismus des 19. Jahrhunderts wird seinen Erwartungen nicht mehr gerecht. Sollte ich irgendwann die Muße dazu haben, werde ich Ihnen noch einen Eugène Sue vorlegen. Ich bin Charles Hippolyte Pouthas zu Dank verbunden für die Monate, die ich mit diesem Arztsohn verbringen durfte, einem ruinierten Großbürger, reumütigen Karlisten, Massenmedium des Fourierismus, Rekordinhaber des beschriebenen Papiers in hunderttausend Exemplaren, in alle Sprachen übersetzt, der unter dem Empire Republikaner im Exil war, in seinem Protest ebenso standhaft wie Victor Hugo, und den ein gnädiger Herzschlag rechtzeitig vor dem Verfall bewahrte, dessen Zeichen seine letzten Werke tragen.

Eugène Sue war eine angenehme Kurzweil gewesen. Man baut sein Leben nicht auf einer Kurzweil auf. Trotzdem halte ich diese wenigen Schritte auf den Wolken noch heute nicht für sinnlos. Sie verleihen meiner existentiellen Entscheidung von 1947/48 ihre volle Bedeutung. Mein freundlicher Lehrer Pouthas und ich sahen Eugène Sue nicht mit denselben Augen. Der Brennpunkt unseres Interesses war nicht derselbe. Für Pouthas zählte die Pariser Stichwahl von 1850: Eugène Sue, ein Symbol, Vorwand für die Mehrheit, die an dem Wahlgesetz festhält, das einen Teil der Arbeiterklasse von den Urnen fernhalten würde. Mit einem Wort also, Eugène Sue und das Klima, das zum 2. Dezember und zum Niedergang der Zweiten Republik führt.[2] Mein Interesse galt etwas anderem. Heute würde ich *Eugène Sue, Massenmedium* vorschlagen, Eugène Sue und die Zirkulation der sozialen Utopie, Eugène Sue und die bürgerliche Empfänglichkeit für die soziale Frage. Es fehlte uns an Mitteln, an Konzepten. Bestenfalls wäre bei mir ein Loblied auf die *minores* nach dem Muster von Daniel Mornet herausgekommen. Die Rückkehr zur Vorbereitung auf die Agregation nach einem Aufenthalt in der Armee war eine harte Prüfung gewesen. Es war ein Rückfall in die Kindheit. Ja, ich führe einen Prozeß gegen meine Kindheit. 1947 war glücklicherweise das gesegnete Jahr meiner Heirat – mein ganzes Glück verdanke ich meiner Frau – und auch das Jahr meiner ersten Anstellung. Mein Abschneiden beim *Concours* erlaubte mehr. Man bot mir Le Mans, dann La Flèche an; ich entschied mich für Bar-le-Duc. Ich glaubte Lothringen vergessen zu haben, es brachte sich mir in Erinnerung. Generalinspektor Crouzet wunderte sich über meine Wahl. Sanft versuchte er, mich davon abzubringen. Man darf Kindheitserinnerungen nicht zu früh wiedererwecken. Und ist Bar-le-Duc überhaupt noch Lothringen? Ich fand weder die strahlende Hügelkette der Mosel wieder noch die tragische Herbheit meiner Schlachtfelder. Bar-le-Duc, wo ich drei und später dreieinhalb Tage pro Woche verbrachte – ich war ein *S. N. C. F.*-Lehrer zur Zeit, als die *C. G. T.* behutsam ihre Verbindung zu den Zügen abbrach –, weckte in mir den heilsamen Wunsch nach Flucht. Das war nötig, um meinen Haß auf das Reisen zu überwinden.

Ich war Braudel begegnet. Um ihm zu folgen, mußte ich mit dem 19. Jahrhundert brechen. Braudel hatte uns von Labrousse erzählt, mit Wärme und Bewunderung. Wie alle Welt erklomm ich, die Agregation in der Tasche, die Etagen des Hauses Nr. 62 in der Rue Claude-Bernard. Man teilte Frankreich in Departements auf. Labrousse schlug mir die Maas vor, er pries sie in den höchsten Tönen. Ich haßte Bar-le-Duc. Von meinem starken Appetit getrieben, tauschte ich die Maas gegen den Norden ein, und da stand ich nun auf der Wahl-

karte des Nordens. Der Norden beschäftigte mich achtund-
vierzig Stunden. Nein, die Innenpolitik fesselte mich entschieden nicht. Zudem verlangte Labrousse, daß ich die in den
Prämissen enthaltene Folgerung veranschaulichen sollte.

Zur gleichen Zeit begeistert sich Maurice Lévy-Leboyer
für die Bank. Dort liegt der Schlüssel für das Scheitern. Ich
bleibe draußen. Macht und Geld faszinieren mich nicht. Ich
finde mich wieder bei Braudel ein. Lucien Febvre, der die
6. Sektion der *Ecole des hautes études* aufbaut, braucht eine
Hilfskraft. Braudel leiht mich an Febvre aus. Und so bin ich
drei Tage in der Woche ehrenamtlicher Sekretär, der vom
Erdgeschoß der Rue La Fontaine aus mit dem Telefon meiner
Schwiegermutter den ersten Aushang der jungen 6. Sektion
organisiert. Wir opferten unsere Pfingstferien, meine Frau
hat ihre Nächte dort verbracht, auf ihre Hausarbeiten verzichtet. Der Aushang sollte sie zwar die Agregation kosten,
aber alles war rechtzeitig fertig. In zwei Wochen habe ich
mehr über den *homo universitarius* gelernt als der Abbé
Breuil in fünfundzwanzig Jahren über den Cromagnon-Men-
schen.

Zum Dank hilft mir Braudel bei der Suche nach einem
Thema. Diese wenigen Tage habe ich in guter Erinnerung.
Gemeinsam haben wir den Verlauf der großen Strukturkrisen
zurückverfolgt. In der Zwischenzeit fand ich die Muße, den
gesamten Simiand zu lesen, ich verschlang die Ökonomen.
Ich war stolz auf mein Englisch, das ich bei der Armee gelernt
hatte – leider nur mit den Augen und einer erfundenen Aus-
sprache, die die Engländer seltsamerweise hartnäckig ab-
lehnen. Es galt, den Schlüssel zu finden für die unheilvollen
Umschwünge der Haupttendenz. Im diffusen Klima des mar-
xisierenden Ökonomismus der Jahre 1945 bis 1950 – er
schwängerte die Luft, man atmete ihn in fetten sauren Tröpf-
chen ein wie den Londoner *fog* –, zweifelte niemand daran,
daß zwischen der Krise von 1929 und dem Krieg mit seinen
vierzig Millionen Toten ein ursächlicher Zusammenhang bestand. 1932 hatte Simiand eine Erklärung für die Krise von

1929 vorgetragen, über deren Simplizität ich heute lächle, die mich jedoch damals ungemein bestach.

Diese großen Umschwünge waren 1929–1932, 1873 bis 1876, 1817–1820, 1726–1730 sowie ein noch unscharf schlecht umgrenzter Zeitraum zu Beginn des 17. Jahrhunderts. Das hieß nicht nur, die Erschütterungen zu Beginn unseres Jahrhunderts besser zu verstehen, sondern auch den nachdenklichen Ökonomen, also eines Tages vielleicht auch einer Politik, die ich mir als eine wissenschaftliche Politik des Gemeinwohls vorstellte, mittels eines besseren Verständnisses dieser geheimnisvollen Rhythmen Handlungsmöglichkeiten zu empfehlen. Kurz gesagt, eines Tages würde es dem Historiker zufallen, die Experimente, die die Sozialwissenschaften nicht durchführen können, so zu isolieren, wie die gesellschaftliche Natur sie innerhalb des komplexen Flusses der Dinge verwirklicht. Dazu bedürfte es mathematischer Instrumente, das heißt ganz einfach und prosaisch: guter statistischer Reihen, auch wenn sie nur approximativ, ja sogar grob wären, die die Reihen und Kurven, welche die amerikanischen Ökonomen, die zu lesen ich mich befleißigte, so erfolgreich handhaben, weit in die Vergangenheit verlängern würden.

Das alles war in meinem Geist noch nicht sehr klar. Sehr viel später begann ich es in den methodischen Aufsätzen auszudrücken, von denen der erste, 1960 in Brüssel erschienen, die Aufsatzsammlung eröffnet, in der sie in einem 1976 konzipierten und 1978 erschienenen *Cahier des Annales* zusammengefaßt sind.[3] Aber das alles gärte in mir und verlieh mir den Eifer eines Kreuzfahrers. In Wahrheit hatte ich, ohne daß ich mir dessen voll bewußt war, an meinen Kindertraum angeknüpft. Ich trat an gegen den Krieg und gegen den Tod. Ich war Soldat und Arzt, denn ich suchte nach der Vergangenheit, nach dem gesellschaftlichen Körper. Wenn man freilich das Resultat, die Mittelmäßigkeit, die Grobschlächtigkeit und manchmal die Naivität der Verfahrensweisen und Mittel mit dem Traum vergleicht, ist man versucht, mit den Achseln

zu zucken. Letztlich hat das kaum Bedeutung. Was zählt, ist
der Traum. Nicht Berechnung, nicht Karrierestreben, sondern der unbewußte Traum, dieses verrückte Unformulierte
hat mich, in einer oft wahnsinnigen Anstrengung, wahrhaft
an die Grenzen menschlicher Kraft getrieben.

Die Ausgangshypothese war simplistisch, streng moneta-
ristisch. Fernand Braudel hatte aus seiner Dissertation ein
wichtiges Kapitel, »Vom Gold des Sudan zum Geld Amerikas«, herausgenommen. Er war zu dem Schluß gekommen,
der ins Schwarze traf: »Der Lauf der Welt folgt dem Rhyth-
mus der Edelmetalle.« Als begeisterte Schüler wiederholten
wir uns diesen Satz immer wieder. Fernand Braudel, ein auf-
merksamer Leser und Freund von Earl J. Hamilton, hatte
mich auf einen Satz und eine Anmerkung (S. 37, Anm. 2)
in *American Treasure and Price Revolution in Spain
(1501–1650)* aufmerksam gemacht, jener Bibel, die seine
Anhänger in den Himmel hoben. Um den Zusammenbruch
der Zufuhr des Amerikageldes nach Sevilla zu erklären, jene
Panne, die das Ganze in Mitleidenschaft zieht, hatte Hamilton, von den Klagen einer anti-philippinischen »Lobby« beeindruckt, die in Sevilla aktiv war (ich konnte es verifizieren
und in einigen Umrissen nachzeichnen), geschrieben: »An in-
crease in trade with the Orient.« Es lag etwas Grandioses in
dieser Hypothese: ein gefräßiges China, das auf rätselhafte
Weise einen Fangarm über den Pazifik, der Galeonenlinie fol-
gend, nach Manila ausstreckt und das Blut, nein, das Geld
Amerikas aussaugt, den Reichtum an der Quelle zum Versie-
gen bringt. Hier lag das Szenario eines gigantischen Geld-
kriegs vor, der auf amerikanischem Boden Europa und den
Fernen Osten aufeinanderprallen ließ – Stoff genug, meine
Phantasie zu nähren. So verstanden war die historische Forschung ein märchenhaftes Abenteuer. Ich folgte also in Gedanken den Spuren von Columbus, Legazpi und des *El Do-
rado*.

Die Archive der *Casa de la Contratación de Indias,* die alle
Geschäfte mit der Neuen Welt kontrollierte *(Trade and Navi-*

gation, hatte Clarence H. Haring formuliert), waren in Sevilla geblieben. Von dem heute zerstörten antiken Gebäude der *Casa* im faszinierenden *barrio* Santa Cruz bis zum Prachtbau von Hererat, der alten *Casa Lonja,* wo heute die Indienarchive lagern, haben diese kostbaren Papiere, die zuweilen fünfzehntausend Kilometer gereist waren, bis sie endlich im Hafen eintrafen (die Verwaltung der Philippinen im 16. Jahrhundert verwendet *papel de China*), nicht mehr als fünfhundert Meter zurückgelegt. Es genügte, Spanisch zu lernen und in diesen Indienarchiven, in den öffentlichen Rechnungsbüchern die Spur der *alcabalas,* der *almojarofazgos* zu finden – theoretisch Wertsteuern, die auf den Transaktionen und Tauschgeschäften in Indien wie in Spanien lagen, nach Modalitäten, die zu verstehen man sich bemühen müßte. Es war ausgeschlossen, über die Annäherungen von William Lytle Schurz hinaus, dessen Aufsätze ich in Frankreich wegen der großen Lücken, die der Krieg gerissen hatte, nur zum Teil konsultieren konnte (nicht *The Manila Galleon,* auf den ich mich in Spanien stürzte), daß der Umfang des Tauschhandels zwischen Mexiko und dem Fernen Osten über die Philippinen nicht Gegenstand einer Steuerbuchführung gewesen war, die interpretiert werden müßte. Wir machten uns also mit einem doppelten Auftrag auf die Reise. Während ich den Pazifik beobachtete, sollte meine Frau zusehen, ob man die Kenntnisse über die Bewegungen auf dem Atlantik nicht verbessern könnte.

Ich hatte ein Stipendium von der *Ecole des hautes études hispaniques* erhalten (dessen Höhe mir unbekannt war, vierzig Prozent des Anfangsgehalts des *Agrégé* in Bar-le-Duc) und für meine Frau die Zusage für etwas noch Unpräziseres. Im Grunde sind wir ohne gesicherten Rückhalt abgereist, ohne mögliche Unterstützung durch die Familie, abgesehen von der Selbstaufopferung meiner Großmutter, die kaum genug zum Leben hatte. Daß wir es durchgestanden haben, grenzt fast an ein Wunder. Manchmal kommt es mir so vor, als hätten wir in absoluter Unwissenheit – deshalb wurde uns vergeben – das Schicksal herausgefordert. Die Beziehungen zwischen Frankreich und Spanien waren damals – ich gewahrte es alsbald bei einer finsteren Geschichte mit Mikrofilmen, die mich vor die *Seguridad* brachte – auf dem Tiefpunkt. Eine Regierung Bidault hatte gegen das Franco-Regime Sanktionen verhängt, die die angelsächsischen Mächte mit der weisen Absicht beschlossen hatten, sie nicht anzuwenden. Wir standen also allein da, da unsere Partner sich zurückgezogen hatten. Dieser grandiose Schnitzer (una *blandadura,* sagte ein spanischer *chiste*) hatte natürlich zur Folge, daß sich eine Menge Leute um Franco und sein Regime scharten, die meinten, wir hätten uns in Dinge eingemischt, die uns nichts angingen. So wie wir gehen auch die Spanier gern aufeinander los, hassen es aber, wenn man sich in ihre Streitigkeiten einmischt. Während dieses Aufenthalts habe ich gelernt, wie wichtig es ist, den anderen in seiner Verschiedenheit zu respektieren. Ich liebe Frankreich; ich respektiere unsere Identität viel zu sehr, als daß ich je in Versuchung käme, sie dem Nachbarland aufzunötigen. Dieser Aufenthalt in Spanien von 1948 bis 1951, unterbrochen nur von einigen Reisen nach Paris, bleibt einer der schönsten, vielleicht der schönste Augenblick meines Lebens. Obwohl ich zwölf, dreizehn, vierzehn Stunden täglich arbeitete, fand ich Zeit, mich umzuschauen und zu beobachten. Mit jener Hast, die mich Zeit meines Lebens verzehrt hat, mit dem Gefühl, eine Frist, eine unverhoffte Chance zu haben, in Wahrheit dem Gefühl, daß die Zeit verrinnt und daß man ein Höchstmaß an Früchten in die Scheuer bringen muß, »solange es noch Tag ist«. Ich begriff, daß die Angst vor dem Tod, der am Anfang ist, mich nicht verlassen hat und daß sie es ist, die mich vorwärtstreibt, jener gierige Wunsch, ihm zu entreißen, was mir gehört, dem Vergessen zu entreißen, was nie den Bereich eines Selbstbewußtseins verlassen darf, das darauf brennt, ein Höchstmaß an Informationen, an Noten der unsichtbaren Partitur zu retten. Soviel zu der Raserei, mit der wir arbeiteten: abschrieben, lasen, in den Archiven, den Bibliotheken Bücher ausliehen, fotokopierten – um im Sommer weiterlesen zu können –, uns täglich vierzehn Stunden über Mikrofilme beugten, bis die Augen schmerzten, zwei bis drei Lampen pro Woche verbrauchten auf einem vorsintflutlichen tragbaren Lesegerät. Aus Gewohnheit bin ich lange Zeit weitergestürmt, wenn ich einmal in Schwung war, stets mit der gleichen Neugier auf die Fortsetzung. Einzig der Gegenstand wechselt, einzig das Ziel ändert sich, aber – ich gestehe es ein wenig wie ein Gebrechen – die Hast ist immer dieselbe und der Wissensdrang immer gleich stark.

Ab Januar 1949 ist alles einfach. Wir treffen in Sevilla ein, stellen an einem eiskalten 3. Januar fest, wie weise die Königin Isabella war, als sie empfahl, den Winter in Valladolid und den Sommer in Sevilla zu verbringen. Sehr rasch, nach nur wenigen tastenden Versuchen, hatten wir die *Cantadurias* in Händen, an die damals niemand dachte, und, um uns im Labyrinth der *Casa de la Contratactión* zurechtzufinden, das *Libro de Registros,* eine Art Katalog der Archive, der es ermöglicht, einen ersten Reiseplan aufzustellen, den man dann nur noch durch sukzessive Näherungen zu vervollständigen braucht.

Gegen März, April sind wir im Besitz zweier Gewißheiten; die eine betrifft den Pazifik, die andere, bald darauf, den Atlantik. In der Ausgangshypothese einer negativen Korrelation, eines Wechselspiels der beiden Ozeane, mußte das Volumen des Tauschhandels zwischen Mexiko und China über Acapulco und Manila Anfang des 17. Jahrhunderts in die Höhe schnellen, um den Zusammenbruch des Handelsverkehrs auszugleichen, der schon durch Hamiltons Ansätze vorauszusehen war. Innerhalb von vierzehn Tagen stand es fest. Ich hatte inzwischen eine große Geschicklichkeit bei der Durchsicht dieser Geschäftsbücher in römischen Ziffern auf Chinapapier entwickelt und fand rasch die Zusammenfassungen; der Handelsverkehr drehte der Hypothese eine Nase: während ich ihn anflehte zu steigen, sank er von Jahr zu Jahr.

In Wahrheit währte mein Verdruß nicht lange. Das wäre zu einfach gewesen; es gab also andere Gründe. Die Bewegungen im Atlantik und im Pazifik gehorchten einem geheimnisvollen Dirigenten. Es hatte keine Eroberung gegeben, das Volumen war nicht konstant, die Bewegungen wurden von einem tiefen Atem getragen. Man mußte zu verstehen suchen und sich zu diesem Zweck zuverlässige Statistiken beschaffen. Mit Hilfe des *Libro de Registros* konnten wir rasch einen Strang zurückverfolgen, das Raster der Schiffsbewegungen erstellen und anhand dieses Rasters einen statistischen Ansatz für die Tauschgeschäfte und Bewegungen konstruieren. Dieses Raster blieb zwar weit hinter unseren Wünschen zurück, aber meines Wissens gibt es nichts Entsprechendes für eine so weit zurückliegende Periode mit vergleichbarer Masse. Das empirische Werk, das die sieben Kilo und acht Bände des statistischen Teils von *Séville et l'Atlantique* bilden, dreitausendachthundertneunzig engbedruckte Oktavseiten, wurde unter der doppelten Signatur von Huguette und Pierre Chaunu 1956/57 von der *E.P.H.E.* veröffentlicht. Meine *These** ist lediglich die ein wenig lang geratene Erklärung (3400 Oktavseiten) und Interpretation der Geschichte des spanischen Amerika und der überseeischen Transaktionen anhand dieser neuerarbeiteten Dokumentation, mittels eines Instruments oder, bescheidener gesagt, einer sekundären Dokumentation und einer leicht zugänglichen primären Dokumentation. Ich hatte den Ehrgeiz, so gut es eben ging, die strategische Masse des ersten statistischen Werkzeugs dieser Größenordnung in den historischen Stoff einfließen zu lassen für das, was wir bereits damals die vorstatistische Zeit zu nennen pflegten. Das erste Projekt, *Le Pacifique des Ibériques*, hat sich in zwei Bänden, dreihundert Druckseiten, einem Kartenwerk (achtzig Seiten) sowie Graphiken niedergeschlagen. Das Ganze war im Mai 1960 beendet. Wir hatten, so glaube ich, den mit uns selbst geschlossenen Vertrag erfüllt.

* Entspricht in etwa der deutschen Habilitation.

Von nun an haben sich die Dinge sehr rasch weiterentwikkelt. Jean Marczewski trieb die quantifizierende Geschichtsforschung der französischen Ökonomie voran. Das *Centre de recherches historiques* förderte – mit dem Ziel, die französische Schule innerhalb der internationalen Gemeinschaft der Wissenschaften zu stärken, um 1965 die großen Schlachten in Wien und vor allem in München zu gewinnen – die Untersuchungen über die verlassenen Dörfer, denen später der Zehnte und die Anthropologie des Rekruten folgten... Le Roy Ladurie, ein Vorkämpfer in dieser Materie, wird bald die Liebe der jungen Clio und des guten alten Computer feiern können. Das alles habe ich mit Leidenschaft verfolgt[4], sogar ein wenig daran teilgenommen. In Wahrheit jedoch hatte sich meine Bahn bereits verändert.

Meine Bahn hatte sich verändert aufgrund der inneren Logik meiner Forschung, eines Zusammentreffens von Umständen und zweifellos dessen, was latent in meinem Herzen war. In Wahrheit ist die Vergangenheit neutral, sie sagt immer nur das, was wir hören wollen.

Von der zyklischen Dynamik angetan, an der Spitze einer beeindruckenden Garbe neuer statistischer Reihen, genüßlich die Analysetechniken handhabend, die ich im Kielwasser unseres Lehrmeisters Ernest Labrousse voller Stolz auf ältere Epochen und auf Reihen anwandte, die nicht mehr nur Reihen von Preisen waren, hatte ich mich auf eine beschreibende Studie der Konjunktur geworfen, die mir heute unnötig aufgebläht vorkommt. Wie Fernand Braudel äußerst nachsichtig sagte: Es mußte getan werden. Und Ernest Labrousse fügte hinzu: zu Ende gebracht werden. Was davon bleibt, habe ich in einem Kapitel von *Conquête et exploitation des noveaux mondes* zusammengefaßt. Die Schlußfolgerungen beanspruchen dreißig Seiten; heute verlockt es mich nicht mehr, die zweitausend Seiten an Beweisen wiederzulesen, die ich beigebracht hatte. Sie sind da. Und da niemand mehr die Existenz dieser Fluktuationen in Zweifel zieht, mögen sie in Frieden

ruhen. Heute bezeichnen sie eine nützliche und glücklicherweise überholte Etappe.

Ich denke, daß sie nur noch für die Geschichte der quantitativen Geschichtsforschung von Interesse sind. Man beginnt
mit der Länge und endet bei der Kürze. Die Maschine von
Watt im Londoner Museum entwickelt die Stärke eines 2 PS-
Motors und hat die Größe eines Umzugslastwagens von zehn
Tonnen. Alle meine Schüler fassen sich kurz. Jean-Pierre Bardet, der mich wegen der Fülle der Zählungen tadelt, bringt
auf fünfhundert Seiten drei Jahrhunderte Rouen unter, neun-
hundert Geburten, vierhunderttausend Migranten, neunhun-
dertzwei Bände Gemeinderegister, wozu noch die fast ver-
gleichbare Masse der Gerichtskanzlei sowie zweiundzwanzig
Bände protestantische Register hinzukommen. Ja, die quantifizierende Geschichtsforschung hat sei zwanzig Jahren gelernt, sich kurz zu fassen. Der Computer, der uns zu besseren
Mathematikern machte, hat nicht wenig dazu beigetragen.
Nach Kräften habe ich diese neuen Techniken gefördert.

Die Analyse der Fluktuation hat mich nicht lange begeistert. Ich habe die Analyse so weit vorangetrieben, wie es vor
dreißig Jahren möglich war. Mir scheint, daß die Fluktuation
nicht mehr interessiert in dem Maße, wie das irrsinnige
Wachstum der »trente glorieuses«* die Schwankungen auf
kleine Abweichungen auf einer tendenziell stark ansteigen-
den Kurve reduziert zu haben scheint. Dagegen habe ich meinen Ausgangspunkt nie aus den Augen verloren, nämlich den
Grund für jene Klimaveränderung, die das Scharnier der beiden Jahrhunderte (16.–17. Jahrhundert) so stark prägt. Die
Klimaveränderung ist die Folge eines Phänomens der Leere,
eines Motorausfalls, und die Ursache dafür ist der Zusammenbruch der Bevölkerungsentwicklung, die hellsichtigsten
Zeitgenossen waren sich dessen bewußt – und sie springt in
die Augen. Das Wachstum ist unnatürlich. Die Arten bilden

* Von dem Ökonomen J. Fourastié geprägter Begriff zur Bezeichnung der dreißig
Jahre (1945–1975) wirtschaftlicher Expansion in Frankreich.

untereinander stabile Ökosysteme, deren Komponenten leicht um Quasikonstanten schwanken. Das Wachstum wird also von außen durch einen *input* in großem Maßstab ausgelöst; es kann sich nur um eine Innovation handeln, und die grundlegende Innovation ist das Anwachsen der Zahl der Menschen; später wird es das globale Anwachsen der Information sein. In den Bänden VIII, 1, VIII, 2 und VIII, 2b von *Séville et l'Atlantique* (1959) formuliert und in *Conquète et exploitation des nouveaux mondes* (1969) präzisiert, wurde die Erklärung am Ende von *Séville et l'Amérique* sowie in *Histoir et décadence* (1981) auf andere Beispiele ausgedehnt.

Die Tauschwirtschaft mit großem Aktionsradius, der vierte Kreis der planetarischen Kommunikation, der fast gänzlich in sich geschlossene Welten überlagert, funktioniert wie eine offene Welt, wie die römische Welt im Vergleich zu den Barbaren. Die allmähliche Erschöpfung der indianischen Bevölkerung ist der Motor, der aufhört, das Ganze zu ziehen.

Von Kontraktion zu Kontraktion wird das Modell immer allgemeiner und abstrakter, und es scheint mir nun brauchbar zu sein, die Rhythmen des Wachstums über mehrere Jahrtausende hinweg darzustellen. Natürlich kann man den praktischen Nutzen so allgemeiner Modelle bestreiten. Sie gehören zum wissenschaftlichen Humanismus, den ich für eine mögliche Antwort auf die Ängste unserer Zeit halte.

Die raffinierten und auf ein immer weiteres Feld angewandten Modelle zeichneten sich erst in Umrissen ab, als ich mich mit der Abfassung der achttausend Seiten von *Séville et l'Atlantique* herumschlug. Der Auslöser waren die Indianer. Was es in Wahrheit zu verstehen galt, war nicht der Wachstumsstillstand der sehr dünnen, mäßig anregenden Schicht (der vierte Kreis)[5], sondern das Wachstum selbst. Der Motor des Wachstums wurde gespeist von dem Mehrprodukt, das man – durch »Entschottung« – einer beträchtlichen Menschenmasse entriß, und der Preis für dieses Mehrprodukt ist horrend: kein Ausgleich für die Produktions- und Reproduktionskosten der Menschen. Die Weltwirtschaft funktioniert

in einem offenen Kreislauf, sie vergeudet anderswo ange-
häufte Rücklagen. Die Panne rührt von der Vergeudung dieser Rücklagen her. Das Problem liegt also weniger bei der
Panne als beim Motor. Gegenwärtig macht mir die Panne zu
schaffen. Zur Zeit, als ich in Amerika nach den Gründen für
die großen Fluktuationen suchte, die uns zu Beginn der zweiten Jahrhunderthälfte so stark beschäftigten, begegnete ich
den Arbeiten jener kuriosen Historiker von Berkeley, deren
blaue Bücher aus der *Ibero-americana*-Sammlung auf Skepsis
stießen. Es stimmt zwar, daß diese Männer – Sauer, Cook,
Simpson (Borah begann gerade erst) – heterodox waren, sie
kamen von der Anthropologie, selten von der traditionellen
Geschichtswissenschaft, aber alle ihre Schritte führten zu einer massiven Neubewertung der Indianerbevölkerung. Anfangs war ich skeptisch. In der methodischen Einleitung zu
Séville et l'Atlantique (Bd. I, S. 13) beschränke ich mich auf
eine leichte Berichtigung nach oben (zwanzig Millionen).[6]
Die entscheidenden Beweise für das, was zunächst eine Intui-
tion war, wurden erst 1960 erbracht. So daß ich im interpretierenden Teil von *Séville et l'Atlantique* bei der mittleren
Schätzung bleibe (vierzig Millionen). Den achtzig Millionen
schließe ich mich an in meinen Aufsätzen in der *Revue historique* sowie in meinen späteren Arbeiten, *L'Amérique et les
Américains* (1964), *Conquête et exploitation* (1969) und *Séville et l'Amérique* (1977). Ich habe nicht wenig dazu beigetragen, daß man nunmehr einhellig die Thesen der »Schule
von Berkeley« vertritt, wie ich sie nannte. Woodrow Borah
behauptete, mein Aufsatz von 1960[7] habe ihm und seinen
Freunden in den Vereinigten Staaten sehr geholfen. Ich
schreibe dieses Urteil der Freundschaft zugute. Allerdings
glaube ich, daß die Kapitel von *Séville et l'Atlantique* nicht
nutzlos waren, sofern sie eine Erklärung lieferten. Berkeley
hatte diese Zahlen vorgeschlagen, kritisiert, gerechtfertigt;
ich zeigte, wie die Verschiebung zustande kam. Eine neuer-
liche Lektüre der Texte erlaubte es mir, die Auswirkungen
eines Mikroben- und Virenschocks auf eine fragile Struktur

zu erklären, und der Rückgang von neunzig oder achtzig Millionen auf fünf oder zehn Millionen innerhalb von vierzig Jahren war nicht länger *a priori* eine Spekulation.

Mit dem Kampf an der Seite der sympathischen Mannschaft von Berkeley verbinde ich viele gute Erinnerungen. Die Neubewertung der Indianerbevölkerung brachte die Wende in meiner Historikerkarriere. Es sollte die entscheidende Wende meiner Ego-Historie sein.

Ich hatte mir gewünscht, eines Tages in jene 6. Sektion der *Ecole des hautes études* einzutreten, in die meine Frau und ich affektiv viel investiert hatten. In Wahrheit war etwas zerrissen, 1951 zum erstenmal, und noch schlimmer 1953/54. Die Zusammenarbeit zwischen so passionierten Leuten ist nicht immer einfach. Rückschauend gebe ich heute keinem der Protagonisten mehr recht als dem anderen. Von dem, was uns eine Zeitlang trennte, will ich nichts anderes in Erinnerung behalten als einen jener Wechselfälle, wie das Leben sie kennt. Wir hielten es nicht für angebracht, unsere Divergenzen in die Öffentlichkeit zu tragen, und wir haben uns das Wesentliche bewahrt, das heißt gegenseitigen Respekt und Freundschaft.

Diese Spannung brachte jedoch einige Schwierigkeiten mit sich. Da feststand, daß mir die *Ecole des hautes études* verschlossen war, mußte ich mich mit dem Gedanken an eine *thèse d'état* befassen. Meine Frau hat ihre Karriere geopfert — der interpretierende Teil von *Séville et l'Atlantique* ist meine Hauphabilitation geworden, *Le Pacifique* die komplementäre —, Fernand Braudel besorgte die Publikation dieser vierzehn Bände, und meine Frau war vom 1. Januar 1955 an ehrenamtliche Mitarbeiterin dieses Unternehmens. Die Veröffentlichung von achttausend Seiten (darunter rund vierzigtausend ermüdende Statistiken sowie endlose Anmerkungen in mehreren Sprachen) bedeutete eine beträchtliche Summe Arbeit. Von 1951 bis 1956 war ich Gymnasiallehrer, von 1956 bis 1959 kamen mir die quasi regulären drei Jahre Freistellung im *C.N.R.S.* zugute. Pierre Renoucin, der mir stets großes Wohlwollen entgegenbrachte, hat mit der ihm eigenen souveränen Autorität meine Wiedereingliederung als Dozent erleichtert.

Dank einiger Freunde war ich im Dezember 1956 und Januar 1957 zum Forschungsattaché des *C.N.R.S.* gewählt worden. Dort lernte ich einen damals noch jungen Dekan kennen, Michel de Bouard; seiner Freundschaft habe ich es zu verdanken, daß ich am 1. Oktober 1959 ohne Schwierigkeiten zum Lehrbeauftragten in Caen gewählt wurde. Meine *thèse d'état* war bereits im Druck, und außerdem hatte ich mehr als fünftausend Seiten diverser Publikationen vorzuweisen. Nachdem ich mich im Mai 1960 habilitiert hatte, wurde ich fast sofort zum Dozenten ernannt und im Oktober 1961 fest angestellt. Zwar hat man, wie ich glaube, die Rivalität zwischen der *Ecole des hautes études* und der Sorbonne, den *Annales* und der »traditionellen« Geschichtswissenschaft stark aufgebauscht. Dennoch gab es sie. Sie war künstlich, eine Folge alter Mißverständnisse, vorsintflutlicher Feindschaften und schlecht vernarbter Wunden. Stets habe ich gegenüber meinen Lehren an der Sorbonne die *E.P.H.E.* und gegenüber der *E.P.H.E.* die Sorbonne gerühmt. Beiden gegenüber empfinde ich gleich starke Dankbarkeit, auch wenn ich, im Herzen und in der Gesamtschau der Geschichte, immer der sehr freie, aber treue Schüler von Fernand Braudel geblieben bin, meinem Lehrer, und über ihn der von Lucien Febvre, den ich in den letzten Jahren seines so aktiven Lebens kennenlernen durfte, zu einer Zeit, da die törichte und kleinliche Emeritierung noch nicht zur Institution geworden war.

Ein Zufall hatte mich nach Caen geführt. Zu einer Zeit, da man die ortsansässigen Lehrer an den Fingern abzählen konnte, erschien es mir nicht angebracht, ein »*Turbo-Prof*«*

---

* Bezeichnung für jene Professoren, die morgens mit dem *turbo-train* an ihre Universität in der Provinz fuhren und abends wieder nach Paris zurückkehrten.

zu sein, wie man es damals noch nicht nannte. Ich mußte mich meinen Studenten widmen. Und wie sollte ich meine große Familie in Paris unterbringen? Wir erstickten zu neunt in drei Zimmern. Mittellosigkeit und Staatsbürgerpflicht gingen Hand in Hand.

In Caen hatte ich als erstes eine Art Trennungslinie gezogen zwischen meiner persönlichen Forschung (im Sommer 1960 hatten wir einen Marathonaufenthalt in den spanischen Archiven begonnen, etwa zwanzig Jahre lang veröffentlichte ich weiterhin Bücher und Aufsätze über Spanien und Amerika) und der meiner Studenten. In der Praxis war es anders gar nicht möglich: Meine Studenten waren Hispanisten, die keine Ahnung von Geschichte hatten, oder Historiker, die weder Spanisch noch Portugiesisch, noch Italienisch konnten. Gewiß, der Horizont war nicht total versperrt. Von meinen Hispanisten aus den frühen sechziger Jahren sind heute mehrere Untersuchungen veröffentlicht worden, und ich warte[8] auf die letzten Kapitel der *thèse* (der *Atlas* ist vor vier Jahren herausgekommen) von Annie Molinié-Bertrand, *La Population espagnole*. Diejenigen, die mir gefolgt sind, sind mir außerordentlich treu geblieben.

Aber die anderen, zehn, dann fünfzehn, in manchen Jahren zwanzig Anwärter auf eine Dozentur, die an meine Tür klopften: Wir haben Arbeitsplätze geschaffen, um sie aufzunehmen, das Ganze hat sich institutionalisiert, woraus dann das *Centre de recherches d'histoire quantitative* entstanden ist. Mit einer Gruppe von Studenten, die heute Kollegen sind, Gouhier, Bardet, Anne und J.-M. Vallez, H. Neveux, und später mit meinem Kollegen G. Désert habe ich ein neues Sevilla erlebt. Da gab es den *Atlas historique de Normandie,* vor allem die historische Demographie. 1959 hatten Henry und Goubert der historischen Demographie zu einem Sprung nach vorn verholfen. Pierre Goubert hatte mir gestattet, seine *thèse* in den Druckfahnen zu lesen. Mit Begeisterung haben wir alle gemeinsam Hunderttausende farbiger Karteikarten ausgefüllt, die wir kistenweise beim *I.N.F.D.* bestellten. Die

Liste der Aufsätze, die im Laufe meiner zwölfjährigen Lehrtä-tigkeit in Caen aus den Abhandlungen meiner Studenten her-vorgingen, geht in die Hunderte. Zu einigen habe ich eine Einführung geschrieben: die historische Demographie herrscht vor, gefolgt von der seriellen Kriminalität, wie wir es nannten; und noch manch anderer Weg wurde ausgeleuch-tet: *Annales de Normandie*, mehrere *Cahiers des Annales de Normandie, R.H.E.S.*, sowie weniger bekannte Zeitschriften haben diese Arbeiten aufgenommen. Dies war der schönste und einzige Lohn meiner Studenten, und ihr Eifer war unge-heuer. Man mußte den Überschwang dieser Jungen und Mädchen bremsen, die immer noch Besseres leisten, sich selbst übertreffen wollten. Diese Arbeit hat mir viel Freude bereitet.

Ich selbst trat ins Glied zurück, in den Departementsarchi-ven, und fuhr fort, die Konsulararchive zu lesen, die das Staatsarchiv mir zukommen ließ; es war ein Mittel, nicht völ-lig mit der Vergangenheit zu brechen. Aber die meiste Zeit war ich nun von der Lektüre der Forschungen anderer in An-spruch genommen, die ich angeregt hatte.

Meine Chance, so glaube ich, war diese Explosion, dieser Riß gewesen. Ich betrachtete die Bauern und Bäuerinnen des traditionellen Frankreich mit den Augen eines indianischen Bernardino de Sahagún, der in einem Einbaum am Ufer der Seine gelandet war. In Wahrheit haben die Indianer einen Ethnologen aus mir gemacht, ich sah mein Land mit dem Blick aus einer anderen Welt. Und alles, was ich auf dem Ge-biet der historischen Demographie aufgebaut habe, verdanke ich ihnen. Ich verdanke es auch Claude Lévi-Strauss und sei-ner ernsten Warnung vor dem törichten Begriff der natür-lichen Fruchtbarkeit. Sodann haben mich meine (rein intel-lektuelle) Begegnung mit Hajnal und der Gruppe von Cambridge, Laslett, Wrigley, sowie die langen Gespräche mit den Studenten und diversen Gruppen, die ich geleitet habe, dazu gebracht, einige jener Modelle zu erarbeiten, die sich heute ausgezeichnet bewähren. Von *L'Europe classique*

(1966)* zu *L'Europe des Lumières* (1971), sodann zu *Histoire, sciences sociales* (1974) und *Un futur sans avenir* (1979), *Histoire et imagination* (1980) sowie vielen Aufsätzen, die nicht alle in *Histoire quantitative, histoire sérielle* aufgenommen wurden, habe ich den einfachen Gegensatz zwischen demographischem Ancien Règime und kontrollierter Fruchtbarkeit aufgebrochen, ja sogar korrigiert mit Hilfe der sogenannten Übergangsetappe, um ein komplexeres System vorzustellen, das sich um die grundlegende Veränderung aufgrund der Verschiebung des Heiratsalters zwischen dem 12. und 15. Jahrhundert strukturiert.

Nach den Problemen des Weltverkehrs stand zwischen 1960 und 1970 allmählich die historische Demographie im Mittelpunkt meiner wissenschaftlichen Betätigung.

Muß ich mich rechtfertigen?

Ich habe mich meiner Zeit angepaßt, manchmal war ich ihr ein wenig voraus.

Die Indianer waren in mein Beobachtungsfeld getreten, weil sie die Frage beantworteten, die mir die internationale Konjunktur stellte. Die Demographie der Indianer Amerikas hatte mich ganz natürlich zur Demographie der Bevölkerungen der lateinischen Christenheit angeregt; vielleicht werden Sie denken, daß die Alpträume meiner Kindheit und Jugend mich dazu drängten, die Demographie in den Mittelpunkt dessen zu stellen, was nichts anderes ist als die Bewahrung des kulturellen Gedächtnises gegen das Vergessen, das ich mehr fürchte als den Tod, durch den Schleier des Todes hindurch, des Todes, der unsere Augenblicke belagert, von der Leere des Vorher zur Leere des Nachher?

Als Professor in Caen, der die leidenschaftlich maßvollen Normannen und das alte Haus in der engen Rue des Corde-

---

* Die deutsche Ausgabe erscheint unter dem Titel *Europäische Kultur im Zeitalter des Barock* 1989.

liers liebte, als Gründer des *Centre de recherches d'histoire quantitative,* der Paris jedesmal hartnäckig ausschlug, wenn man es ihm vorschlug (seit 1964 fast jedes Jahr), widmete ich mich ganz meinen Untersuchungen. Dort traf mich die Bewegung vom Mai 1968, nach Marcs Todeskampf vom August 1963 bis zum 20. Dezember 1964. Alles ist eng miteinander verzahnt. Man kann nicht historische Demographie treiben, ohne ein wenig Demograph zu sein. Daher habe ich ab 1964/65 den Umschwung der Geburtenrate wahrgenommen. 1966 wurde mir zur Gewißheit – als ich die Veränderung im Verhalten der Generation der Zwanzigjährigen verfolgte und beobachtete, was sich in Japan, in der UdSSR, in Osteuropa und in den Vereinigten Staaten abspielte –, daß die Veränderung schnell und weit gehen würde. Natürlich wirkten die Notizen, die ich verfaßte, völlig verrückt. Die Geschichte hatte mich in die Gegenwart geführt.

Die Bewegung vom Mai 1968 traf mich unvorbereitet. Die Positionen, die ich ergriffen hatte, der radikal unhierarchische, absolut kollegiale Charakter der Gruppenarbeit hätten es mir ermöglicht, die Studentenbewegung bequem zu überstehen. Hinter den Symbolen und Oberflächenreaktionen ermaß ich nur allzugut, was eigentlich auf dem Spiel stand, die gesamte Meritokratie, die in einem Rechtsstaat die einzig konkrete Form der Demokratie ist. Mir war klar, daß der Mai 1968 einen Bruch bedeutete; daß man, um zu reformieren, zuerst bewahren und restaurieren mußte. Die Politik hatte mich eingeholt. Da ich dem Studentenprotest entgegengetreten war, stand ich nunmehr »rechts«. Ich habe keine Angst vor Worten, es kommt mir einzig auf den Einklang mit mir selbst an. Ich litt unter dem zuweilen wilden Haß und der militanten Dummheit, ich litt darunter, von jungen Leuten getrennt zu sein, die ich weiterhin liebte und deren Bestrebungen ich verstand. Mir scheint, daß ich sie verraten und verachtet hätte, wenn ich um eines persönlichen Vorteils willen darauf verzichtet haben würde, ihnen klar und deutlich zu sagen, daß sie sich im Irrtum befanden.

1968 hat mich zwei Dinge gelehrt: »Daß man sich gewiß nicht in eine Wachstumsrate verliebt«, daß das Zwei-Welten-Prinzip, der Vertrag der Aufklärung nicht funktionieren kann ohne enorme Investition in den SINN. Mir schien, daß die historische Analyse, das Quantitative dritten Grades, für den Historiker die richtige Antwort war.

Als ich 1970 den ersten Teil der *thèse* von Michel Vovelle las, war ich aufgewühlt. Wir waren um die Gewalt, die Devianz herumgeschlichen, er dagegen hatte das Wesentliche in Angriff genommen, und er hatte die Verbindungsstelle gefunden, er hatte den Keil hineingetrieben. Aus dieser Zeit datiert unsere Freundschaft. Er weiß, wieviel ich ihm entlehnt habe, was unser Dialog mir gebracht hat. Ihm verdanke ich die Idee zu dem Seminar über den Tod. Alles, was ich seit zehn Jahren getan habe, alle meine Arbeiten über den Tod, über den Herd, über die Wahrnehmung des Raums und der Zeit, ist ein Ergebnis des Schocks von 1968 und der Begegnung mit der Forschung von Michel Vovelle. Das war der Auslöser.

1968 lehrte mich außerdem, wie wichtig die Kommunikation ist. Da ich mich in Caen mit einigen Kollegen an die Spitze des universitären Widerstands gestellt hatte, konnte ich ermessen, wie unmöglich es war, unseren Botschaften Gehör zu verschaffen. Die lokale Presse verachtete uns. Ich begann, über das Geheimnis jener riesigen Fluktuationen nachzudenken, die bewirken, daß die eine Botschaft aufgegriffen und die andere völlig erstickt wird.

Ins Jahr 1971 fällt meine Begegnung mit Jacques Klein, der *Les Informations* leitete. Die Geschichte, so wie ich sie konzipierte, mündete in die Gegenwart. Jacques Klein begann, mich um bestimmte Aufsätze zu bitten, in der Art: Nixon reist nach China... Was ist China? Erklären Sie auf zehn Seiten anhand der Vergangenheit die UdSSR, die Vereinigten Staaten... Die Ausdehnung des Europa der Sechs. Zur großen Empörung des Redaktionskomitees der Zeitschrift konnte ich sogar, von Jacques Klein unterstützt, in hundertzehntausend Exemplaren den demographischen Kollaps ankündigen, für den ich jetzt sichere Beweise in der Hand hatte. Ausgehend von diesen Aufsätzen veröffentlichte ich Anfang 1975 *De l'histoire à la prospective* sowie eine Reihe von Untersuchungen, die mich zu der historischen Analyse der Gegenwart führten, wie ich es nenne, im Hinblick auf eine Prospektive, die nicht allein aus Projektionen besteht, sondern vorauszusehen versucht, wie die Wandlungen aussehen werden... Etwa ein Dutzend Arbeiten schlugen diese Richtung ein bis hin zu *Histoire et imagination*.

War 1968 ein Schock gewesen, so waren die Legalisierung der Abtreibung, die in meinen Augen absoluten Mord darstellt, sowie die Manipulations- oder Desinformationskampagne, die der Zerstörung jedweder Ethik den Boden bereitet hat, ein noch viel größerer Schock. Ich konnte die verheerenden demographischen Folgen abschätzen, und ohne mich irgendeiner Illusion über den Ausgang hinzugeben, engagierte ich mich total, um der Ehre willen, so wie andere es im Widerstand gegen den Nazismus, im sowjetischen Gulag oder anläßlich der Entkolonisierung im einen oder anderen Lager getan haben.

Ich denke nicht, daß man ein Leben verbringen kann, ohne daß einem je etwas wirklich auf den Nägeln gebrannt hat. Und so komme ich nun abschließend zu dem für mich Wesentlichen.

Als Michel Winock mich vor nunmehr vier Jahren für jenes 1982 in *L'Histoire* erschienene Interview befragte, war er – das spürte ich – hoch irritiert von meinem Bemühen, die Politik auszuklammern, und von meinem theologischen Engagement.

Vielleicht ist das der Stempel meiner Vergangenheit. Ich wurde in der »republikanischen« Religion des wahren Laizismus erzogen, der – ich zögere nicht, es auszusprechen – der jüdisch-christliche Laizismus der Trennung der beiden Reiche ist. Da das ewige Reich nicht von dieser Welt ist, auch wenn die Ewigkeit in jedem Augenblick, den ich lebe, voranschreitet, da die Antwort nur eine persönliche sein kann und die Wahl die Wahl des Existenzgrundes ist, habe ich viel zu große Achtung vor dem Gewissen, um mich des Ihrigen zu bemächtigen. Ich habe immer gesagt, daß mir meine Überzeugungen zu wertvoll sind, um sie anderen aufdrängen zu wollen und die Überzeugungen der anderen nicht zu respektieren.

In der Tagespolitik stehen kleine Dinge auf dem Spiel, und in der historischen Forschung, so wie ich sie verstehe, geht es um große Dinge.

Es ist klar, daß ich ohne eine geistige Motivation nicht Religionsgeschichte betrieben hätte. Ich interessiere mich weder für die Bank noch für die Arbeiterbewegung, ich habe nie etwas über die Geschichte der Bank oder der Arbeiterbewegung geschrieben. Einer meiner ersten religionsgeschichtlichen Aufsätze trug den Titel »Jansénisme et frontière de catholicité«, es folgte ein Dutzend weitere Aufsätze, und dann kamen, in dieser Reihenfolge, *L'Europe classique, L'Europe des Lumières, Le Temps des réformes, La Mort à Paris, Eglise, culture et société* ... Ich habe einige Bücher veröffentlicht, die vom Bekenntnis bis zu einer Primärphilosophie reichen, die in der jüdisch-christlichen Tradition steht: *La Mémoire de l'éternité, La Mémoire et le sacré, Violence de Dieu, Histoire et foi, Ce que je crois.* Die Primärphilosophie ist auch aus meinen prospektiven Werken nicht ausgeschlossen, *Le Refus de la vie, Le Sursis, Un futur sans avenir.* Sie ist nicht ausgeschlossen, weil ab einem bestimmten Grad an Allgemeinheit der allgemeine Begriff der Lebewesen, der Welt und der Dinge auf ganz natürliche Weise auftaucht. Mir scheint, daß ich stets unterschieden habe zwischen der Ermittlung von Rastern, Reihen – im 19. Jahrhundert hätte man gesagt, der Ermittlung der Fakten –, also dem statistischen Teil und den interpretierenden Teilen.

Es stimmt, daß mich die Synthese verlockt und daß ich mich neben meiner Tätigkeit als Historiker und in Verlängerung dieser Tätigkeit um den literarischen Ausdruck eines Denkens bemüht habe, das mehr philosophisch als streng historisch ist und auf das hinausläuft, was man – ein verpöntes Wort – die Philosophie der Geschichte zu nennen pflegt. Die Philosophie ist erkenntnistheoretischer Natur, meine Philosophie ist die Philosophie eines Historikers, da sie von einer Reflexion über die Zeit und die Dauer ausgeht, einer Reflexion über das Gedächtnis und die Weitergabe des kulturellen Erbes, einer Kultur, die wesentlich historisch ist. Und nun bin ich unmerklich bei etwas angelangt, das ich verabscheue, nämlich meiner Apologie: Ich plädiere lieber für die anderen als für mich selbst.

Ja, die politische Politik hat mich nie gereizt – ich erkenne ihre Bedeutung und Notwendigkeit –, und ich verstehe jetzt den Grund für dieses Desinteresse. Nie hat mich die Macht verlockt, ich lebe meine Freiheit so existentiell und intensiv, daß ich alles, was die Freiheit des anderen einschränkt, als einen Anschlag auf meine eigene Freiheit empfinde.

Dieser Charakterzug ist nicht angeboren, sondern der Ausdruck meiner frühkindlichen Erziehung. Mein Onkel, ein Anhänger Rousseaus, bediente sich instinktiv der Methoden des *Emile*. Ihm verdanke ich den »republikanischen« Geist, im Sinne des 18. Jahrhunderts.

Im Laufe der Zeit habe ich die Notwendigkeit der Macht besser verstanden, damit mehr Harmonie unter den Freiheiten herrsche, insbesondere damit möglich sei, was mich reizt: der Traum, die großen existentiellen Entscheidungen, die mir am Herzen liegen, beeinflussen zu können, und sei es noch so geringfügig. Mich reizt also die Politik im etymologischen Sinn, und zuletzt werde ich sogar die politische Politik als Mittel am Rande meiner Interessen anerkennen.

In dieser Perspektive war ich Ende Juni 1940 Gaullist. Am 21. oder 22. Juni vernahm ich in Uzerche zum erstenmal den Namen dieses Brigadegenerals auf Zeit. Ich gestehe, daß ich ihn ein wenig wie einen Vater geliebt habe, auch wenn er mich hin und wieder zu heftigen Wutausbrüchen verleitete, die jedoch der affektiven Bindung keinen Abbruch taten. Meine Entscheidungen waren fast immer die seinen. Ich hätte mir ein wenig mehr Europa gewünscht, ein wenig mehr Sensibilität gegenüber den Ungeliebten des Entkolonisierungsprozesses, eine größere Anstrengung bei dem Versuch, ein *Commonwealth* der Frankophonen zu schaffen, die Beibehaltung und Weiterentwicklung einer Familienpolitik, die den Erdrutsch gebremst und vielleicht den Kollaps verhindert hätte, und rückblickend bedaure ich es, bei dem Referendum von 1962 mit Ja gestimmt zu haben. Die Wahl des Präsidenten der Republik durch ein erweitertes Kollegium war eine gute Sache, die Wahl im Fernsehen aber ein heute von allen eingestandener Irrtum, der de Gaulle selbst fast zum Verhängnis geworden wäre. Wenn ich hinzufüge, daß das Nachdenken über die Geschichte mich dazu veranlaßt, einen starken, aber schlichtenden Staat zu wünschen, der ein Höchstmaß an Freiheitsräumen ermöglicht, werden Sie verstehen, daß mir der lasche Colbertismus, der uns seit Mai 1981 lähmt und den man mißbräuchlich als französischen Sozialismus bezeichnet, mißfällt. Mittelfristig sehe ich darin die seit langem schwerste Bedrohung unserer Freiheiten.

Was meine Theologie angeht, so ist hier nicht der Ort, sie darzulegen. Ich habe es zu anderen Zeiten und an anderer Stelle getan.[9] Aufgezogen von einem Onkel, der Voltaire und Rousseau verehrte, in einem Milieu, das sich nach französischer Manier auf Antiklerikale und konformistische Katholiken von stark arnaldo-jansenistischer Prägung verteilte, bin ich als Erwachsener konvertiert. Dieser Religionswechsel hat mit der Entdeckung des *Simul semper peccator, justus et penitens* Martin Luthers zu tun. Nach zehn Jahren der Annäherung brachte sie mich dahin, daß ich im Alter von einunddreißig Jahren um Aufnahme in einer reformistischen Kirche bat, wo ich mich sehr wohl fühle, da vollkommen frei, so zu sein und zu leben, wie ich bin, ohne daß irgend jemand, außer dem Wort Gottes und dem Zeugnis des Herzens, mir vorschreibt, was ich zu glauben habe. Was ich glaube, ist ganz und gar in dem Großen Symbol von Nikäa-Konstantinopel enthalten. Mein Glaube ist der der gesamten Weltkirche gemeinsame

Glaube. Ich meine nicht, daß er ein Aggiornamento braucht, da er die Wahrheit ist und die Wahrheit an einem anderen Ort, in einem ganz Anderen wurzelt.

Ich habe die Geschichte nicht aufgegeben. Noch immer steht sie im Mittelpunkt meines Denkens. Sie hat sogar alles überwuchert. Stellt das jüdische Christentum nicht eine Beziehung, ein wahrhaft historisches Verhältnis her zu einer Gesamtheit historischer Ereignisse, deren Geschichte es zu ermitteln gilt, da der Sinn dieser Geschichte der Geschichte, die wir *hic et nunc* leben, ihren Sinn verleiht? Hat nicht die Wissenschaft die flache Wahrnehmung, wie sie ihr im 19. Jahrhundert lange eigen war, durch die eines historischen Prozesses ersetzt? Ist seit dem *big bang* des Standardmodells nicht die kosmische Totalität die Geschichte, die von einem Nullpunkt ausgeht und damit auf das *Bereschith bara Elohim*, die ersten Worte der Genesis, zu verweisen scheint?

Von hier aus entfaltet sich meine Tätigkeit über drei Achsen. Die eine Achse ist die Synthese, die andere die weitere Erforschung der Quantifizierung des schwer Quantifizierbaren, die dritte die berufliche Achse.

Ja, die Synthese reizt mich. Ich kenne ihre Gefahren. Aber mir scheint, daß sie im Expliziten weniger groß sind als im Impliziten. Am Ende von *Séville et l'Atlantique* habe ich ein Modell ausprobiert, das sich auf sämtliche Bewegungen der Ökonomie anwenden läßt. Mein Feld hat sich vergrößert. Seit den sechziger Jahren habe ich versucht, die verschiedenen Aspekte der Kultur zu erfassen und Erklärungsmodelle für das 17. Jahrhundert und die Aufklärung sowie ein System der Zeit der Reformation erprobt. Ich habe Systeme für die Zivilisationskrise vorgeschlagen. In solchen Bereichen kann man nur mit sukzessiven Streichungen arbeiten.

Fasziniert von dem verschwommenen Begriff der Dekadenz, der wie Dunst in der Luft schwebte, versuchte ich, ausgehend vom Studium der Worte, eine Untersuchung der Blockierungen, der Rückbildungs- und Verfallsprozesse. Ich konnte etwa fünfzehn Kollegen verschiedener Fachrichtungen – Vorgeschichte, Gesellschaftslehre, Wirtschaftswissenschaft – dazu bewegen, ihr jeweiliges Forschungsgebiet zu inventarisieren und eine Art Fragebogen auszufüllen. Dieser Fragebogen hat die Gestalt eines Buchs angenommen: *Histoire et décadence* lautet die Ausgangshypothese. Man wird sehen, was am Ende davon übrig bleibt.

Gleichzeitig bitte ich meine Kollegen, anhand der ihnen vertrauten Epoche und Fächer eine Bestandsaufnahme zu versuchen, welche die prospektive Analyse erhellen könnte. Daher habe ich in dem Verlag *Presses Universitaires de France* eine Buchreihe ins Leben gerufen, deren Anfang schwierig war, die jedoch mit Hilfe des staatlichen Drucks, den Jean Meyer ausübte, meine *Histoire et imagination* weiterführen wird, die den Entscheidungsträgern eine phantasievollere demographische Prospektive vorschlägt.

Ebenfalls zur Synthese rechne ich *Frankreich*. Die *Annales* hatten mit dem nationalen Rahmen gebrochen. Man mußte anders vorgehen, neue Beziehungen herstellen. Die Antworten auf die Fragen, die ich mir selbst gestellt hatte, führten aus dem nationalen Kontext hinaus. Im Mittelalter wurden die Mädchen häufiger Jeanne als Marie genannt, aus Ehrfurcht vor der Himmelskönigin. Man kann also hinzufügen, daß ich nicht unbedacht, aus instinktiver Ehrerbietung von Frankreich spreche. *La Catalogne* von Pierre Vilar hatte mich fasziniert, und ich plädierte für den Zusammenhalt jener Kollektivwesen, welche die anderen Nationen darstellen. *A fortiori* verdiente die Nation Aufmerksamkeit, die die Matrix aller anderen Nationen in Europa war, der Katalysator für die Scheidung der traditionellen Gesellschaft des lateinischen Christentums in Nationalstaaten. Fernand Braudel hatte mich mit der Aufgabe betraut, für die große *Histoire économique et sociale de la France* der *P.U.F.* den Staat zu »werten«, die Übung schlug mich in Bann, und ich habe viel dabei gelernt. Die meisten Studien, die ich leitete, bezogen sich auf Frankreich. Nach und nach sah ich Frankreich in meinem

Geist auftauchen aus den verschiedenen Raumzeiten des Universums, die ich in Gedanken durchlaufen hatte.

Aus diesem Grunde willigte ich ein, die *Histoire de la sensibilité des Français à la France* zu schreiben und, unvorsichtigerweise, auf die inständige Bitte eines Verlegers hin eine große *Histoire de France* in drei Bänden, die sich alles in allem als verjüngte *Grande Chronique de Saint-Denis* und als Geschichte unserer Geschichte verstand.

Nie werde ich damit zu Ende kommen, aber zweifellos werde ich mich eines Tages entschließen, die *Obscure Mémoire de la France* herauszubringen, die den ersten Band des ursprünglichen Projekts bildet (immer wieder die Faszination der Ursprünge und des Todes, der vor dem Leben ist). Dieser Text ruht seit vier Jahren, ohne daß ich mich entschließen kann, ein Vorwort zu überarbeiten und auf den neuesten Stand zu bringen. Vielleicht werde ich mich in diesem Sommer dazu aufraffen.[10]

Über Frankreich schreibt man nicht ohne Furcht und Zittern, wenn man die Wälder des Mont Saint-Quentin und die verwüsteten Räume der roten Zone zwischen Vaux und Douaumont durchstreift hat, so wie ich es in meiner Kindheit und in den schon fernen Jahren meines reifen Alters tat. Daher möchte ich die Suche nach der sonderbaren Identität – Fernand Braudel hat ihr sein letztes Buch gewidmet – jenes vernunftbegabten Wesens nicht abbrechen, jenes Wesens aus Fleisch und Blut über den Tod hinaus, das den Namen Frankreich trägt, jenes Raums, in dem jeder Lebende gute Aussicht hat, auf die ungezählten Toten zu treffen, die unseren Boden und unsere Landschaft aufnahmebereit gemacht haben für jene Reste, die der Geist gestaltete, so wie unsere Erde voll ist von ihrem Schweiß, ihren Freuden, ihren Tränen, ihren Träumen und ihren Hoffnungen.

Auch das Unternehmen *France,* das früher zu beenden eine ungewohnte Scham, die ich nicht ganz zu erklären vermag, mich hinderte und das in mehrere Essays zu zerfallen droht (außer dem abgeschlossenen der *Origines* und dem in Vorbe-

reitung befindlichen über die *Révolution*), steht auf dem
»Synthese«-Regal meines überfüllten Büros, dem Regal einer
entschieden »entschotteten« Geschichte im Dienst der Er-
kenntnis.

Bevor ich den Sonntagsphilosophen und den bisweilen
grimmigen Samstagspolemiker rechtfertige, sei mir gestattet,
meinen Kollegen in Erinnerung zu rufen, daß ich sie nie verraten habe. Und daß der alte Mann, der sich von der Leidenschaft der Synthese hat anstecken lassen, immer noch auf die
Analyse baut.

Ich hatte viel Glück in meinem Berufsleben. Das Glück einer Ehefrau, die alles geopfert hat, ohne die es weder *Séville*
noch alles andere, noch sonst irgend etwas Taugliches gegeben hätte. Das Glück einer Gruppe, im *Centre de recherche
d'histoire quantitative* von Caen, und das Glück eines verrückten Abenteuers, dessen Höhenflug 1968 beendet wurde.
Das Glück des segensreichen *Centre de recherche* in dem alten Haus der Rue Saint-Jacques, dessen berühmtester Kollege
Thomas von Aquin hieß. Mit Hilfe von Madeleine Foisil und
Annik Parailhé-Galabrun und Hunderten von Studenten innerhalb von siebzehn Jahren haben wir gemeinsam und jeder
für sich gute Arbeit geleistet.

Ja, ich habe die Analyse als notwendigen Kontrapunkt nie
aufgegeben. Nach *La Mort à Paris* ist aus dem Dienstags-
seminar *Trois mille foyers parisiens aux XVIIe et XVIIIe sièc-
les – La naissance de l'intime* hervorgegangen. Dieses Buch ist
im Januar 1988 erschienen. Die »wiedergefundene Wärme«
des Herds ist die Frucht unserer gemeinsamen Arbeit, das Ergebnis von einundfünfzig Referaten und Dissertationen,
zehntausend Seiten Vorbereitungstexten, fünfzigtausend Seiten Sterbelisten, wobei hinter allem das Talent, die Geduld
und die »Leidenschaft für gute Arbeit« von Annik Pardailhé-
Galabrun standen. Da in vielen Köpfen durchaus mehr Hirn
steckt als in einem einzigen, bringt uns das dienstägliche
brain storming sehr viel, ohne daß wir stets genau wüßten,
von wem die Ausgangsidee stammt.

Auf diese Weise verbinden wir die Einfälle jedes Einzelnen mit der Arbeit aller, holistisch und individualistisch wie das Selbstbewußtsein der unglücklichen Bewußtseine, die wir sind, für den Tod und die Erwartung der Ewigkeit.

Eben dies ist für mich der beste Beweis für unseren Erfolg. Nachdem ich die Untersuchung über den Tod von Anfang bis Ende geleitet habe, kann ich mich jetzt, da alles in vollem Gang ist, gefahrlos von anderen ablösen lassen. Annik Pardailhé-Galabrun hat den *Foyer* im Detail bestimmt und mit gutem Erfolg redigiert, so wie Madeleine Foisil unter den gleichen Voraussetzungen die monumentale kritische Ausgabe des *Journal d'Héroard* fertiggestellt hat, deren erste Bände Ende 1988 erscheinen sollen.

Meine Methode ist einfach. Ich gebe den Anstoß, ausgehend von einer Idee. Die Idee zum Herd sowie zum Tod stammt von mir, die Idee zur kritischen Ausgabe des *Journal d'Héroard* hatte Madeleine Foisil. Ihr *Gouberville* ist so etwas wie der Diskurs über die Methode zur Verwendung jener Granitblöcke repetitiven, quasi automatischen Schreibens. Mit einer kleinen Gruppe von Studenten verfassen wir ein Auswertungsprotokoll. Ich bemühe mich, die Studenten, die nach einem Thema für die Magisterarbeit suchen, davon zu überzeugen, sich an diesen Unternehmungen zu beteiligen. Ihnen wird die regelmäßige praktische Leitung von Annik Pardailhé und Madeleine Foisil zugute kommen, wobei sich die Älteren der Neulinge annehmen. Mehrmals im Jahr spricht das Seminar den Stand der Arbeit durch, ich gebe Anregungen, die Ideen sprudeln, im Fluge werden sie in die Protokolle unserer Debatten aufgenommen.

Auf diese Weise sind drei Untersuchungen herangereift: Der Tod, der Herd, Héroard. Eine vierte und wahrscheinlich letzte zeichnet sich ab. Wir haben gesehen und gehört, wie in dreizehntausend Pariser Familien über drei Jahrhunderte hinweg gestorben und gebetet wurde, und wir meinen erklären zu können, wie Paris, die Hauptstadt der katholischen Reformation (um 1620 bis 1630), im Brennpunkt der Christenheit

im Jahrhundert der Heiligen, 1792 zur Hauptstadt der großen Entchristianisierungsstürme geworden ist (trotz der Prozession von 1793), ebenso zur Zeit der *Commune,* die die
Kirchen zerstört und die Priester erschießt und eher antiklerikal und antireligiös denn antikapitalistisch ist. Wir haben unsere Fährten und unsere Methoden, wir haben die kritische
Masse der Veränderung und den Auslöser. Wir werden zeigen, wie und warum der Streit der Jansenisten und seine
Nachwehen in Paris unendlich viel destabilisierender waren
als anderswo. Ein theoretisches Modell ist nur dann von
Wert, wenn die Erfahrung es bestätigt. Diese Untersuchung
werden wir gemeinsam weiterführen und verantworten.

Ich liebe den Beruf des Universitätshistorikers. In siebenund-
zwanzig Jahren habe ich an mehr als vierhundert Prüfungs-
kommissionen teilgenommen, ich habe über vierhundert Ma-
gisterarbeiten betreut, ich habe erreicht, daß ein Teil dieser
Arbeiten veröffentlicht wurde, und ich konnte den größten
Teil des Originalbeitrags dieser Forschungen in Sammelbän-
den zusammenfassen, von *Bâtiment* bis hin zu den Studien,
die wir soeben über das *Paris des Carmelites à la Commune,
de l'Amour de Dieu à la haine* in Angriff genommen haben,
die, so Gott mich leben läßt, meine Laufbahn an der Universität beschließen werden, der Universität, die ich nur deshalb
kritisiert habe, weil ich sie leidenschaftlich liebe.

Bleibt die Apologie. Ich werde sie ohne die geringste Scheu
vortragen. Im Namen welcher Pflicht zur Zurückhaltung will
man es jemandem, der an den Werktagen Hochschullehrer
ist, verbieten, am Samstag Polemiker und am Sonntag Theologe und Philosoph zu sein?
   Ich wollte diese Selbstbeschreibung nicht zu einer Auto-
biographie oder einem Glaubensbekenntnis machen. Von *La
Mémoire de l'éternité* bis zu *La Violence de Dieu,* von *Histoire et foi* bis zu *Ce que je crois,* von *Chemin des Mages* bis
zu *La Liberté,* von *Du big bang à l'enfant* zu einer geplanten

Abhandlung, ganz zu schweigen von meinen Büchern über die Reformation (*Eglise, culture et société, L'Aventure de la Réforme* und meinem *Calvin*), in denen der Historiker aus beruflicher Notwendigkeit ein wenig Theologe ist, hatte ich die Möglichkeit, auszudrücken, was mir am Herzen liegt, meine Überzeugung, meine Vorstellung von Sinn. Die Metaphysik stützt sich auf die Physik, und *Ce que je crois* auf eine Erfahrung und eine Kultur.

Wie immer das Zwei-Welten-Prinzip beschaffen sein mag, das Schott kann nicht völlig dicht sein. Meine Besessenheit von der Zeit, die mich zum Historiker gemacht hat, erklärt und rechtfertigt, daß meine Metaphysik die Metaphysik eines Historikers ist. Und da das Christentum das bewahrte Gedächtnis einer *Geschichte* ist, *die der Geschichte ihren Sinn verleiht*, bewege ich mich so mühelos in seinem Schoß, daß ich mich zuweilen ernsthaft frage, ob ich Historiker sein könnte, wenn ich unglücklicherweise von meiner jüdisch-christlichen Tradition, an die ich anknüpfe, abgeschnitten wäre.

Daß ich sonntags Philosoph und ein wenig Theologe bin, haben Sie mir verziehen.

Dem Samstagspolemiker verzeiht man nicht so leicht. Ich verstehe es, ich akzeptiere es, es ist die Spielregel. Es stimmt, daß ich mir weder aus Macht noch aus Geld etwas mache. Auch wenn die Politik mich kalt läßt, empfinde ich doch – wie jeder Nachfahre jener spät heiratenden Parzellenbauern, jener Kommunalmilizen von Bouvines und jener Soldaten des Jahres II, der Schützengräben an der Somme und in Verdun – eine heftige Leidenschaft für die Cité; mit allen Fasern bin ich den politischen Systemen verhaftet, die sich nicht anmaßen, sich um meine Kirche, meinen Herd, die Erziehung meiner Kinder zu kümmern, die keinen Staatssekretär für meine Freizeit brauchen. Meine »freie Zeit« stört mich nicht, ich fülle sie mit Arbeit aus.

In die Schranken trete ich nur dann, wenn ich den Eindruck habe, daß der Einsatz sich lohnt. Da ich den Rückgang der Geburtenrate vorausgesehen habe, habe ich auf die Gefahr des Gleichgewichtsverlusts hingewiesen; die Apologie des Sozialismus durch die Geschichte glaubte ich mit einer Apologie der gemischten Gesellschaften, der wohltemperierten Demokratien beantworten zu können.

Ich hatte 1968 unter der Isolation gelitten, als es uns unmöglich war, eine Warnung, ein anderslautendes Urteil vorzutragen. Mit Besorgnis beobachtete ich 1981 die Rückkehr der Kommunistischen Partei an die Regierung und eine Welle von Verstaatlichungen, die dazu führten, daß 93% des Kredits kontrolliert und Manager der Großindustrie in den Ministerrat berufen wurden. Mir schien, daß es auf eine Gefahr aufmerksam zu machen galt, solange wir die Möglichkeiten dazu hatten.

Deshalb ist der Historiker zuweilen zum Polemiker geworden. Zeit meines Lebens ein leidenschaftlicher Leser, habe ich mit der Feder in der Hand viele Tausend Bücher gelesen. Etwa fünfzehn Jahre lang habe ich Schriften aus Lateinamerika studiert, seit Mai 1982 habe ich mich anhand mehrerer Bücher pro Woche über einen Teil der Produktion auf dem Gebiet der *»nouvelle histoire«*, der Demographie und einiger Humanwissenschaften informiert, die den Historiker nicht gleichgültig lassen. Diese zum Teil unveröffentlichten und zum Teil veröffentlichten Lesenotizen sind in dicke Bände eingeflossen: *Pour l'histoire, L'Historien dans tous ses états, Au cœur religieux de l'histoire, L'Apologie par l'histoire*, neben Studien, die im strengen und klassischen Sinne wissenschaftlich sind, angefangen mit *Histoire quantitative, histoire sérielle* bis hin zu der umfangreichen Sammlung, der ich, da mir die Phantasie ausging, den Titel *Rétrohistoire* gab.

Ich glaube nicht, daß ich beim Ausdruck meiner Überzeugungen zu weit gegangen bin. Oft kam es vor, daß ich auf den Dialog zurückgriff. Zumindest einmal bin ich der politischen Politik nicht ausgewichen, und so erschien im Verlag Stock, in Zusammenarbeit mit Eric Roussel, *Une autre voie*.

Außer, so hieß es, bei der Auseinandersetzung über die *Revolution:* Zehn Jahre zuvor hatten wir – vielleicht zu Unrecht

– in einer Feier, die den Fürsten des Tages schmeichelte, eine Aggression eines Teils unserer Geschichte bemerkt. Ich verabscheue Kopfabschneider und Massenmörder jeder Couleur. Ich glaube nicht, daß Auschwitz den Gulag entschuldigt und daß die Bartholomäusnacht das Massaker an Frauen und Kindern, an Weißen und Blauen in der Vendée hinter den Linien der geschlagenen katholischen und königlichen Großen Armee rechtfertigt. Also haben wir in den Archiven die schriftlichen Beweise für vorsätzliches Handeln ausgegraben und gezählt.

Es war ein »kleiner Völkermord«, das räume ich ein. Es fehlte an Mitteln und Zeit. Seitdem hat man es sehr viel besser gemacht. Aber ich hasse die Apologie des Verbrechens, gleichgültig, welche Ideologie sie vorbringt. Wenn Sie mich in eine Tradition stellen wollen, dann nehmen Sie Michel de L'Hospital, die Monarchiens, Madame de Staël, Benjamin Constant, die 1875 für die Republik stimmenden Orléanisten und die gemäßigten Republikaner der Dritten Republik. In der Politik bin ich nur ein Liberaler – ein pragmatischer Konservativer, der von einem positiven Gesetz weder eine Verfassung noch *a fortiori* eine Revolution oder die Beförderung des Reichs Gottes erwartet.

Ich bin der Meinung, daß diese völlig unnötige Apologie in dieser Selbstbeschreibung nichts zu suchen hat. Sie ist angestückelt. Aber ich schuldete sie meinem Herausgeber aufgrund des Ausmaßes, der Heftigkeit und der Bündelung der Angriffe, denen ich ausgesetzt war. Gewiß ist es ein großes Verbrechen, wenn jemand in einer konservativen Zeitung gemäß seinen Überzeugungen schreibt, ohne wie jeder gute Pädagoge in politischer Moral zur Zeit der Massaker der Kommunistischen Partei oder irgendeiner extremistischen Gruppe angehört zu haben. Würde man mir es sonst zur Last legen, daß ich mit dazu beigetragen habe, der *»nouvelle histoire«* und der Universitätswissenschaft außerhalb des engen Kreises der Universität Anerkennung zu verschaffen?

Seien Sie unbesorgt, nicht jedermann kann verletzen. Ich werde mühelos zu meiner Gelassenheit zurückfinden. Wer mich bei der Ausübung der Verantwortung gekannt hat, mit der mich meine Kollegen betrauten, weiß, daß ich von Natur aus tolerant bin. Das sollte man wissen, da mir dieses Vertrauen jüngst erneut ausgesprochen wurde. Ich weiß es zu schätzen. Es ist nicht mein Verdienst, Toleranz zu praktizieren. Sie ist eine bescheidene Tugend, die meinem Temperament entspricht. Ich lege zu großen Wert auf meine Freiheit, um je irgend jemanden nötigen zu wollen. Ich möchte ihn lediglich überzeugen. Diese Haltung entspringt meiner Weltanschauung. Da die Totalität des Sinns uns entgeht, da der Sinn im Sein ist, sind wir kostbar in unseren Unterschieden, unseren schöpferischen Freiheiten, die nur die Zügellosigkeit ausschließen, denn diese engt die Gesamtheit unserer Freiheiten am wirksamsten ein. Sollte ich im Eifer irgend jemanden verletzt haben, so bedaure ich es. Von dem, was ich vorgebracht habe, nehme ich nichts zurück. Ich bedaure nicht, daß ich liebe, was ich liebe, ich verabscheue lediglich den Haß. Und ich glaube hinreichend an die Vernunft, um zu meinen, daß die Beleidigung wirklich nur diejenigen kränkt, die sich ihrer bedienen.

Lassen wir dies alles rasch hinter uns und kehren wir zu unseren Forschungen zurück. Denn die Geschichte hat uns vieles beizubringen. Vielleicht sogar kann sie denen, die die Hoffnung verloren haben, wieder ein wenig Zuversicht geben.

Ich habe das Feld der Analyse nie verlassen und widme ihr weiterhin den größten Teil meiner Zeit. Allerdings bin ich von der Zirkulation der Waren zu den Gesten, den Worten und Gegenständen übergegangen, die von dem zeugen, was im Mittelpunkt steht; gemeinsam mit anderen habe ich also den von Ernest Labrousse formulierten Wunsch nach dem Quantitativen im dritten Grad erfüllt.

Die Synthese hat mich der Analyse nicht entfremdet. Ich glaube nicht, daß man zu einer gültigen Synthese kommen kann, wenn man sich vom unbearbeiteten, zumindest vom wenig bearbeiteten Material völlig loslöst.

Notwendig aber ist, daß die im Werden begriffene Geschichte sich ausdrücken kann. Das Verstummen der 1908 gegründeten ehrwürdigen *Revue d'Histoire économique et sociale* hatte den Mangel an Ausdrucksmöglichkeiten unerträglich gemacht. In dem Manifest der Zeitschrift *Histoire, Économie et Société,* um dessen Abfassung mich meine Kollegen gebeten hatten, habe ich mein heutiges Verhältnis zur Geschichte deutlich zum Ausdruck gebracht:

»[...] wir werden nichts ausschließen aus dem Gedächtnis der Menschen, dem Gedächtnis der Vergangenheit, die uns hilft, unsere Gegenwart zu leben und unsere Zukunft zu gestalten. Gewiß zweifelt heute niemand daran, daß die Geschichte sich nicht auf den Krieg, auf die Diplomatie, auf den Staat beschränkt. Das war 1929 sogar Teil der Botschaft der Schule der *Annales.* Die Botschaft ist empfangen worden, und zwar so gut, daß sie nuanciert werden muß. Eine Geschichte ohne Krieg ist eine Geschichte, die vor der Totalität flieht, mit einem Wort, eine kastrierte Geschichte [...]. Wir schließen nichts *a priori* aus, aber wir haben unsere Präferenzen. Dem Diskurs über den Diskurs – der von einigem Interesse ist – ziehen wir die Fakten, die konkreten, meßbaren Realitäten und deren Interpretation vor.« Statt in eine lasche Anthropologie zu verfallen, die die Ethnologen auf dem Feld nicht unbedingt freundlich beurteilen, schien es uns sinnvoll, den Akzent wieder auf Studien zu legen, die Bescheidenheit mit Strenge verbinden. Man kann die historische Demographie nicht betrügen, weil sie die Gesetze der Genetik und die mathematische Analyse voraussetzt. Man kann die materielle Zivilisation nicht betrügen. Wir lieben den Gegenstand, die Spur des Gegenstands, die Archäologie, die sich nicht mehr auf die Vorgeschichte, die Antike und die Suche nach dem Schönen beschränkt: das Haus, die Nahrung, das Werkzeug, die Künste und die Techniken. Blättern wir in den Bildtafeln der *Encyclopédie* und lernen wir wieder die harten Lektionen des Milieus, das sich nicht so leicht von Wörtern ertränken läßt.

»Und wenn wir uns die Wörter merken, unterziehen wir sie den strengen Regeln der quantitativen Semantik. Man kann die Ökonomie nicht betrügen [...]. Kehren wir zu den Preisen zurück, zu den Tauschgeschäften, zur Produktion, zu den Modellen, zu den nationalen und regionalen Rechnungsbüchern, zu den konjunkturellen Feinanalysen. Schaffen wir wieder Platz für eine reine, harte Ökonomie, die auch die Fortschritte der mathematischen Ökonomie beherzigt.« Das läßt sich auf andere Disziplinen ausdehnen.

»Wir haben unsere Präferenzen, aber wir verwerfen nichts und niemanden. Die veröffentlichten Studien werden eher empirische Studien sein, aber wir haben auch nichts gegen Arbeiten einzuwenden, die versuchen, theoretische Modelle historisch zu erproben. Muß die Geschichte nicht wie ein Experiment funktionieren, das die Sozial- und Humanwissenschaften selbstverständlich nicht im Laboratorium reproduzieren können? Ohne gute Monographien abzuweisen – man muß sich vor endlosen Wiederholungen hüten –, erscheint es uns wünschenswert, solchen Arbeiten einen großen Platz einzuräumen, die auf ausgreifenden Analysen beruhen und sich systematisch serieller Methoden bedienen [...]. Die Geschichte liefert den Sozialwissenschaften die Dauer. Wir glauben, daß die Geschichtswissenschaft die Aufgabe hat, mit allen Disziplinen zusammenzuarbeiten, mit den Sozial- und Humanwissenschaften, aber ebenso mit der Biologie und der Medizin.«

»Den jungen Forschern das Wort erteilen, endlich die vielen Originalbeiträge in Umlauf bringen, die aufgrund einer schlechten Präsentation und in Ermangelung einer prägnanten Sprache [...] ungenutzt schlummern.« Diesem Text habe ich nicht viel hinzuzufügen, er gibt den Stand meines Denkens wieder, er faßt die großen Leitlinien der Forschung zusammen, die zu betreiben ich mich bemühe. Auch in den verschiedenen Gremien, an deren Spitze mich das Vertrauen meiner

Kollegen gestellt hat, habe ich mich bemüht, die Arbeit in diese Richtung zu lenken. Keine Institution kann eine Führungsmacht beanspruchen. Die Forschung läßt sich nicht von oben steuern – die Forschung, die findet, ankommt, einmündet, ist Bewegung, Beweglichkeit. Der ältere Historiker nimmt an der Seite jüngerer, also kreativerer, die Rolle eines Zuhörers ein. Er muß zuhören, im brodelnden Abenteuer der Forschung auswählen, den aufschlußreichsten Weg finden helfen, das heißt den Weg, der den gestellten Fragen und dem persönlichen Geist des Forschenden am besten entspricht. Unsere Rolle besteht darin, zuzuhören, anzuspornen, laut zu träumen, in unseren Herzen genügend Begeisterung zu bewahren, um Begeisterung zu entfachen.

Wer das Verzeichnis meiner Arbeit überfliegt, ist vielleicht verwirrt von ihrer Vielfalt. Man könnte die Zersplitterung tadeln. Wer mir die Freundschaft erweist, mich zu lesen, wird gewiß für die Kohärenz empfänglich sein. Bis heute bin ich der kleine Junge geblieben, der, Hand in Hand mit einem Erwachsenen, das Schlachtfeld von Verdun durchstreift, der Sohn der weißen Dame, deren Namen man nicht aussprechen darf, und der offenen Auges versprochen hat, nicht zu vergessen.

Georges Duby
Das Vergnügen des Historikers

> »Der Bericht, den er mir gab, war zweifellos
> falsch, künstlich, wie zwangsläufig jeder nach-
> träglich abgefaßte Bericht der Ereignisse, gerade
> weil die Ereignisse, die Details, die unbedeuten-
> den Fakten dadurch, daß sie erzählt werden, ei-
> nen feierlichen, gewichtigen Aspekt annehmen,
> den sie im Augenblick des Geschehens nicht ha-
> ben.«
>
> Claude Simon

*Georges Duby wurde am 7. Oktober 1919 in Paris unweit
der Place de la République geboren. Die Wohnung ging auf
den Hof. Dieser Hof wurde sein erster Spielplatz. Manchmal
verirrte sich ein Sonnenstrahl dorthin; drei Reihen Grün-
pflanzen standen vor der Loge der Hausmeisterin; zwischen
den Pflastersteinen hier und da ein wenig Moos, und dann
jener Geruch von Leder, wild und sanft, verströmt von den
Warenlagern, die ihm unergründlich vorkamen...*

Lange Zeit – genauer gesagt, bis zu diesem Augenblick, da ich
mich an die endgültige Formulierung mache – hatte ich vor,
in der dritten Person zu schreiben, in der Absicht, besser Abstand wahren zu können. Ich habe diesen Plan aufgegeben, da
ich fürchtete, manieriert zu wirken. Dennoch bleibe ich bei
meinem Entschluß, mich abseits zu halten. Um es gleich vor-
weg zu sagen: Ich erzähle nicht mein Leben. Es ist vereinbart,
daß ich in dieser Selbstbeschreibung nur einen Teil von mir
bloßlege: das *ego laborator,* wenn man so will, oder das *ego
faber.* Weil ich zum Beispiel nicht über Malerei, Theater oder
Musik spreche, weil ich nichts über diejenigen sage, die ich
liebe, liegt es auf der Hand, daß hier das Wesentliche verschwiegen wird.

Ich werde also über mein öffentliches Leben sprechen und aufzuzeigen versuchen, wie das, was man eine Karriere nennt, in einer kurzen Phase der allgemeinen Geschichte vor sich gegangen ist. Man sollte meinen, das sei einfach. Es ist es nicht. Denn sicherlich habe ich mich in diesem oder jenem Augenblick angepaßt, habe laviert, mich durchgemogelt, den Platz eines anderen eingenommen. Warum sollte ich mir nicht die schöne Rolle geben? *Ego faber gloriosus.* Jeder Historiker rackert sich bei der Suche nach der Wahrheit ab, und immer entgleitet ihm diese Beute. Ich meine sie zu packen, wenn ich festzustellen versuche, was die Schlacht von Bouvines oder die von Austerlitz war. Wenn ich jedoch herausfinden will, wie die Menschen im 12. Jahrhundert liebten oder zu lieben glaubten, sehe ich sie bereits entschwinden. Und die Distanz wird noch größer, wenn ich mich darauf einlasse, meine beruflichen Abenteuer zu erzählen, und mich dabei nicht an Menschen wende, die mich kennen, die mir teuer sind, sondern an Leute, die ich noch nie gesehen habe und von denen die meisten die folgenden Seiten schnell lesen werden. Niemandem fällt es leicht, sein eigenes Gedächtnis zu ordnen. Wie sich erzählen? Dieses Gefühl der Ohnmacht ist bedrükkend. Daher bin ich versucht zu schwindeln, im übrigen davon überzeugt, daß ich, ohne mir dessen bewußt zu sein, schwindle, daß ich meine Erinnerungen zurechtbiege, ja, daß sie sich von selbst zurechtgebogen haben, während ich mein Leben führte. Ich rate also denen, die sich für diese Geschichte interessieren, das Folgende mit kritischen Augen zu lesen.

Wenn ich die Resultate meiner Nachforschung ins reine bringe, dann fällt mir auf, welch große Rolle bei mir der Zufall gespielt hat. Einige meiner Kameraden können genau erkennen, was sie schon sehr früh dazu prädestinierte, Historiker zu werden. Meine Suche ist vergebens. Die ersten historischen Romane, die ich las, haben mich nicht im mindesten aufgewühlt. Ich erinnere mich nicht, daß ich Gefallen daran gefunden hätte, zwischen den Überresten der Vergangenheit, die mich in Paris umgaben, zu träumen. Lange Zeit haben mich die Ereignisse nicht beeindruckt. Sehen wir uns diejenigen an, die in der Tiefe meines Gedächtnisses ruhen. Auditives Gedächtnis: vom Kristallempfänger übertragen, das Echo der Landung von Lindbergh. Visuelles Gedächtnis: der Sarg eines Generals – eines der Sieger des Großen Kriegs, seinen Namen weiß ich nicht mehr –, der im grauen Regen auf einer Kanonenlafette weggeschleppt wurde (noch tiefer vergraben auch das Bild von republikanischen Garden, die auf dem Boulevard Magenta die Streikenden angriffen, aber ich bin nicht sicher, ob ich Augenzeuge gewesen bin). Die erste politische Regung, die mir deutlich in Erinnerung geblieben ist, geschah am 6. Februar. Die früheste, in die ich mich verwikkelt fühlte, war das Auftauchen der Volksfront. Wie man sieht, habe ich ein kurzes Gedächtnis. Meine Erinnerungen sind nicht die eines geborenen Historikers. Andere, sehr viel entferntere, wurden mir mündlich hinterlassen, zu Hause. Eine habe ich behalten, die Invasion der Kosaken: meiner Großmutter war sie von ihrer Großmutter erzählt worden. Die ältesten »Papiere« meiner Familie stammen vom Ende des 18. Jahrhunderts; es hat mich nie gereizt, weiter zurückzugehen. Als ich mein Brot verdienen mußte, wies nichts – davon bin ich überzeugt – darauf hin, daß ich für jene absonderliche Tätigkeit bestimmt war, die darin besteht, sich zurückzuziehen, sich in die Stille zu versenken, um, schlecht informiert, zwischen verwischten, verblaßten, disparaten Zeichen verloren, zu verstehen zu suchen, was sich Jahrhunderte früher zugetragen hat. Alles scheint sich auf eine Reihe unvorhergesehener Chancen zu beschränken, die ich ergriffen habe.

Man wird mir sagen, ich müßte, um sie ergreifen zu können, motiviert gewesen sein. Ja, aber wodurch? Ich sträube mich nicht gegen die Vorstellung, daß ich, wenn das Alter kommen wird, in dem die Bilder der Kindheit unaufhaltsam aus den Fundamenten des Bewußtseins aufsteigen, für mich und die Meinen die erste Zeit meines Daseins im roten und schwarzen Paris evozieren werde, als meine Augen sich geöffnet haben. Doch wenn ich es tue, dann ohne Illusionen und ohne den Wunsch, dort nach Impulsen zu stöbern, die für das, wovon hier die Rede ist, ohne Folgen gewesen sind. Dennoch meine ich, in dieser Vorrede zwei vielleicht erklärende Bemerkungen unterbringen zu müssen.

Erstens: Sowohl väterlicher- wie mütterlicherseits senken sich die Wurzeln meiner Familie in jenes Ostfrankreich, dessen Besonderheiten Lucien Febvre beschrieben hat. Die Bauern sind nicht fern. Dennoch erreicht die Erinnerung sie nicht. Sie macht bei kleinen Dorfnotabeln halt, Männern mit dicken Schnurrbärten, von denen keiner in seiner Jugend auf einen anderen zählen konnte als auf sich selbst, die sich durch Sparen hocharbeiteten, über ihre Frau, ihre Kinder und ihre Hilfskräfte herrschten, zuerst auf Sicherheit, dann auf Muße bedacht. In ihren Augen stellte die gut verrichtete Arbeit einen grundlegenden Wert dar. Da sie lange Zeit eng mit den Arbeitern zusammengelebt hatten, fühlten sie sich nie vom Volk abgeschnitten – darauf bedacht, die unsichtbare Barriere nicht zu überschreiten, die sie von ihnen getrennt hätte –, und unbehaglich unter den wirklichen Bourgeois, obwohl sie einige ihrer Vorlieben teilten. Sie zogen es vor, in den Hintergrund zu treten, um sich ihre Freiheit zu bewahren, der sie stark verbunden waren, behutsam sparend, um möglichst bald das Recht zu erwerben, nur noch aus Vergnügen etwas zu tun, als alleinige Herren ihrer Zeit.

Zweitens: Meine Kindheit war im beengtesten Paris eingesperrt, gleichsam erstickt in einem damals noch zentralen Viertel, wo sich das Volkstümliche mit der Halbwelt vermischte. Jeden Sommer, wenn ich in eine winzige, verschlafene, ganz vom Landleben durchdrungene Stadt fuhr, hatte ich das Gefühl einer Befreiung, das Gefühl zu atmen. Vielleicht rührt daher meine Haltung Paris gegenüber, die bei wichtigen Entscheidungen mitspielte. Eine zwiespältige Haltung, in der Anziehung und Widerstreben sich durchkreuzen.

I

An den Beginn dieses intellektuellen Werdegangs stelle ich das Gymnasium einer kleinen Kreisstadt. Ich betrat es, für lange Zeit Paris verlassend, im Jahr 1932. Seither hat sich so vieles verändert, daß ich wohl schildern muß, wie vor mehr als einem halben Jahrhundert eine derartige Institution in der Provinz aussah. Auf sieben Klassen verteilt weniger als zweihundert Schüler, etwa ein Drittel Interne. Soll man von Elitismus sprechen? Gewiß, ich sehe unter meinen Schulkameraden keinen einzigen Arbeitersohn; in Wahrheit gab es in der Stadt sehr wenige Arbeiter. Die Bourgeoisie schickte ihre Kinder anderswohin, in das benachbarte katholische *Collège*. Die Gymnasiasten stammten also aus der wohlhabenden und weniger frommen Bauernschaft, aus der Geschäftswelt, vor allem der Beamtenschaft; die Söhne von Volksschullehrern auf dem Land bildeten, wie mir scheint, die größte Gruppe. Alle oder fast alle Lehrer waren agregiert. Nur um wenige Jahre älter als wir, lebhaft, großzügig, schienen sie sich ihres Lebens zu freuen. Nach den Schrecken der Prüfung genossen sie die Lust am Unterrichten recht ungezwungen: sie würden sich später um ihre Zukunft kümmern, eine Stufe nach oben klettern, in einem Gymnasium in Lyon, der Großstadt.

Sechs Jahre verbrachte ich die meiste Zeit in Gesellschaft dieser Lehrer. Ich war Externer, aber »unter Aufsicht«, wie man sagte, das heißt, ich ging jeden Morgen durch das kleine Gittertor und kam – abgesehen von der kurzen Eskapade des Mittagessen – erst um sieben Uhr wieder heraus. Eingesperrt? Nicht doch, innerhalb dieser Einzäunung genoß ich die Freiheit, so wie ich sie später in der Kaserne genießen sollte. Habe ich in meinem Leben je soviel gelacht, soviel gelernt wie in jener Zeit? Jedenfalls bin ich sicher, damals das Wichtigste empfangen zu haben, genauer gesagt, während der drei letzten Klassen, der Grammatik-, der Rhetorik- und der Philosophie-Klasse.

Die Fülle der höchst vitalen Kultur, die eine weit von der

Hauptstadt entfernte, kaum zwanzigtausend Einwohner zäh-
lende Stadt jungen Menschen bot, war erstaunlich. Die ersten, die dieses kulturelle Manna spendeten, waren natürlich
die Lehrer. Die meisten von ihnen fühlten sich gehalten, die
klassische Tradition, die weiterzugeben sie beauftragt waren,
mit allem anzureichern, was an anregendem Neuen sich bot.
Der Zeichenlehrer zeigte die Bilder von Matisse, die Litera-
turlehrer luden uns dazu ein, *Le Voyage* oder *Les Conqué-
rants* zu lesen. Die Neuigkeiten erreichten uns jedoch auch
von draußen. Daß wir, mein Freund und ich, während der
abendlichen Hausaufgaben viele Stunden schweigend am selben Tisch hinten im Saal sitzend, alles lesen konnten, auch
das Allerneueste, lag daran, daß mein Freund in der Stadt zur
Miete wohnte, zusammen mit Schülern der *Ecole normale
des instituteurs,* die reifer waren als wir. Von ihnen lernten
wir, Ereignisse kritisch zu beurteilen. Durch sie wußten wir,
was man unbedingt lesen und hören mußte, *Le Voyage au
Congo, Atalante,* Armstrong. Und donnerstagnachmittags
unterrichteten wir uns gegenseitig, im Café oder – ein unver-
gleichliches Vergnügen – auf endlosen Spaziergängen durch
die Natur. Sie war nur zwei Schritte entfernt. (An diesem
Punkt drängt sich mir die Erinnerung an einen dieser Streif-
züge auf. Es war später, seit einem Jahr war ich nicht mehr
auf dem Gymnasium. An einem leicht dunstigen Herbsttag
waren wir stundenlang durch die Brachfelder der Hügel ge-
wandert. Beunruhigt: an jenem Tag fanden Verhandlungen
in München statt, und wir wußten, daß sie entscheidend waren. Als wir zurückkehrten, erfuhren wir, daß das Abkommen unterzeichnet worden war. Wir waren noch blind, kaum
neunzehn Jahre alt, wir liebten das Leben, wir liebten es leidenschaftlich. Freude erfüllte unsere Herzen: die Waffen, die
wir auf uns gerichtet fühlten, waren wider alles Erwarten nie-
dergelegt worden.)
    Ein Krieg jedoch begeisterte uns, der spanische Krieg, der-
jenige, den die Anarchisten führten. Wir hatten für die Volksfront Partei ergriffen, nicht nur deshalb, weil unsere Eltern

Angst vor der roten Fahne hatten. Wir lehnten uns gegen die Ungerechtigkeit auf, gegen die Demütigungen, wir ertrugen es nicht, daß *Gringoire* Salengro in den Selbstmord trieb. Dieser großherzige Elan stützte sich auf ein Erziehungssystem, dessen Wirksamkeit und Qualität man sich nur noch schwer vorzustellen vermag, vor allem nicht, welch große Anziehung es auf diejenigen ausübte, die ihm unterworfen waren. Sechs Jahre lang wurde ich reichlich mit einem Humanismus gefüttert, dessen Werte sich mühelos in das Gerüst der Familienmoral einfügten. Die Ehrfurcht, die mein Vater und mein Großvater, beides Handwerker, vor wohlgeformten Gegenständen hatten, ihr Eifer, Rivalen im Wettstreit der Werkstatt auszustechen, ihre Überzeugung, daß beharrliche Arbeit es ermöglicht, einige Stufen im Leben zu erklimmen, alle diese Anforderungen übertrugen sich bei mir von der Handarbeit auf die intellektuelle Arbeit. Ihre Vorsicht wandelte sich in entschiedenen Pazifismus, denjenigen, den alle unsere Lehrer verkündeten, während noch die unheilbaren, unverzeihlichen Wunden, die der Große Krieg hinterlassen hatte, für jedermann sichtbar waren. Was das bäuerliche Mißtrauen gegenüber jeder Indoktrinierung angeht, den starrsinnigen Willen, um jeden Preis das Selbstgefühl zu bewahren, so wurden sie zu libertärer Selbstbehauptung, Widerstand gegen jeden nicht bejahten Zwang, Widerwillen gegen die Dogmatiker, die Schulmeister, gegen alle, die anderen Menschen gegen ihren Willen zum Glück verhelfen wollen. Der instinktive Antifaschismus nahm bei mir ein spöttisches Gesicht an. Mein angeborener Hang, auch die ernstesten Dinge zunächst ironisch zu betrachten, wurde durch den Unterricht, den ich erhielt, noch verstärkt: in der Französisch-Klasse brachten wir fast das ganze Rhetorik-Jahr damit zu, die *Essais* und *Candide* zu kommentieren.

Im Gymnasium habe ich, wie mir scheint, fast ständig in Fröhlichkeit, in Freude gelebt. Natürlich träumte ich, dort zu bleiben oder, besser gesagt, so schnell wie möglich dorthin zurückzukehren, diesmal ins andere Lager, das der Lehrer; es kam mir so vor, als empfänden wir, sie und ich, dasselbe Glück. Zu Hause wurde meinem Wunsch, Lehrer zu werden, nicht widersprochen: dieser Beruf schien Freiheit, eine erfindungsreiche Arbeit, fast ein Rentnerleben zu verheißen. Ich würde also unterrichten. Was? Das wußte ich nicht. Außerdem wurde es immer ungewisser, ob ich überhaupt je etwas würde unterrichten können: die Wolken zogen sich zusammen, immer häufiger sprach man von Krieg. Jedenfalls nicht Naturwissenschaft: im Jahr davor hatte ich mich für die Philosophie-Klasse entschieden. Derjenige, der sie leitete und ein gesundes Urteil hatte, riet mir von dieser Disziplin ab und lenkte mich zur Geschichte, es entspräche meinem Temperament, so sagte er, mich eher mit Dingen als mit Wörtern herumzuschlagen. Geschichte? Warum nicht? In Wahrheit keine Berufung. Aber drei Jahre lang war ich von meinen Geschichtslehrern angetan. Einer von ihnen sprach lieber von *Orpheus* oder den *Hirten von Arkadien* als von der Politik Richelieus; der andere begeisterte uns für den Robespierre und den Marat von Mathiez; der dritte, der kein Marxist war, hatte sich befleißigt, uns klar und deutlich das Denken von Karl Marx zu erschließen (tatsächlich hatte ich auch das Privileg, dieses Denken ohne jede politische Verbrämung kennenzulernen).

Im November 1937 ließ ich mich also in einem recht geräumigen Zimmer nieder, dessen beide Fenster auf die Rhône gingen: ich hatte mich in die geisteswissenschaftliche Fakultät von Lyon eingeschrieben. Da es keine Fakultäten mehr gibt, muß ich von neuem Geschichte treiben und erklären, wie sie kurz vor dem Zweiten Weltkrieg aussahen.

Damals war sich jeder Inhaber eines Lehrerdiploms sicher, eine Anstellung zu bekommen. Dazu mußte er innerhalb von drei Jahren fünf Zertifikate erwerben, eines in Geographie, drei in Geschichte und ein letztes in »klassischer Literatur«. Wer höher hinauswollte, mußte im vierten Jahr mehrere Hausarbeiten schreiben. Wonach für die Ehrgeizigsten der

entscheidende Kampf begann: in Ungewißheit und übermü-
det versuchten sie ihr Glück beim *Concours,* der Agregation.
Die Fakultät von Lyon war sehr groß: nahezu zweihundert
Studenten im Fachbereich Geschichte und Geographie sowie
sechs Professoren, zwei Lehrbeauftragte, für einige Neben-
fächer unterstützt von einem Ägyptologen und einem Kunst-
historiker. Also alles in allem acht Lehrkräfte. Denjenigen
Studenten, die für ihr Diplom zwei Zertifikate innerhalb eines Jahres machen wollten, wurden somit zwischen Mitte
November und Mitte Mai höchstens sieben bis acht Stunden
Übungen pro Woche zugemutet. Eine unaufdringliche Pädagogik gab sich zu jener Zeit die Ehre, diese jungen Leute wie
Erwachsene zu behandeln und sie für fähig zu erachten, sich
allein fortzubilden, ihre Arbeit nach eigenem Belieben zu organisieren. Sie setzte sie, für sich selbst verantwortlich, vor
die Geräte, Bücher, Materialien und Quellen.

Kinder aus guter Familie, von denen sich viele gleichzeitig
in die juristische Fakultät eingeschrieben hatten und hier lediglich eine kulturelle Zugabe suchten, waren weniger stark
vertreten als im Gymnasium. Ein Großteil der Lehrersöhne
wiederum zog es vor, die Vorbereitungsklasse für die *Ecole
normale supérieure* zu besuchen. Und schießlich gab es auch
weniger Stipendiaten. Die meisten Studentinnen und Studenten mußten sich dadurch über Wasser halten, daß sie hier und
dort Schlafsäle beaufsichtigten. Ihr Studium zog sich hin. Ich
hatte mehr Glück. Meine Zeit stand mir voll und ganz zur
Verfügung, meine Eltern unterstützten mich. Ich arbeitete
hart, in hellen, geräumigen, ruhigen Lesesälen. Aber jeden
Tag gegen fünf Uhr suchte ich das Weite. Ich kehrte meinen
Arbeitsgeräten den Rücken, ich ging aus, wie ein Arbeiter am
Samstagabend, die Hände in den Taschen, von allem entla-
stet, alles aus meinem Kopf verscheuchend, was ich noch im
Augenblick zuvor getan hatte. Ich ging über den Fluß; ich
drang ein in das verwinkelte Herz der Stadt, zu meinen Freun-
den, zu jenen warmen, hellen verrauchten Ecken, wo die
Stunden mit endlosen und überaus heiteren Gesprächen ver-

gingen. Ganz der Lebensfreude ergeben: an den enttäuschten Illusionen sah man, wie sich allmählich die Gefahren zusammenballten. Es galt, die Zeit zu nutzen.

Hier muß ich zwei Punkte hervorheben. Einerseits machte die Universität von Lyon der von Straßburg die Ehre streitig, in der Provinz den besten Unterricht zu erteilen. Andererseits befand sich das Ansehen der Geographie auf dem Höhepunkt. Ich hatte beschlossen, mit dieser Disziplin zu beginnen. Freilich in der Absicht, mich ihrer so rasch wie möglich zu entledigen: im Gymnasium hatte sie mich gelangweilt. Ich ahnte nicht, daß sie mit ihren lebhaften Fortschritten den ganzen Troß der Humanwissenschaften hinter sich herzog. In wenigen Tagen war ich erobert. Zuerst von den Menschen, die mich unterrichteten. Es waren zwei Schüler von Raoul Blanchard – aus der Schule von Grenoble hervorgegangen –, die den Parisern die Stirn boten, André Gibert und André Allix. Allix hatte die Statur, die Gesten, den Charme eines Grandseigneurs. Er pflegte seine Erscheinung. Er bestach durch die Schärfe seines Blicks, die Schlüssigkeit der Analyse und die Klarheit seiner Rede.

In der Universität bin ich drei Gönnern begegnet: Déniau und Perrin, von denen ich weiter unten sprechen werde, und Allix. Was mich jedoch eng mit der Geographie verband, war die Aufmerksamkeit, die man hier notgedrungen dem Greifbaren schenkte, der Zwang, die Augen aufzumachen, zu fühlen, zu betasten. Um etwas zu verstehen, mußte man die Welt beobachten, in freier Luft, eine noch sehr ländliche Welt, und die Beobachtung führte zwangsläufig zu den Dingen zurück, dem Backtrog, der Peitsche, deren sich die Väter bedient hatten, zu jenen herben oder saftigen Äckern, die sich seit meiner Kindheit am Horizont meiner Träume dehnten. Ich genoß es, die Felder, die Straßen, die kleinen Ortschaften inmitten der Leute zu vermessen, wobei ich versuchte, die Beziehungen zwischen ihrer Arbeitsweise, ihrem Werkzeug, ihren Bräuchen und den Spuren zu erkennen, die sie der Erde aufgeprägt hatten und noch immer aufprägten.

Sobald ich die Hochschule betrat, unterlag ich dem Einfluß dieser Wissenschaft. Gebieterisch bestimmte sie die Art und Weise, mit der ich meinen Beruf bis zum Schluß ausgeübt habe, was sich auf zwei Ebenen bemerkbar macht: 1. Da ich mich beharrlich über Pläne und Landkarten beugte, habe ich das Bedürfnis entwickelt, den Phänomenen der Geselligkeit dadurch visuelles Leben zu verleihen, daß ich sie genau im Raum situierte. 2. Weit folgenschwerer war eine Gewißheit, die ich durch die vielen Analysen der Landschaft und die Interpretation ihrer kartographischen Transkriptionen erlangte: jede menschliche Tätigkeit enthält unauflöslich verknüpft das, was dem Material untersteht, und das, was ihm nicht untersteht, das, was der Natur, und das, was der Kultur zukommt. Die Übungen, denen ich mich im Winter 1937/38 unterzog, abgeschieden in der Stille des Zimmers oder auf dem Feld, stehen am Ursprung der Methode, die ich später bei meiner Arbeit als Historiker anwandte; sie beruht auf der Überzeugung, daß jede Gesellschaft ein Ganzes bildet, daß sie global betrachtet werden muß, inmitten dessen, was sie umgibt, und in der Totalität ihrer Komponenten, in dem unentwirrbaren Geflecht unzähliger Determinationen, bei denen es sinnlos ist, sich zu fragen, welche von ihnen »in letzter Instanz« überwiegt, da allein die Interferenzen und Verknüpfungen zählen. Und weil ich damals klar erkannte, daß es zur Erklärung dieser oder jener Konfigurationen notwendig ist, sowohl die Pädologie zu Rate zu ziehen wie die Demographie, die Klimatologie wie die Ökonomie, die Botanik wie die Sittengeschichte und die Geschichte der Institutionen, kam ich zu der Überzeugung, daß das Studium der menschlichen Gesellschaften nicht sinnvoll betrieben werden kann ohne das enge Zusammenwirken verschiedener Disziplinen mit ihren jeweils spezifischen Verfahrenweisen und Fragestellungen.

Ich hörte auch die Vorlesungen der Historiker. Ich war nicht sehr angetan. Da sie dem Studium des Ereignisses und des Politischen den Vorrang gaben, versuchten sie in erster

Linie, wahre kleine Begebenheiten in linearer Kausalitätsbeziehung aufzuzeigen. Heute weiß ich, was ich der überwältigenden Gelehrsamkeit von Roger Doucet und der strengen Klarheit von André Fugier verdanke. Im Jahr darauf gehörte ich zu den zehn bis zwölf Studenten, die sich auf den Holzbänken des großen Hörsaals verteilten, wo sie dem Unterricht von Léon Homo folgten. Keine Vorlesung: Homo hatte genügend ausgezeichnete Bücher geschrieben, und da er Vorlesungen für zweitrangig hielt, beschränkte er sich darauf, Referate zu korrigieren. Doch diese Korrekturen stammten von einem großen Lehrer auf der Höhe seiner Kunst. Hier gab er sein Bestes (so wie das Beste von Marc Bloch in den Rezensionen, den kritischen Anmerkungen steckt, die er unermüdlich für die *Annales* schrieb). Ich erinnere mich an die Kommentare zu Dio Cassius, Ammianus Marcellinus, die ich nach den Ausgaben von Jean de Tourne in der Stadtbibliothek vorbereitete, in einem Geruch von Wachs und Kräutertee, den ich seither nie mehr gerochen habe. Dort begann ich Geschmack daran zu finden, mich in das Labyrinth einer toten Sprache zu vertiefen und vergessenen Bedeutungen nachzuspüren. Im dritten Jahr schließlich, als ich das letzte Zertifikat vorbereitete, hatte ich nur einen Lehrer, Jean Déniau. Ich hatte mir das Mittelalter bis zuletzt aufgespart. Nicht aus Vorliebe. Aus Zufall. Die Älteren hatten mich gewarnt: der alte Kleinclausz würde es nicht mehr lange machen, es sei besser zu warten, bis er abgelöst werde. Ich hatte das Glück, diesen Rat zu bekommen, und die gute Idee, ihn zu befolgen.

Jean Déniau war kein großer Gelehrter. Sein Beitrag zur wissenschaftlichen Literatur blieb bescheiden. Er war ein Lehrer, ein wirklicher Meister, die Vornehmheit in Person. Er war lange Gymnasiallehrer gewesen und hatte ohne Schwierigkeiten eine Doktorarbeit zum Abschluß gebracht. Der Gegenstand seiner Studie war die Stadt Lyon zu Beginn des 15. Jahrhunderts. Auch dieses Werk folgte im wesentlichen dem Ereignis Schritt für Schritt, im verworrenen Verlauf des Kriegs von Burgund. Allerdings gingen dem Bericht fünfzig blendende Seiten voraus: auf meisterliche Weise erweckten sie Männer und Frauen, Straßen, Flüsse und Kirchtürme wieder zum Leben. Die raffinierte Eleganz des Stils (Déniau hatte in seiner Jugend Valery Larbaud Griechischstunden gegeben) kam in diesem Buch einem sicheren Gespür für das Konkrete, Sichtbare zugute, in dem ständigen Bemühen, den Menschen aus Fleisch und Blut zu erreichen, seine Wünsche, seine Mühen und vor allem seine Schmerzen. In Déniau verkörperte sich, geläutert, jene Form von Humanismus, der einst meine Nahrung gewesen war. Sie verband sich mit einer urwüchsigen Vitalität, die den Historiker auf natürliche Weise dazu führt, dem Geographen entgegenzugehen und, im selben Schritt wie dieser, Wegen zu folgen, die die derzeitige Ethnologie vorzeichnet. Von diesen Qualitäten informiert, hatte Marc Bloch zwei Jahre zuvor Déniau in die Universität von Straßburg geholt. Im November 1939 kehrte Déniau in sein geliebtes Lyon zurück. Im Alter von fast sechzig Jahren führte er jene Geschichtswissenschaft in die Fakultät von Lyon ein, die vierzig Jahre später von manchen »neu« genannt werden sollte.

Es war begeisternd. Wie Homo stellte Déniau seine Pädagogik ganz in den Dienst der Textkommentare. Von seinem Katheder gestiegen, übergab er seinen Schülern die nackten Quellentexte und ließ sie darin stöbern. Auf diese Weise arbeitete ich mich an Ort und Stelle, so wie ich es in der Werkstätte der Geographen getan hatte, gemächlich zum Magister vor. Beim Entziffern der alten Schriften bemerkte ich sehr bald, daß ein mit Zeichen bedecktes Pergament genauso beachtet werden muß wie eine jener Landschaften, deren Strukturen ich weiterhin analysierte; daß der Historiker, will er sich alle Reichtümer zunutze machen, die eine solche Quelle in sich birgt, ein außerordentlich verwickeltes Knäuel von Indizien entwirren muß und daß das Ziel, dem er zustrebt, sich in nichts von dem des Geographen unterscheidet: ein immer besseres Verständnis der verschiedenen Beziehungen, die die menschliche Person mit ihrer Umgebung unterhält, mit anderen Personen, mit dem, was sie im Kopf haben, und mit der natürlichen Umwelt, die sie gestaltet haben. So begann sich mein Enthusiasmus auf die Geschichte zu verschieben, die gute Geschichte, diejenige, die sich nicht damit begnügt, ungerührt Ränke zu rekonstruieren, diejenige, die nicht aufhört, sich Fragen über das Leben zu stellen. Dies ist meine Dankesschuld gegenüber Déniau. Welcher Lehrer seiner Generation – abgesehen natürlich von denen der Sorbonne – hat so viele Schüler durch sich das höhere Lehramt erreichen sehen? Ich erlag als einer der ersten seinem Einfluß, er machte mich, ohne daß ich es vorhergesehen hätte, zum Mediävisten.

Jean Déniau war im Krieg gewesen. Für eine Zigarettenlänge die Paläographie-Übungen unterbrechend, rief er die harten Prüfungen in Erinnerung und evozierte sie nicht ohne Bitterkeit: der Krieg, dieser Wahnwitz, war wieder da. In seiner Gegenwart wurde die Arbeit, die ich und meine Altersgenossen leisteten, fast zur Nebensache, zur Spielerei. Im September 1939 waren wir nicht mit den anderen von der allgemeinen Mobilmachung betroffen. Man hatte uns noch nicht eingezogen. Dieser Krieg zog sich kampflos in die Länge. Er brauchte keine Rekruten. Wir waren zurückgestellt. Aber wir wußten, daß wir verurteilt waren. Zum Tode. Man hatte uns oft wiederholt, was Krieg bedeutet: das stumpfsinne Niedermetzeln der Jugend. Seit Jahren schon fürchteten wir ihn. Wir waren Leser von *Vendredi, Marianne, La Flèche*, arglose Antifaschisten, zu unabhängig und zu skeptisch, um in einer Partei tätig zu sein, und glaubten dennoch mit ganzer Seele an die Freiheit; wir kämpften für sie und glaubten weiterhin, unheilbar optimistisch, an den Frieden und an die Humanität, davon überzeugt, daß die Menschen rechtzeitig innehalten würden. Der Glaube an die Vernunft hinderte uns daran, die wahre Natur der Diktaturen zu erkennen und die Informationen, die wir erhielten, so fragmentarisch sie sein mochten, hellsichtig zu interpretieren. Für uns war der Krieg unerträglich. Jeden 11. November, wenn die Trompete des Waffen-

78

stillstands ertönte, hatte ich die Freunde meines Vaters weinen gesehen. Wir hatten Jean Zay gehört, Anatole France, Céline, Giono, Martin du Gard gelesen. Und obwohl wir auch *Le Temps du mépris** gelesen hatten, verweigerte sich unsere Kultur der Einsicht, Gewalt mit Gewalt zu vergelten. Und außerdem: wir hatten Angst um unsere Haut. Gerade erst traten wir ins Leben ein, unsere Lust am Leben war unbändig, wir ertrugen es nicht, daß es zerstört oder auch nur verpfuscht werde. Es gelingt mir nicht, uns dafür zu verurteilen, daß wir uns so sehnsüchtig einen kampflosen Sieg der Vernunft über den mörderischen Wahnsinn und die Linderung unserer Angst gewünscht haben.

Die Angst wurde nicht gelindert, sie wuchs. Gewiß, im Frühjahr 1940 hatte der wirkliche Krieg noch nicht begonnen. Wie alle Welt setzten wir unsere Hoffnungen noch immer auf die Vernunft, aber nur halbherzig. Und die physische Nähe der Gefahr, im Alter von zwanzig Jahren, dieses Warten auf den Vollzug veranlaßte uns, im Augenblick alle Freuden auszukosten, insbesondere die Freuden, die man bei geistiger Übung empfindet. Jenes Jahr war also fiebrig und fruchtbar. Am 9. Juni 1940 wurde unser Jahrgang bei strahlendem Wetter »zu den Fahnen« gerufen, die dann bald in Fetzen flogen. Wir stiegen in einen grölenden Zug, der nach Süden fuhr, den Tod im Herzen, entschlossen, nicht zu töten. Wir töteten nicht, wir hatten keine Waffen in der Hand. Was hätten wir andernfalls getan? In den wenigen Stunden, in denen wir in einem der Forts von Grenoble Maschinengewehre für diejenigen luden, die damals versuchten, die Deutschen bei Voreppe aufzuhalten, habe ich entdeckt, daß der Mensch nicht mehr derselbe ist, daß seine Leidenschaften überhandnehmen, sobald sich ihm der tobende Sturm des Kriegs nähert. Tatsächlich streifte uns dieser nur. Unterwegs von leeren Kasernen zu Zufallsquartieren, inmitten der sich auflösenden Armee, überließen wir uns den laschen Erfordernissen

* Antifaschistisches Pamphlet von André Malraux.

einer lächerlichen, dahinschwindenden Disziplin. Zusammen mit meinen Freunden aus dem Trupp der Offiziersanwärter, in den man uns gesteckt hatte, weil wir Studenten waren, sah ich angewidert zu, wie die Hauptleute Reißaus nahmen. Am Ende unseres »Feldzugs« gingen wir einige Tage im Vogelgezwitscher der Kirschgärten von Manosque spazieren. Wir hielten ihn für beendet, diesen Krieg, in den wir nie mehr zurückzukehren wähnten. Noch einige Monate lang lebten wir gleichgültig und ruhig in militärischer Sorglosigkeit. Die Posse der ersten Jugendlager war für mich die Gelegenheit, einen harten Winter in Gesellschaft von Arbeitern und Bauern zu verbringen. Lange genug, um zu erkennen, daß die Klassenunterschiede existieren und daß sie im wesentlichen von der Art des Denkens, des Glaubens und des Verhaltens herrühren.

In der »freien Zone« war Lyon, als ich zurückkehrte, zur wirklichen Hauptstadt geworden. Nachdem ich meine Hausarbeit (in Geographie) hinter mich gebracht hatte, nahm ich die Agregation in Angriff. Acht Plätze beim *Concours* in diesem Jahr. Nach dem Mündlichen im Sommer 1942, in Grenoble, wohin sich die Jury diesseits der Demarkationslinie begeben hatte, war ich neunter. Der Präsident, Charles Edmond Perrin, Professor in mittelalterlicher Geschichte an der Sorbonne, hatte Beziehungen zum Ministerium; er versicherte mir, daß er eine Verlängerung erwirken würde; und er erwirkte sie. Meinen Erfolg verdankte ich Henri Irénée Marrou, dessen wunderbarem Unterricht ich in diesem Jahr gefolgt war; von ihm lernte ich, neben der Achtung vor vergangenen Zivilisationen, die wenigen Rezepte, die zu der Geschicklichkeit verhelfen, über alles zu reden. Ich hatte mit leerem Magen gebüffelt. Der Hunger hatte sich bereits eingenistet, aber noch nicht die Angst und die Scham.

Nun fiel aber mein Eintritt ins Kollegium der agregierten Professoren mit dem Einzug der deutschen Armee in die Südzone zusammen. Bald zogen sich die Netze des Arbeitsdiensts zusammen. Nun dachten wir fast nur noch daran, wie wir die

Besatzer und die Polizisten, unsere Landsleute, überlisten konnten, und versuchten zu überleben, unseren Angehörigen das Überleben zu ermöglichen. Viele meiner Kameraden waren in Gefangenschaft, einige verschwanden, die meisten verkrochen sich, jeder in sein Loch, so wie auch ich mich verkroch. Nacht und Nebel begannen an der Haustür. Was ich in diesen Monaten erlebte, brachte mich zu der Überzeugung, daß der Mensch auch vom Brot lebt, daß der Mangel, die Ungewißheit, die Verzweiflung, wenn sie eine bestimmte Schwelle überschreiten, die Regungen des Geistes bei denjenigen herabwürdigen, jedenfalls ersticken, die nicht von Natur aus Heilige und Helden sind. Daß die Armut, wenn sie nicht freiwillig ist, wenn sie lange anhält, mehr Neid, Brutalität, Gemeinheit auslöst als Nächstenliebe. Daß man viel aushalten kann, wenn man frei ist, daß aber unter dem Joch alles grau und schmutzig zu werden droht. Mit Hilfe eines erschmuggelten *Ausweises** hatte ich mit eigenen Augen ein leeres, zermürbtes Paris gesehen. Und ich konnte auch ermessen, wie verwundbar die Armen sind. Zwei- oder dreimal gelang es mir – weil ich außer falschen Papieren die Fähigkeit besaß, Fallen schnell zu erkennen, und weil ich wußte, welche Worte man sagen darf und welchen man mißtrauen muß –, mich im letzten Moment aus der Klemme zu ziehen, während die Schwachen, die Lehrlinge, die Bauern, resigniert, scharenweise auf der Strecke blieben, schlecht informiert, ohne Hilfe, ungeschickt.

In dem Gymnasium, in dem ich unterrichtete, herrschten Argwohn, Kleinmut, Scheinheiligkeit. Den Knaben, die mir anvertraut waren, fehlte es nicht an Qualitäten, insbesondere den künftigen Volksschullehrern: Vichy, das alles aufbot, die Freiheit des Denkens an ihren Wurzeln zu zerstören, hatte die pädagogischen Hochschulen geschlossen und die »Lehrerschüler« zu den Gymnasiasten gesteckt. Ich nahm mir die Professoren meiner sechzehn Jahre zum Vorbild und ver-

* deutsch im Original

suchte, gleich ihnen die Kräfte des historischen Diskurses und der historischen Methode zu nutzen, um den kritischen Geist anzuregen, um zu verdeutlichen, was an den Ideologien grotesk und unheilvoll ist, um sie zu entmystifizieren. Ein Jahr später wurde ich in »kleine« Klassen abgeschoben. Die Zerstörung beschleunigte sich. Es hatte den Anschein, als ob die bösen Kräfte, der Krieg – jener Krieg, der mir wie Pavese »so fremd und so unpassend vorkam, daß man sich ohne allzu große Mühe in seine Ecke setzen und ihn wüten lassen konnte« – unbarmherzig das Fundament eines kulturellen Gebäudes unterminierten, in dem mein Leben aufgeblüht war. Die Nachrichten, die aus Stalingrad durchsickerten, hielten uns aufrecht. Und dann hörten wir eines Nachts in der Ferne das Grollen wie von einem Erdbeben. Es schwoll langsam an. Die Panzer. Es war die Befreiung.

II

Ich dachte einen Augenblick daran, die Periode, die im Sommer 1944 begann, in zwei Abschnitte zu teilen, die »Reisejahre«, die um 1955 auf die »Lehrjahre« folgten. Alles wird jedoch klarer sein, so meine ich, wenn ich vier Wege unterscheide. Jeder beginnt zu seiner Zeit. Aber sie sind nicht sukzessiv. Ich möchte sie auch nicht als parallel bezeichnen; sie kreuzen sich, an einigen Punkten vermischen sie sich. Sie besitzen jene Art partieller Autonomie, wie die verschiedenen Wasserfäden sie haben, die die Strömung eines Flusses bilden. Nennen wir den einen von ihnen den »universitären«; den zweiten den »von Aix«; den dritten werde ich aus Dankbarkeit, aber auch weil mir daran gelegen ist, das Wesentliche zu betonen, als den »Braudelschen« bezeichnen; den Beginn des letzten Wegs stelle ich unter das Zeichen von Albert Skira. Diese vier Wege führen bergauf. Aber man darf nicht vergessen, daß sich dieser individuelle Parcour auf dem Hintergrund einer sehr lebhaften allgemeinen Expansion entwikkelt hat, die in diesem Land dreißig Jahre lang alles mit sich riß.

1.

Kurz nach der Befreiung begab ich mich nach Lyon. Auf den wackligen Brettern stolpernd, die man über den eingestürzten Bogen der Brücke von La Guilotière gelegt hatte, ging ich auf das schöne alte Haus zu, in dem André Allix wohnte. Von ihm erfuhr ich zwei Dinge: daß sich unter den Körpern der Gefolterten und Erschossenen, so schloß er aus ernstzunehmenden Indizien, auch der von Marc Bloch befand; und daß die *Résistance* ihn selber als Rektor eingesetzt hatte. Kraft der Vollmachten, die ihm verliehen wurden, Region um Region die Republik wiederherzustellen, beschloß er, für mich eine Assistentenstelle bei Jean Déniau, seinem Kameraden während der Kämpfe im Untergrund, zu schaffen. Seit zwei Jahren gab es in den geisteswissenschaftlichen Fakultäten das Amt des Assistenten. Man hatte es sehr zögerlich eingeführt, nicht in der Absicht, die Betreuung der Studenten zu verbessern, die man mit Recht für ausreichend hielt, sondern um einige Agregierte in die Lage zu versetzen, ihre Forschungen rascher voranzubringen, ihre *thèse* früher vorzulegen und, wenn das »Meisterwerk« ausgefeilt war, Magister zu werden, ohne wie ihre Vorgänger, wie Déniau, in einem Gymnasium alt geworden zu sein. Sie verbrachten dort lediglich sechs Jahre. Diese unverhoffte Chance ergriff ich nicht ohne einige Widrigkeiten. Gekränkt, weil er nicht konsultiert worden war, widersetzte sich der Dekan und tat so, als wisse er nichts von meiner Nominierung. Allix ließ nicht locker. Schließlich richtete ich mich in dieser Zwischenstellung ein, die einerseits subaltern war, weil ich der Kontrolle eines Vorgesetzten unterworfen blieb, als dessen Schüler ich mich weiterhin fühlte, andererseits beherrschend, weil ich Autorität über eine Gruppe von Studenten haben sollte, was mir sofort als Herausforderung erschien. Ich hatte mir erträumt, es den Lehrern gleichzutun, die mich faszinierten. Jetzt würde ich

83

mich bemühen, meinerseits zu faszinieren, ebensosehr wie sie.

Nach der Rückkehr des Friedens, der Freiheit und der Hoffnung atmete alles wieder auf. Dennoch war das Leben weiterhin schwer. Und zwar noch recht lange. Vor allem die Not erwies sich als weniger erträglich: sie war nicht mehr wie früher das gemeinsame Los aller, als fast die ganze Nation unter demselben Unglück litt. Im Taumel des Wiederaufbaus drehte sich das Glücksrad sehr schnell. Das Geld war nicht mehr dort, wo man es gewohnt war. Wie vor fünfundzwanzig Jahren, nach dem Ersten Weltkrieg, erschütterte das Tohu-wabohu der Vermögen das gesamte Wertesystem. Das Schauspiel einer solchen Zerrüttung bestärkte mich in meiner Überzeugung, daß das soziale Übel nicht in erster Linie in der Ungleichheit besteht, sondern in den Verletzungen, welche die Ungerechtigkeit der Würde des Menschen zufügt. Einige Monate lang war ich damals Mitglied der *C.G.T.*, in der Sektion der geisteswissenschaftlichen Fakultät. Wie viele waren wir? Déniau, René Jullian, zwei weitere Assistenten, ich selbst – mehr nicht. In meiner Sicht war es mehr als eine Herausforderung (an das universitäre *establishment*), der Wunsch, mich auf die Seite der Ausgebeuteten zu schlagen, jene einfache und herzliche Kameradschaft zu teilen, um die ich lange Zeit diejenigen meiner Freunde beneiden sollte, die Kommunisten waren. Arbeitete ich nicht ebenso hart wie die meisten »Arbeiter«, und bereiteten mir die Monatsenden etwa weniger Sorgen? In Wahrheit hatte ich ihnen allen etwas Unschätzbares voraus, die Unabhängigkeit. Zwar hatte auch ich einen Vorgesetzten, aber diesen Vorgesetzten verehrte ich, und nicht er war es, der mich bezahlte. Er war Mitglied derselben Gewerkschaft; seine Anforderungen waren so bescheiden, daß ich mich als Herr meiner selbst fühlte. Déniau betrachtete mich als Gefährten; er ließ mir meine Freiheit und achtete lediglich darauf, daß die Lehrtätigkeit sich eng mit dem verschränkte, was wir beide für das Wichtigste, das Dringlichste hielten, nämlich die Abfassung der *thèse* oder besser der beiden *thèses*, der *thèse principale* und der *thèse secondaire**. Eine sehr harte Probe. Die Institution der damaligen *thèse de doctorat d'Etat* haben die neuen Zeiten stark entstellt. Ich glaube, es ist nicht unnötig, an ihre Verdienste zu erinnern. Es ging nicht allein um eine Probe der Ausdauer. Sie verlangte demjenigen, der sich um die Ehre bewarb, den Gipfel der pädagogischen Hierarchie zu erklimmen, die Mühe ab, ein Buch zu schreiben, das wichtigste, durchdachteste all derjenigen, die er je schreiben würde, und dieses Buch, damit es weniger unvollkommen sei, dem Urteil derer zu unterbreiten, denen er ebenbürtig zu werden wünschte. Es hieß auch, sich in die Gruppe zu integrieren, die diese Gelehrten bildeten, sich derselben Aufgabe zu widmen, mit ihnen und nach ihnen dem Gebäude einen neuen Stein hinzuzufügen. Wenn sich die Geographie zu jener Zeit unter den Wissenschaften vom Menschen als beherrschend behauptete und wenn die Überlegenheit der französischen Geographen in der ganzen Welt anerkannt war, lag das nicht daran, daß sie in fruchtbarem Wettstreit einer nach dem anderen eine Reihe derartiger, einander ergänzender Werke hervorgebracht hatten?

Jean Déniau besaß die kostbare Gabe, in den Hintergrund treten zu können. Er wußte, daß die glänzende Karriere notwendig über die Zeremonie der *thèse* in der Sorbonne führte. Daher bat er Charles-Edmond Perrin, die meine zu behüten. Perrin, Sohn eines Volksschullehrers, wies die Eigenschaften der alten Handwerker auf. Er liebte die geduldige, regelmäßige, gut ausgeführte Arbeit. Bei ihm fand ich, was meiner Ausbildung noch fehlte. Sein Beispiel lehrte mich die Tugenden einer gründlichen Wissenschaft, nach deutscher Art, die das Quellenmaterial mit Hilfe jener diversen Techniken behandelt, die man in der *Ecole des chartes* beherrschen lernt. Dennoch förderte seine minutiöse Arbeit einige herausragende Gesamtdarstellungen zutage. In Straßburg hatte er ne-

---

* Die *thèse* bestand früher aus zwei Teilen, der *thèse principale* und der *thèse secondaire.*

ben Marc Bloch gearbeitet und schätzte an ihm nicht nur den gefolterten Patrioten. Außerdem war er ein Mann mit Herz, treu, der sich um Gerechtigkeit bemühte. Sehr bald würdigte er mich seines Vertrauens und gab sich in meiner Gegenwart – schüchtern, stundenlang – impertinenten, köstlichen Monologen hin. Gleich nach der Agregation hatte ich von ihm den ersten Rat erhalten: einen kohärenten Korpus von Quellen anpacken (warum nicht, sagte er mir, die Urkunden der Abtei von Cluny? Sie waren ediert worden, aber ohne Index, so daß die reichhaltige Ader noch unausgebeutet war), das Terrain sondieren, erste Fährten entwerfen, aufpassen, daß man nicht versackt, sich nicht verliert, also die Augen offenhalten für die Gesamtfortschritte der historischen Forschung, viel lesen, sein kritisches Instrumentarium verfeinern und auf diese Weise langsam einen Katalog von Fragen heranreifen lassen.

Hartnäckig, oft angespannt, manchmal sehr erschöpft ging ich sieben Jahre lang meiner Aufgabe nach, wagte mich bis zu ihren materiellen, härtesten Fundamenten vor. Da ich kein Geld hatte, tippte ich selbst mit zwei Fingern auf einer gebrauchten Schreibmaschine die achtzehnhundert Manuskriptseiten, die ich abliefern mußte. Das Modell für diese *thèse* habe ich den Geographen entnommen. *La Société aux XIe et XIIe siècle dans la région mâconnaise* unterschied sich nicht von jenen regionalen Monographien, die Deffontaines, Derruau, Blache, Faucher, Juillard erarbeitet hatten und publizierten, außer daß sich die gesammelten und einander gegenübergestellten Beobachtungen nicht auf die Gegenwart oder die nahe Vergangenheit bezogen, sondern viel weiter zurückreichten, über sieben Jahrhunderte hinweg. Auch ich hatte ein Territorium eingekreist: einen Raum, zur Hälfte ausgeleuchtet von dem, was von den Archiven der Abtei von Cluny und einiger benachbarter religiöser Anstalten heute noch übrig ist. Was diese zerstreuten Quellen sehr unvollständig dem Blick darboten, war nichts anderes als eine Landschaft, diesmal eine gesellschaftliche. Trotzdem wollte ich sie auf die sichtbare Landschaft projizieren, auf das, was ich auf diesem Boden so gut kannte und liebte, um in der Komplexität ihres Erscheinungsbildes und ihres Zusammenhalts den Ursprung und die Entwicklung der Beziehungen zu erkennen, die einst in jenen Dörfern, auf jenen Feldern, in jenen Weinbergen und Wäldern, die ich in alle Richtungen durchstreift hatte, Bauern und Krieger miteinander unterhalten hatten. Naturgemäß geben die Urkunden wenig Aufschluß über die ökonomischen Verhältnisse, viel über die Machtbereiche, über die Art, wie diese aufeinanderprallten, sich einander anpaßten, sich verschränkten. Die Studie zeigt folglich die in einem Mosaik von Ackerflächen verwurzelte Anordnung der verschiedenen Formen der Macht.

Ich näherte mich dem Ende. Dem Ende näherte sich auch das sechste Jahr meines Praktikums als Assistent. Ich hatte das Glück, die Hürde zu nehmen. Man schrieb mich in die Liste der zum höheren Lehramt Befähigten ein, eine vernünftigerweise sehr kurz gehaltene Liste: sie garantierte eine Anstellung. Eine solche Einschreibung hing vom Beratungskomitee der Universität ab. Perrin, mein Vorgesetzter, vermochte viel. Hier jedoch lag die Entscheidung bei einem alten bärbeißigen Drachen, Louis Halphen. Ich stattete ihm einen Besuch ab. Er begann mich barsch anzufahren: Cluny war ein Kloster; seine Urkundenbücher dienten wohl in erster Linie der Religionsgeschichte. Doch mein erster langer Aufsatz gefiel ihm schließlich. Er unterstützte mich. 1950 wurde der Posten eines Lehrbeauftragten in der kleinsten Universität Frankreichs frei, in Besançon. Ich wurde ernannt, und ich wäre gern dort geblieben. Besançon gefiel mir, eine einfache, robuste, meines Wissens die von bourgeoiser Affektiertheit am wenigsten erfaßte Provinzstadt. Ich glaubte mich zu meinen Wurzeln zurückversetzt, und der große Wald war nicht weit. Indes erfuhr ich von dem Plan, einen Mediävisten an die einzige Fakultät zu berufen, die noch keinen besaß: Aix en Provence. Fünfzehn Jahre zuvor hatte mich Giono verhext, mir Lust gemacht, eines Tages mitten im Lavendel zu leben. Im Sommer 1939, als ich ganz begeistert allein und zu Fuß mit Rucksack aufbrach, machte ich mich auf den Weg nach Marseille; in den letzten Friedenstagen war diese Wanderung in den großen, noch sehr bäuerlichen Herbergen des Cours Sextius zu Ende gegangen. Im folgenden Frühjahr hatte es mich nach Manosque vor wunderbare Horizonte verschlagen. Schließlich hatte ich 1951, in Arles, an einem Pfingstabend in einem kleinen wassergrünen Café am Nachbartisch ein Gespräch aufgeschnappt: ein Engländer, Lektor an der Universität von Aix, erzählte ganz einfach von seinem Glück. Mein Entschluß stand fest. Er überraschte. Warum diese verschlafene Fakultät? Man mußte sich nur ein wenig gedulden: Lyon erwartete mich. Aber Aix gefiel mir.

2.

Aix, vor fünfunddreißig Jahren, war bezaubernd. Es gab in Frankreich keine einzige Stadt dieser Größe (vierzigtausend Einwohner), die noch keine Vororte hatte. Nur wenige Schritte trennten den noch hörbaren Gesang des Brunnens von den Olivengärten, den Hügeln. Und dann, im Zittern der Sommernacht, Mozart. Auf welchem wildreicheren Gelände konnte ich hoffen, meine Jagd nach dem Glück fortzusetzen? In den stillen Straßen kam es mir so vor, als streifte ich bald Jean-Henri Fabre, bald den Kardinal Bernis. Lyon war die Langeweile, Aix das Vergnügen.

Fast hätte ich dieses Vergnügen nie genossen. Damals grassierte nämlich, zwar weniger virulent als heute, aber doch zerstörerisch, jene Plage des französischen Hochschulwesens, die lokale Nominierung. Höflich ließ der Geschichtsprofessor (der einzige, der andere ging in den Ruhestand) wissen, daß die Fakultät ihre Wahl bereits getroffen habe, und riet mir, mein Glück anderswo zu versuchen. Das Glück ließ mich nicht im Stich. Einst hatte sich der Dekan von Lyon dem Rektor gebeugt. Die Forderungen der kleinen Clique, die mich abwies, nach kooptativer Autonomie, beugten sich dem Ministerium. Von Perrin beraten, setzte der Direktor des Hochschulwesens mich durch.

An einem Novemberabend 1951 sah ich also bei herein-brechender Dunkelheit, wie sich ein schönes Eichenportal vor mir auftat, das der Fakultät von Aix, die sich endlich er-gab. Sie war in einer kleinen Louis XV.-Villa in der Nähe der Kathedrale untergebracht. Ein Schmuckstück: ein mit drei Platanen bestandener Hof, einige Salons mit Stuckdecke, von denen der größte als Hörsaal diente. Die Salons konnten mich nicht überraschen. In Besançon stand das Podium, auf dem ich meine Vorlesung hielt, vor einem großen Wandspiegel, und ich stellte mir nicht ohne einiges Unbehagen vor, wie meine Studenten meine derart verdoppelte Person beobachte-ten. Neu für mich war das Gefühl, hier tausend Meilen von Paris entfernt zu sein. Der Dekan, ein quicklebendiger Greis, gestand mir, noch nie in seinem Leben dort gewesen zu sein. Er hatte mich ungemein höflich empfangen, darauf bedacht, daß nichts mich glauben ließ, man halte mich für einen Ein-dringling: »Sie kommen gerade recht«, sagte er, »es ist Zeit für unsere Versammlung; da kann ich Sie gleich Ihren neuen Kollegen vorstellen.« Er geleitete mich in eine Art Boudoir. Dort sah ich acht betagte Männer versammelt. Sie plauder-ten.

Es war mehr, als ich erhofft hatte. Zahlreiche Studenten, rege, angenehm anzuschauen, eifrig, höflich. Am benachbar-ten Platz, in der anderen Fakultät (Rechts- und Wirtschafts-wissenschaften), einer hochangesehenen Fakultät, junge Gelehrte im Überfluß. Die meisten kamen aus Übersee, über-sprudelnd von Ideen und Fröhlichkeit. Die Stadt, die man in sieben Minuten durchquert hatte, war wie geschaffen für Be-gegnungen, unvorhergesehenen Meinungsaustausch, geistige Komplizenschaft. Kein Streit um Posten oder Ehrungen, keine Begehrlichkeit, kein Neid unter uns Anfängern, die wir hoch erfreut waren über die Annehmlichkeiten einer begin-nenden Karriere, und die Konfrontation der Problemstellun-gen, der Methoden zwischen den verschiedenen Humanwis-senschaften erfolgte spontan, wirklich fruchtbar. Schließlich lag Marseille vor der Tür, ausgebreitet vor dem prächtigen

Meer. Ich liebte es, mich von der Menge dorthin tragen zu lassen, bei Sonnenuntergang, und glücklich wie ein König zum alten Hafen hinunterzugehen. Von wunderbaren Freundschaften umgeben, genoß ich Tag für Tag die Freude am Leben, in der gleichen Munterkeit, von der sich Simone de Beauvoir fast an denselben Orten ein paar Jahre zuvor hatte durchdringen lassen.

Der Süden zog mich aus dem grauen Einerlei. Und ich muß gestehen, daß ich gleichzeitig die Not hinter mir ließ – der Staat begann, seine Diener anständig zu entlohnen. Nachdem ich die *thèse* gemäß den Riten absolviert hatte (an jenem Tag war ich meiner Sache sicher: Perrin hatte mich noch am selben Abend zum Essen eingeladen; dennoch war es kein Pappenstiel gewesen, dieser endlose Nachmittag), saß ich nun auf einem Lehrstuhl und gelangte im Alter von dreiunddreißig Jahren zu vollkommener Freiheit, vor allem zu der Freiheit, Neues zu erproben. Da ich in Lyon gesehen hatte, wie Marrou seine Hauptvorlesung abkürzte und seine fortgeschrittenen Studenten für wöchentliche Diskussionen um sich scharte, beschloß ich, ein Seminar zu organisieren. Meine Kollegen waren verblüfft. Sie waren es noch mehr, als ich meine Absicht kundtat, die kleine Forschungsgruppe, die sich aus meinen ersten Agregierten bildete, auf die Geschichte der Mentalitäten anzusetzen. Im Konvent erhoben sich einige Stimmen dagegen, mit dem Einwand, es sei nicht möglich, einen solchen Gegenstand wissenschaftlich zu ergründen. Ich bestand darauf, und sehr bald, 1955, nahm sich das Seminar die Geschichte der Verwandtschaftsbeziehungen, die Geschichte der Eheschließungen, die Geschichte des Todes zum Thema. Ich bin überzeugt davon, daß ich in einer besser ausgestatteten, weniger dünn besetzten und weniger weit von der Hauptstadt, ihrem Druck und ihren Rivalitäten entfernten Universität nicht so schnell hätte vorpreschen können, um in vollständiger Unabhängigkeit diese Wende einzuleiten: den Übergang von einer bisher auf die materiellen Grundlagen der feudalen Gesellschaft konzentrierten Forschung zu der damals abenteuerlichen Analyse jener anderen, nicht minder bestimmenden Faktoren.

Für jede französische Universität waren die sechziger Jahre eine Periode des plötzlichen Wachstums. Nirgendwo war dieses Wachstum lebhafter als an der Universität von Aix-Marseille; in der geisteswissenschaftlichen Fakultät war es wahrhaft umwälzend. Das lag an den Bemühungen eines Dekans, Bernard Guyon (jetzt, da ich diesen Namen nenne, ermesse ich, wie tief der Graben zwischen Paris und der Provinz damals noch war: wenn die Autoren, die mich in diesem Band umgeben, die Gefährten ihrer Arbeit, ihre Freunde erwähnen, hört man von ihnen berühmte Namen, weil sie in Paris studiert und immer dort gewohnt haben, während die wunderbarsten Menschen, an die ich erinnere, fast unbekannt sind). Schon bei unserer ersten Begegnung im Jahre 1952 hatte mich mit Guyon eine enge, stürmische, brüderliche Zuneigung verbunden. Großmütig, darauf bedacht, ein strahlendes Christentum zu leben, schloß er sich — aufgrund des Algerienkriegs, der Menschenrechte, der Folter, der Erneuerung des Katholizismus — meinem Lager an, allem zum Trotz, was ihn von seinen Wurzeln her im anderen hätte halten müssen. Wir beneideten uns, wir bewunderten uns gegenseitig. Beide wurden wir zur selben Zeit von der Sorbonne umworben, und wir standen uns beide in unserer schwierigen Entscheidung bei, die Provinz nicht zu verlassen. Eine solche Wahl bedeutete, alles daran zu setzen, die Stätte unserer Arbeit der Schläfrigkeit und Kleinlichkeit zu entreißen, damit es begeisternd sei, hier zu leben. Daher setzte Guyon alles daran, um »seine« Fakultät vom letzten auf den ersten Rang zu erheben, und unterstützte mich gegen jedermann.

Die Expansion schritt immer stürmischer voran. Alles um mich herum entfaltete sich, und auch ich selbst begann nach neuen Wegen zu suchen. Was die Qualität, die Farbe der Aixer Periode in der Geschichte meiner wissenschaftlichen Tätigkeit ausmacht, ist genau dies: daß diese noch geruhsame, der Arbeit so förderliche Stadt sowie die herrlichen, noch einsameren Orte, wohin ich mich zurückzog, um zu schreiben, sich dann, gleichsam zum notwendigen Ausgleich, der Welt geöffnet haben. Daher habe ich auch jenen drei Juli-Wochen sehr viel zu verdanken, in denen ich unverdrossen, zehn Jahre hintereinander, vierzig junge Leute, die von allen Ufern des Mittelmeers gekommen waren, anregte, zusammen zu leben und zu sprechen. Wir träumten noch von Frieden, wir hielten es noch für möglich, durch solche Begegnungen in dieser Gegend der Welt wieder Eintracht herzustellen. Die Idee war 1960 in Florenz entstanden, um Giorgio La Pira. Wir hatten ihn gekapert, zwei Jahre später nach Aix entführt, mit Unterstützung von René Seydoux, einem großherzigen Menschen, den ich sehr verehrte. Von der neuen Unabhängigkeit trunkene Algerier, erst vor kurzem den franquistischen Gefängnissen entkommene Katalanen, dazu verurteilt, gleich nach ihrer Rückkehr wieder in ihnen zu verschwinden, und sodann schöne, geschmeidige Ägypterinnen, die uns Al-Azhar schickte, Syrer und Libanesen, Griechen und Türken, Palästinenser und Israeli – gab es damals einen anderen Tisch auf der Welt, an den sich nebeneinander zu setzen sie einwilligten? Wieviel verdanke ich nicht auch jenen immer häufigeren, immer weiteren Reisen! Hätte ich mein Schneckenhaus nicht verlassen, mich nicht zu jenen Gruppen ausländischer Historiker, jenen exotischen Kulturen begeben, wäre ich dann so weit gekommen im Verständnis des gesellschaftlichen Gebildes, das zu beobachten ich mir vorgenommen hatte, ihrem Funktionieren, der Ideen, die sich die Leute hier, im französischen Raum, vor sieben oder acht Jahrhunderten von ihrer Situation in der sichtbaren und der unsichtbaren Welt machten? Wenn ich indes die Provinz verließ, dann fuhr ich meist nach Paris.

3.

Der Weg, den ich den Braudelschen nenne, beginnt sehr viel früher, in den Jahren vor dem Krieg. Damals war ich in der Schule der *Annales*. In diesem Satz ergibt die Verbindung dieser drei Wörter einen Sinn. Ergeben sie auch isoliert einen Sinn? Anders gesagt, gibt es eine »Schule der *Annales*«? Heute gewiß nicht. Man sieht noch Institutionen und Erben, die sie besetzen. Diese Institutionen haben heute ihre Funktion voll und ganz erfüllt, ich meine damit, daß sie, liberal und hartnäckig, überall jene Ideen, jene Methoden, jene Fragestellungen verbreitet haben, die sich in ihnen herausgebildet, angereichert, entwickelt hatten, womit sie die historische Forschung in der ganzen Welt stimulierten und erneuerten, zuerst jedoch, vergessen wir es nicht, in Frankreich selbst, und zwar überall, sogar in den abgekapselten Bastionen, wo arrogante Routine lange Widerstand leistete. Wie war es zu der Zeit, von der ich spreche, 1937? Damals kämpften zwei Männer, Marc Bloch und Lucien Febvre, Seite an Seite gegen eine Geschichtsauffassung, die sie für zu eng hielten, gegen den Positivismus und seine fast ausschließliche Beschäftigung mit dem politischen und militärischen Ereignis. Sie bemühten sich, die Historiker aus ihrer Isolierung zu holen, sie davon zu überzeugen, sich nicht nur den Geographen, sondern auch den Soziologen, den Ökonomen, den Demographen anzuschließen, um sich ihren Teil von dem zu nehmen, was auf dem Feld der Humanwissenschaften jüngere, noch unschlüssige, aber bereits triumphierende Nachbardisziplinen zu ernten begannen. Diese beiden Männer hatten Leute zusammengebracht, die ich für die besten halte. Unter ihnen meine drei Vorgesetzten: Allix, Déniau, Perrin. Leidenschaftlich, hartnäckig zog sich der Kampf – nachdem Fernand Braudel sie abgelöst hatte – bis Ende der sechziger Jahre hin. Zu diesem Zeitpunkt waren fast alle gegnerischen Positionen erstürmt worden.

Die *Annales (d'histoire économique et sociale)* waren bekanntlich die Hauptwaffe dieser Offensive sowie das Instrument ihres Erfolgs. Mit dieser Zeitschrift machten mich nicht meine ersten Geschichtslehrer bekannt; ich habe das Gefühl, daß sie 1937 für Doucet, Fugier, Homo noch nicht viel zählte. Für die Geographen dagegen zählte sie. Durch sie entdeckte

ich den Marc Bloch der *Caractères originaux,* durch sie entdeckte ich die *Annales.* Ich vertiefte mich in sie, begierig las
ich die komplette Reihe. Es war meine Hauptnahrung. Bevor
ich mich auf *Les Rois thaumaturges,* auf *La Société féodale*
stürzte, sobald sie erschien, auf *La Religion de Rabelais.*
Diese Lektüre hat mich zu dem gemacht, was ich bin.

Eines Abends in Lyon, im Herbst 1944 (Marc Bloch war
tot, ich bin ihm nie begegnet) stellte mich Allix Lucien Febvre
vor. Ich hatte ihn gelesen. Er entzückte mich. Und da stand
ich nun vor dem vor Jugend, vor bäuerlicher Vitalität strot-
zenden Mann. Er willigte ein, mich zu leiten. Ich sollte ihn
regelmäßig konsultieren. Wo fand dieses Gespräch statt, von
dem ich noch jedes Wort höre? In der Wohnung gegenüber
dem Val-de-Grace oder in einem der Büros in der Rue de la
Baume, wo sich die blutjunge 6. Sektion der *Ecole pratique
des hautes études* niederließ? Lucien Febvre warnte mich,
sagte mir, das Wesentliche bestehe nicht darin, alles nachge-
schlagen, alles entziffert zu haben. Das sei unmöglich. Achtung: sich nicht in den Archiven vergraben. In erster Linie
zählen die Freiheit, die ausgreifende Geste, der Weitblick.
Was brauchte ich Sicherungen: Fawtier rechts, Perroy links?
Es war meine Aufgabe, allein loszuziehen, in der Freude, alles
zu riskieren, zu entdecken. Als meine Lyoner Lehrer mich den
Pariser Lehrern anvertrauten, hatte ich also das Glück, mich
sofort am Gleichgewichtspunkt zu befinden, zwischen Perrin
und Febvre, zwischen Vorsicht und Kühnheit.

So begannen meine Beziehungen zur 6. Sektion – sollte es
je eine Schule der *Annales* gegeben haben, dann war sie ihre
wahre Bastion. Diese Beziehungen festigten sich dank Robert
Mandrou, den ich 1955 kennenlernte. Der Verlag Armand
Colin, der den *Annales* sehr eng verbunden war, suchte damals jemanden, der die alte *Histoire de la civilisation française* von Rambaud neu bearbeiten sollte. Von Paul Lemerle
hatte ich bereits für seine Reihe bei Aubier den ersten jener
Aufträge erhalten, die den größten Teil meiner Schriften veranlaßt haben. Diesen zweiten nahm ich unter der Bedingung

an, daß ich nicht allein damit befaßt wäre. Mandrou wurde mir beigesellt. Er hatte einen schlechten Charakter. Wir wurden gute Freunde. Ist es Zufall, daß die beiden Menschen, die mir am wirksamsten halfen, als ich nach langem Exil wieder mit Paris Verbindung aufnahm und mich allein in das dortige Intellektuellenmilieu wagte, beide von Fernand Braudel herzlich geliebt wurden, bevor er brutal mit ihnen brach? Es waren Robert Mandrou und Jacques Le Goff. Ich bewahre ihnen treue Dankbarkeit. Dank Mandrou begann ich für die *Annales* zu schreiben; er sorgte dafür, daß ich von Clemens Heller einen Kredit erhielt, der es mir in der Fakultät von Aix ermöglichte, selbständig zu sein, und zusammen mit Mandrou machte ich mich daran, auf den Wegen, die Lucien Febvre gebahnt hatte, das unsichere Territorium der Mentalitäten der Vergangenheit zu erkunden. Was Le Goff angeht (wir hatten uns kennengelernt, als er in Royaumont ein wichtiges Kolloquium über das Thema der Häresion organisierte, später teilten wir uns in der *Ecole Normale* in der Rue d'Ulm den Unterricht, von dem Perrin sich befreit hatte), so war er mir fünfzehn Jahre später ein entscheidender Beistand. Ich kam im *Collège de France* an; ich mußte ein Seminar mit Leben füllen. Le Goff zwang sich dazu, es regelmäßig zu besuchen, und inspirierte es nicht nur durch die Schärfe seiner Fragen, sondern zog auch die besten Leute seiner eigenen Gruppe dorthin.

Etwa zehn Jahre liegen zwischen dem Zeitpunkt, da ich mich Lucien Febvre anschloß, und dem, da ich mich Fernand Braudel anschloß. Das kam so: 1943 berief mich Jules Blache, damals Rektor von Aix, in die Jury, die er für die Geographie-Agregation zusammenstellte. Bis Juli 1956 mußte ich jedes Jahr, anläßlich der mündlichen Prüfungen, einen Monat in der stickigen Hitze des Pariser Sommers verbringen. Fernand Braudel leitete die Jury für die Agregation in Geschichte. Braudel und Blache sowie einige ihrer Schüler pflegten sich während der Nachmittagspause im Blazar zu treffen. Dort thronte Braudel, nobel, jovial. Schon mehrfach habe ich gesagt, wieviel ich ihm verdanke, ungeheuer viel. Er empfing mich. Vielleicht machte ich übermäßigen Gebrauch von der Zeit, die er mir widmete; ich wurde nicht müde, ihn über alles reden zu hören, in der Rue Montivelli, in dem mit Büchern vollgestopften Büro. Einerseits forderte er mich auf, das Lager zu wechseln: sollte ich meine Forschung in diese Richtung treiben, würde ich bestimmt auf Abwege geraten; andererseits zeigte er mir die unbemerkte Allee, die zu fruchtbareren Gegenden führte. Als erstes gab er mir Selbstvertrauen und nach und nach den Ehrgeiz, sein eigenes Vertrauen in mich zu rechtfertigen. Er gab mir noch mehr: von ihm gestoßen, von ihm unterstützt, einen neuen und breiteren Weg zu beschreiten. Braudel drängte mich, in die *Ecole des hautes études* einzutreten, während Lemerle mich drängte, in die Sorbonne zu gehen. Ich sträubte mich, weil ich unabhängig bleiben wollte und die weiten Räume voll Sonne und Wind liebte. Schließlich gab ich nach. 1968 hatte den Elan gebrochen, der die Entwicklung meiner geliebten Fakultät trug; allmählich ähnelte sie immer mehr einem schlecht geführten, großen und höchst langweiligen Gymnasium. Doch vor allem wurde mir nun eine Kandidatur für das *Collège de France* angeboten. Braudel trat in den Hintergrund, wie früher Déniau. Er fürchtete, meine Ernennung könnte durch meine allzu offenkundige Verbindung mit den *Annales* gestört werden. Er hielt es für richtig, daß ich für eine Weile die Leitung der konkurrierenden Zeitschrift *Revue historique* übernähme. Gleichzeitig bat er Lemerle, mich vorzustellen. Paul Lemerle brachte mich also im *Collège de France* unter, so wie wenig später im Institut, auf dem Lehrstuhl von Charles-Edmond Perrin.

Fernand Braudel liebte es, zu geben; er wollte mir noch mehr geben. Als ich ein halber Pariser war, schlug er mir vor, dem Redaktionskomitee der *Annales* beizutreten und in der 6. Sektion symbolisch ein Seminar zu übernehmen, lediglich mit der Verpflichtung, mich den Gelehrten anzuschließen, die er dort versammelt hatte. 1970 hatte Braudel schon nicht mehr alle Macht in Händen. Ich erhielt nichts von alledem. In Wahrheit hatte ich alles.

4.

Unter den Zufällen, die mich periodisch begünstigten, muß ich jenen sehr folgenreichen Anruf besonders hervorheben, den ich eines Nachts, es muß 1958 gewesen sein, von Albert Skira erhielt. Ein Plan reifte in ihm. Er legte ihn mir in Genf dar. Hielt ich es für möglich – um auch die künstlerische Schöpfung in den Geschichtsverlauf einzubeziehen –, in einer Reihe schöner Bücher die Beziehung des Kunstwerks zur Gesellschaft und Kultur darzustellen, die es von Zeitalter zu Zeitalter hatten aufblühen sehen, es angenommen oder aber verworfen hatten? Es traf sich, daß ich seit geraumer Zeit mit dem Gedanken spielte, dieses Problem in Angriff zu nehmen. Ich schrieb einen, dann zwei, dann drei solcher Bände. Ich schrieb sie mit Freuden. Auch Skira war ein Fürst; es war wunderbar, für ihn zu arbeiten. Ich sah, wie sich durch seine Vermittlung jene mir besonders angenehmen Beziehungen, die ich bereits mit den Künstlern unterhielt, allmählich erweiterten. Zudem befreite mich die Aufgabe, die mir übertragen war. Ich konnte in einem anderen Ton schreiben, der kleinen Welt der Universität entfliehen, in die meine Arbeit mich bisher eingesperrt hatte.

Weil er so begann, wie ich es gerade schilderte, habe ich diesem Weg den Namen Skira gegeben. Ebensogut hätte ich einen anderen Namen wählen können: den von Pierre Nora, dessen Anregungen sehr schnell die ersteren ablösten. Während ich noch am letzten der Bände arbeitete, die Skira bei mir bestellt hatte, kam Nora nach Aix, um mir von der Sammlung zu erzählen, die er soeben ins Leben gerufen hatte, *Archives*. Ich schlug ihm einen Essay über das Jahr 1000 vor. Damit begann unsere Freundschaft. Sie führte mich zu Gallimard. Unter dem weiß-roten Umschlag, dem der besten Bücher, die ich seit meinem fünfzehnten Lebensjahr verschlang, unter dem Siegel einer Zeitschrift, von der ich mich bis zum Krieg fast ebensosehr genährt hatte wie von den *Annales,* wurden dank ihm mehrere meiner Bücher herausgegeben. Zwei von ihnen hatten ein besonderes Schicksal. Dasjenige, das ich, zum Erstaunen meiner Freunde, über eine Schlacht zu schreiben einwilligte, Bouvines (aber *Padua* von Giono, in derselben Reihe erschienen, woran ich mich ergötzt hatte, erlaubte mir jede Freiheit des Schreibens, und vor allem hielt ich es für nötig, nachdem ich so lange die »Strukturen« untersucht hatte, deren Bewegungen der Entwicklung der gesellschaftlichen Verhältnisse zugrunde liegen, nun auch das Ereignis in sie einzuordnen, um sie noch besser zu erhellen). Was das andere Werk betrifft, so bot es, in einem einzigen Band zusammengefaßt, jenen Entwurf einer Soziologie der Kunst des Mittelalters, den ich für Skira verfaßt hatte. Die Lektüre des ersten Werks inspirierte Serge July zu einem Filmdrehbuch, aus dem zweiten gestaltete ich auf Roger Stéphanes Bitten hin eine Reihe von Fernsehsendungen.

Denn nach 1970 hatte das Publikum aus mir nicht ganz ersichtlichen Gründen immer lebhafteren Geschmack an der Geschichte gefunden. Einige Historiker beschlossen, nicht mehr ausschließlich für ihre Kollegen oder Schüler zu schreiben, und die Geschichtsschreibung, ich meine die seriöse, die Strenge und Entdeckerfreude mit klarer Redeweise verbindet, wurde erneut das, was sie im 19. Jahrhundert in Frankreich gewesen war, nämlich eine äußerst fruchtbare literarische Gattung. Einige Historiker beschlossen auch, sich nicht mehr nur mit Worten, sondern auch mit Bildern auszudrükken. Ich denke nicht, daß wir uns angedient haben. Wir haben gezögert, besorgt angesichts dieser plötzlichen, schwindelerregenden Öffnung auf ein riesiges, zusammengewürfeltes, ungreifbares Publikum. Dennoch verlockte es uns. Wir gingen das Wagnis ein. Und ich glaube, es ist uns gut bekommen.

Das war das letzte Abenteuer. Der vierte Weg, eng mit den drei anderen verflochten, hat mich zu dem Punkt geführt, an dem ich an diesem 1. Januar 1986 innehalte.

Unzufrieden mit dem, was ich geschrieben habe, bin ich mir nicht sicher, ob der Historiker besser als sonst jemand in der Lage ist, seine Erinnerungen aufzuspüren. Ich neige zu der Ansicht, daß er es weniger ist als viele andere. Denn wenn die Geschichte der anderen meines Erachtens desto besser ist, je spannender sie ist, so erheischt umgekehrt die Geschichte der eigenen Person die strengste Objektivität. Mit aller Kraft muß sie berichtigen, was die Eigenliebe unweigerlich entstellt. Ich bin mir bewußt, daß ich die meine nicht völlig bemeistert habe, daß ich mehr und mehr die Zügel schießen ließ, als ich mich der Gegenwart näherte. Sollte sich also zufällig später einmal jemand über den Beruf des Historikers im zweiten Drittel des 20. Jahrhunderts in Frankreich informieren wollen, dann möge er dieses Zeugnis einer strengen Kritik unterziehen.

Jacques Le Goff
Der Appetit auf Geschichte

Ich wurde am 1. Januar 1924 in Toulon geboren. In meiner
Kindheit sagte meine Mutter oft zu mir: »Du bist wirklich am
1. Januar geboren, weißt du, denn viele Eltern lassen ihre Kinder, wenn sie Ende Dezember geboren sind, erst am 1. Januar
beim Standesamt eintragen, weil sie dann ein Jahr Militär-
dienst gewinnen. Aber dein Vater, der nie mogelt, hätte dich
sogar am 31. Dezember angemeldet, selbst wenn du an diesem Tag nur wenige Minuten vor Mitternacht zur Welt gekommen wärst.« Diese Bemerkung hat mir viel zu denken
gegeben. Ich sah die Mentalität meines Vaters sich darin ab-
zeichnen, der mir zuerst als eine Art Held an Integrität vorkam und sich dann nach und nach nicht nur als Charakter
von außergewöhnlicher Aufrichtigkeit zu erkennen gab, sondern auch, und vielleicht vor allem, als Zeuge (er war sechs-
undvierzig Jahre alt, als ich zur Welt kam) einer vergangenen
Epoche, als Musterbeispiel einer exemplarischen französischen Gesellschaft, derjenigen, die ein gerechtes und fort-
schrittliches Vaterland geschaffen und, dank ihrer Tugenden,
den Großen Krieg gewonnen hatte, das Frankreich der Dritten Republik. Ich werde später berichten, wie dieses
Vaterbild sich in mir festsetzte, sich bereicherte und während meiner Adoleszenz sich dann durch Widersprüche
trübte.

Bei dem Versuch, die Verbindungen zwischen meinem Leben und meiner Berufung, meinem Werk als Historiker wiederzufinden, einem Versuch, von dem ich weiß, daß er Logik
und Klarheit wird schaffen wollen, wo es doch nur Zufälle,
unbewußte Handlungen gab, entdecke ich hierin eines der
ersten Gefühle für die Geschichte, das ich empfunden habe.
Indem ich versuchte, meinen Vater zu verstehen, fand ich in

seinem edlen Charakter und seinem schlichten Schicksal den Sinn der Epochen, die Bedeutung einer bestimmten, mit der Geschichte zusammenhängenden Mentalität, den Schock von Ereignissen.

Wenn ich dagegen meine Mutter betrachtete und ihr lauschte, die doch über die Ereignisse, die ihr Leben geprägt hatten, sehr viel mehr erzählte als mein Vater, über das Auftauchen der »Roten« im Süden, die Tücke der Reblaus, den Besuch der russischen Schwadron in Toulon, die Ängste einer jungen Frau während des Großen Kriegs, einer Frau, die um einen geliebten Bruder bangte und in einer schauerlichen Litanei erfuhr, daß ihr bekannte junge Leute den Tod gefunden hatten, Ehemänner von Freundinnen ihres Alters, Söhne nahe stehender Familien, dann spürte ich vor allem die lange Tradition einer frommen Erziehung, den Einfluß von Priestern und den ihres Glaubens, der ohne große Veränderungen die Zeiten überdauert hatte, die Verbundenheit mit den Bräuchen und der Geisteshaltung einer alten südländischen Kultur. Als Klavierlehrerin von bescheidener Virtuosität, aber tiefem Empfinden brachte sie mir die romantische Vergangenheit nahe, mit ihren Lieblingsmusikern Chopin und Schumann, die ich sie auf dem Klavier spielen hörte, und gab mir den Wandel des Geschmacks mit ihrem dritten Favoriten, Debussy, kaum zu erkennen, den sie am besten spielte, da sie dessen Modernität vielleicht durch eine postromantische Interpretation verhüllte.

Durch das Gedächtnis meiner Eltern – und mehr noch bei der Berührung mit dem Gedächtnis der Zeiten ihrer Kindheit und Jugend, die in ihren Charakteren, ihren Ideen, ihrem alltäglichen Verhalten fortlebten – entwickelte sich allmählich das Gefühl für die historische Kontinuität und gleichzeitig für ihre Brüche. Doch als einfache Zeugen oder kleine Akteure markanter Ereignisse, im Dreyfus-Prozeß und bei den Kämpfen des Laizismus, bei der »Belle Epoque«, dem Krieg von 1914–1918, brachten sie mir die Geschichte weniger durch diese Ereignisse selbst zu Bewußtsein – diese waren vor allem

Anhaltspunkte, ein Instrument, um nach und nach den chronologischen Rahmen der »objektiven« Geschichte festzulegen – als vielmehr durch die sichtbare Spur, die diese Ereignisse in ihnen hinterlassen hatten. Ich werde auf die ersten Ansätze einer Kritik der ereignisbezogenen Geschichte zurückkommen, die damals in mir sich zu formen begannen. Vor allem werde ich über meine Sicht des Krieges sprechen, ausgehend von demjenigen, den ich von 1939 bis 1945 erlebt habe. In meiner Kindheit zeigte sich der Erste Weltkrieg noch allenthalben in meiner Umgebung, und dennoch fand sich das, was sich mir als wichtigere historische Tatsachen darstellte, die Veränderungen in den Gewohnheiten und alltäglichen Verhaltensweisen, die gesellschaftliche Entwicklung, die Fortschritte der Technologie – ich erlebte die Ausbreitung des Automobils (natürlich hatten wir keines) und des Flugzeugs, doch die Eisenbahn blieb für mich das Transportmittel *par excellence* mit seinen symbolträchtigen, gefühlsgeladenen Elementen voll metaphysischen Sinns: »O Lokomotiven, o Bahnhöfe, o Tunnels!«, die Verbreitung des Telefons, des Radios und des Kinos... –, diese wichtige Geschichte fand sich in der geschriebenen historischen Sprache nicht wieder. Ich habe keine meiner Großeltern gekannt (es war ein Schock für mich, als ich erfuhr, daß Ludwig der Heilige der erste König von Frankreich gewesen war, der seinen Großvater gekannt hatte: er war neun Jahre alt, als Philippe Auguste starb, und rief gern in Erinnerung, wie sehr er ihn bewundert hatte), und nur wenige alte Menschen verkörperten in meiner Jugend diesen Horizont des Alters und Gedächtnisses. Die ehrbare Witwe, die auf demselben Flur wohnte wie wir und bei der ich mich oft verkroch – Tante Bigand mit ihrem schönen Knoten, den ich weiß werden sah –, war, glaube ich, 1858 geboren worden, jedenfalls im Zweiten Kaiserreich, und sie sprach oft vom »Kaiser«, ohne ihm natürlich je begegnet zu sein. »Ich erinnere mich sehr gut«, sagte sie, »er hatte ein Bärtchen und einen langen Schnurrbart, wie man ihn damals trug.« Dieses Eintauchen in die Vergangenheit, eine wunderbare, bunte, fesselnde, weiche Vergangenheit für das Kind, das ich war (vor der Republik!), schmückte sich obendrein mit der fast mythischen Beschwörung des »Kaisers«. Welchen Kaisers? Ich erfuhr sehr bald, daß es sich, wie Pagnol schrieb, um den »bärtigen Napoleon, nicht um den großen!« handelte. Einerlei, auch er war das Kennzeichen einer fernen, noch gegenwärtigen Vergangenheit, und als ich später den Onkel erkennen lernte, reizte er mich nicht. Immer wieder faszinierte mich die gegenwärtige Vergangenheit. »Zu jener Zeit«, »zu meiner Zeit«, magische Äquivalente für das »Es war einmal«.

Nichtsdestoweniger hat mich der Platz eines Kriegs – insbesondere eines »großen Kriegs« – in der historischen Entwicklung stets vor Probleme gestellt, die immer komplizierter wurden, je weiter sich mein historisches Bewußtsein entwickelte. Die Ungewißheit wuchs mit dem Hundertjährigen Krieg, den Italienkriegen, dem Dreißigjährigen Krieg, den Napoleonischen Kriegen, aber die Lösungen wurden darum nur dunkler. Wie sollte man diese »großen« Ereignisse definieren, wie sie bewerten? Sie scheinen in jener Schicht der schnellen, oberflächlichen Geschichte stattzufinden, die lediglich der »Schaum« der Geschichte wäre, ein blutiger Schaum; aber wer sieht nicht, daß ein Krieg mit den Tiefenschichten der Geschichte in Zusammenhang steht? Zwischen den Illusionen der Geschichte – dem Gedächtnis, das immer dazu neigt, das Kriegsereignis zu vergrößern; den Bequemlichkeiten der auf das Ereignis bezogenen Geschichte, die oft die Tendenz zeigt, einen großen Teil der Verantwortung für die Veränderungen der Gesellschaften und Denkweisen dem Krieg zuzuschreiben; Auswüchsen der strukturalen Geschichtswissenschaft und ihrer Verachtung gegenüber dem, was lediglich Ereignis ist, so groß und so lang es auch sei – gilt es, eine subtilere Analyse zu versuchen. Aber ich empfinde dabei stets Unbehagen, das Phänomen des Kriegs ist vielschichtig. Es untersteht mehreren Modellen, je nach dem geographischen Areal, seiner Dauer, seinen Merkmalen, seinen

Einsätzen. In meiner *Civilisation de l'Occident médiéval**
habe ich die Bedeutsamkeit des Modells des Kreuzzugskriegs
damals fast geleugnet. Ich nehme es wieder auf, indem ich
über Ludwig den Heiligen nachdenke und arbeite, und es fällt
mir immer noch schwer, es einzuschätzen. Die Ergebnisse
kommen mir meist lachhaft, ja sogar negativ vor. Aber ich
kann die Bedeutung, die es für die Geschichte hatte, die Glut
der Leidenschaften, die Gelüste nach Seligkeit, Eroberung,
Profit, die es hervorrief, nicht einfach beiseiteschieben. Zudem war es die Sehnsucht nach langer Dauer, wie Alphonse
Dupront gezeigt hat. Mein Freund Joshua Prawer sah darin
ein erstes Beispiel europäischer Kolonisation. Erhält dieses
Abenteuer, das die Geschichte schnell weggefegt zu haben
scheint und das die Historiographie neu entfacht hat, erst
langfristig seinen vollen Sinn? Auf das Modell des Kriegs als
Bruch, als Schöpfer eines grundlegenden Vorher und Nachher werde ich erneut zu sprechen kommen in meiner eigenen
Erfahrung mit dem Zweiten Weltkrieg.

Um auf mein Geburtsdatum zurückzukommen, so entdeckte ich mit Überraschung, daß es viele Zivilisationen, Nationen, Völker gegeben hat, für die an diesem Datum nichts
Bemerkenswertes war. Sogar in der Vergangenheit Frankreichs, des christlichen Europas hatte das Jahr nicht immer
mit dem 1. Januar begonnen. Nicht in jener Welt des Mittelalters, die mich verzaubern sollte und die das Jahr nicht überall mit demselben Datum beginnen ließ. Auch der Ursprung
der Chronologie wechselte. In Rom, bei den Juden, bei den
Moslems, um nur uns nahe Zivilisationen zu erwähnen, bedeutete die Geburt Christi keinen Bruch. Mehr noch, der Monat oder die Woche war nicht jene universelle Zeitdauer, die
ich für die gesamte Menschheit verbindlich glaubte. Und
selbst das Jahrhundert, von dem die Geschichte sich noch
heute nicht zu lösen vermag, obwohl es den »wirklichen« hi-

---

* Die deutsche Ausgabe erschien 1970 unter dem Titel *Kultur des europäischen
Mittelalters*.

storischen Zeiten in keiner Weise entspricht, ist erst knapp vier Jahrhunderte alt! Aus der möglichen Wahl zwischen zwei astronomischen Bezugspunkten, Sonne und Mond, entstehen unterschiedliche Kalender. Der Kalender! Seit meiner Kindheit hat er mich fasziniert. Der oder besser die Kalender, deren Ort in einer komparativen Geschichte der Zivilisationen man wieder neu bestimmen müßte, variable Rahmen der Zeit, die sich mit den Religionen, den Kulturen, den Schauplätzen verändern.

Als ich die Geschichte der Französischen Revolution kennenlernte, die ich wie die überwiegende Mehrheit meiner Mitschüler in der republikanischen Tradition als einen großen Augenblick, eine große Epoche der nationalen und der Weltgeschichte empfand, verwirrte mich die Institution des Revolutionskalenders. Gewiß bemühte ich mich, ihn als einen Aspekt des Kampfs gegen die Religion zu verstehen, wie man es mir beibrachte. Aber ich war enttäuscht, ja verärgert darüber, daß diese großen Männer etwas so Tiefem, obgleich so wenig Natürlichem Gewalt antaten. Nicht weil dieser vergebliche Versuch der Revolution gescheitert war, verdammte ich ihn – nie hing ich der Vorstellung an, daß die Geschichte von zwangsläufigen Entwicklungen bestimmt wird –, sondern weil ich das lebhafte Gefühl hatte, daß er töricht war. Mehr als die Septembermassaker oder als die Hinrichtung Ludwigs XVI. (die mich, ich gestehe es, gleichgültig ließ) oder der Terror (lange, zu lange glaubte ich, daß die Geschichte unvermeidlich grausam sei) ließ mich dieser fatale Kalender an der Klugheit der Revolutionäre zweifeln. In einer fraglos jugendlichen, wenn nicht infantilen Reaktion überkam mich bei diesem Detail, das für viele sogenannte seriöse Historiker völlig nebensächlich ist, das Gefühl – das sich später auf scheinbar solidere Erwägungen stützte –, daß sich die Französische Revolution nicht »en bloc« beurteilen ließ. Trotzdem liebte ich und liebe ich noch heute die schönen deftigen und poetischen Namen der Revolutionsmonate, die männlichen und stolzen Endungen für den Frühling und den Sommer, die sanften und melancholischen weiblichen für den Herbst und den Winter. Diese politische und kulturelle Torheit war auch ein schöner literarischer Irrtum. Doch um von der Revolution zu sprechen: Wenn aus Anlaß ihres zweihundertsten Jahrestags einige Leute sie zu einem globalen Irrtum oder gar zu einem totalen Verbrechen unserer Geschichte erklären wollen, meist ungeachtet unwiderlegbarer Quellen, so erkenne ich ihre Absicht und deren mögliche Folgen nur allzu deutlich. Im Schutze der Verurteilung offenkundiger Scheußlichkeiten, verhängnisvoller und blutiger Exzesse, die, wie sich beweisen läßt, nicht der Logik von 1789 entsprachen und immer nur eine minoritäre Komponente darstellten, träumen diese Apostel davon, das Erbe all derer zu tilgen, die die Menschen- und Bürgerrechte proklamiert und, zwar unvollkommen, aber auf fundamentale Weise, die Grundlagen der Demokratie geschaffen haben. Die Freiheit wollen sie nach dem Geschmack eines Liberalismus zurechtstutzen, in dem allein das Gesetz des Stärkeren gilt. Die Brüderlichkeit praktizieren sie nur, indem sie ihre Gegner ausschließen, wobei sie sich selbst in Miniatur-Saint-Justs verwandeln. Ihr großer Feind aber ist die Gleichheit. Zum größten Teil Privilegierte unserer Gesellschaft, wie übrigens auch ich – und da die »kleinen« Privilegierten die aggressivsten, wenn nicht die gehässigsten sind –, möchten sie jenen Artikel aus unserem Gedächtnis, aus unserem historischen Bewußtsein streichen, der die grundsätzliche Gleichheit aller Menschen verkündet, aus der sich die Pflicht herleitet, sich ihr durch Arbeit so weit wie möglich zu nähern, natürlich unter Wahrung der Gerechtigkeit oder, wie viele Revolutionäre gesagt hätten, der Tugend.

Und schon bin ich, kaum daß ich mich an meine Kindheit zu erinnern versuche und erkläre, warum ich es ablehne, die Revolution zu sakralisieren, fast aus der Haut gefahren und laut geworden. Aber mit der Revolution ergeht es einem wie mit geliebten Menschen. Man lebt mit ihnen und von ihnen, ohne es zu merken, man hat den Eindruck, daß die Flamme unserer Liebe erkaltet und daß ein langer Umgang miteinander es uns erlaubt, eher unseren Ärger und Unwillen zu äußern als unsere Zuneigung und Treue, und dann, wenn sie verhöhnt werden, spürt man plötzlich tief im Innern, daß etwas angegriffen wird, das unser Fleisch geworden ist. So ergeht es mir mit der Französischen Revolution. Es gibt im Herzen der Menschen und Gesellschaften Teile der Geschichte, die man nicht kritiklos akzeptieren, aber auch nicht verunglimpfen, besudeln, tilgen sollte. Die Geschichte nährt nicht nur eine Wissenschaft, sondern lebendige Männer und Frauen, in denen sie lebt. Daß ich die Geschichte als Beruf mehr und mehr geliebt habe, liegt daran, daß sie es mir ermöglichte, mit größerer Kenntnis und Klarheit, aber darum nicht weniger leidenschaftlich immer mehr die Geschichte selbst zu lieben, dieses lebendige Gedächtnis.

Das führt mich zurück zu meinem Einstieg in die Geschichte. Bevor ich den Weg meines Lebens zurückverfolge, möchte ich meinen verzwickten Versuch einer Selbstbeschreibung, einer »Ego-Historie« definieren. Ich weiß, daß mein Wunsch nach Objektivität auf die mehr oder weniger unbewußten Manipulationen meines Gedächtnis treffen wird und daß die Geschichte, die ich eher ordnen denn erzählen werde (denn die narrative Geschichte erklärt nichts, ohne deshalb unvoreingenommen zu sein, ganz im Gegenteil), das Ergebnis einer fast unfreiwilligen Rationalisierung sein wird. Wie in jeder Geschichte wird oft der Zufall regieren, aber er wird nur dann Geschichte werden, wenn ich zeigen kann, wie er sich in tiefere und kontinuierlichere Bewegungen integriert hat. Und schließlich werde ich nur dann über mein Privatleben sprechen, wenn sich dadurch mein Leben als Historiker erhellen läßt. Ich schreibe nicht meine Bekenntnisse. Mein Engagement für das Historikermilieu und das Verständnis meiner Zeit haben sich nicht auf diese Sachverhalte beschränkt, aber über den Rest werde ich nicht sprechen.

Was ich mir in Erinnerung zu rufen versuche, ist ein Gedächtnis. Was zu konstruieren ich mich bemühe, ist eine Geschichte. Doch besteht nicht gerade darin die Arbeit des Historikers? Eine der großen Errungenschaften der Geschichtswissenschaft, die sich seit fünfzig Jahren erneuert, besteht darin, daß sie ihre Quellenbasis auf alles ausdehnte, was Gedächtnis ist. Der traditionellen Quelle, der toten Geschichte, hat sie die lebendige Quelle zur Seite gestellt – zunächst dank der Geschichte der Mentalitäten und der *histoire des sensibilités*, indem sie die Sprache der Vergangenheit wieder mit Leben füllte und wissenschaftliche Methoden ausbildete, um eine Auferweckung zu vollziehen, die Michelet, trotz seinem Heißhunger nach Archiven, einzig der Phantasie zutraute; sodann dadurch, daß sie das lebendige Gedächtnis, das Erlebte in die Geschichte einbezog, in der doppelten Form der Zeugnisse des vergangenen Erlebten – insbesondere der literarischen und künstlerischen Texte, der Gegenstände des täglichen Daseins, der Geständnisse, die man dem Priester oder dem Richter machte oder die von diesen unter unverfälschten Bedingungen abgerungen wurden – sowie der Zeugen des kürzlich Erlebten. Freilich läßt die kritische Befragung der Quellen aus dem Bereich des Alltagslebens noch zu wünschen übrig. Der Weg vom Gedächtnis zur Geschichte ist schwierig, die Umsetzung zuweilen irrig oder illusorisch. Ich kann nur für meinen guten Glauben und den redlichen Umgang mit dem noch unvollkommenen Werkzeug bürgen, das mir zur Verfügung steht (aber ich weiß, daß guter Glaube und Redlichkeit im Beruf zum Teil illusorisch sind). Falls die Referenz mich nicht erdrückt, fühle ich mich als der Herodot meiner eigenen Geschichte. Könnte ich nur wirklich ein Herodot sein!

Die ersten sechzehn Jahre meines Lebens, von 1924 bis 1940, verbrachte ich also im wesentlichen in zwei Milieus: bei meinen Eltern (ich hatte nicht nur keine Großeltern, sondern auch keine Geschwister) in Toulon.

Ich erwähnte bereits den Gegensatz zwischen meinem Vater und meiner Mutter. Abgesehen von ihrer unterschiedlichen regionalen Herkunft (der Bretone und die Provenzalin) und ihren gegensätzlichen Charakteren (der Wortkarge und die Mitteilsame) war die wesentliche Spaltung, die mich in meiner Individualität wie in meiner historischen Reflexion tief beeinflußt hat, die der Religion.

Meine Mutter ist eine Christin des Christentums der Angst, des Leidens und des Opfers, wie es sich – nach der Analyse von Jean Delumeau – spätestens seit dem 14. Jahrhundert herausgebildet hat. In einer Konfessionsschule erzogen (an die sie keine schlechten Erinnerungen hatte, aber auch keine sehr guten), war sie von der Angst vor der Hölle geprägt, von einer doloristischen Lebensauffassung, der Aufwertung all dessen, was Leiden war, Entsagung, Wiederholung der eigenen Trübsal und der Trübsal der Welt. Diese masochistische Ergebenheit mitanzusehen war mir um so schmerzlicher, als in den seltenen Augenblicken der Gelöstheit ihr fröhliches, dynamisches, offenes Temperament hervorbrach und ein Naturell offenbarte, das der Entfaltung in der Welt zuneigte, fähig, die Würze des Daseins zu kosten. Lange glaubte ich, daß die Mißgeschicke, die sie beschwor, um zu erklären, warum sie ihr Leben verloren gab, der wesentliche Grund für ihr Verhalten waren: eine angebetete Mutter, die, wahrscheinlich depressiv, 1915 im Alter von zweiundfünfzig Jahren starb, als sie selbst vierundzwanzig war; ein Kindbettfieber nach meiner Geburt – drei Monate lang schwebte sie zwischen Leben und Tod –, von dem sie erst an einem 19. März genas, dem Namensfest des heiligen Joseph, zu dem mein Großvater inbrünstig gebetet hatte und der einer ihrer bevorzugten Heiligen blieb; der Tod einer Magd im Alter von neunundfünfzig – einer zweiten Mutter –, die Teil der Familie geworden war; meine Patin Léonie, die innerhalb weniger Tage an einer Herzkrankheit starb, als ich sechs war; der Tod eines geliebten älteren Bruders, der dreißig Jahre vor ihr starb; die lange Lähmung meines Vaters am Ende seines Lebens, für den sie sich bis zum Äußersten aufopferte: sie verließ das Haus nur noch für rasche Besorgungen und einige Kirchengänge. Doch als ich heranwuchs, begriff ich mehr und mehr, welch entscheidende Bedeutung die Passion eines die Person zerstörenden Katholizismus hatte. Ich begriff es insbesondere bei der Lektüre eines ihrer bevorzugten Andachtsbücher, eines *Bulletin du Rosaire,* in dem die »schmerzlichen Mysterien« einen zentralen Platz einnahmen, sowie ihres Lieblingsbuchs, der *Imitation de Jésushrist,* das mich das frühe Mittelalter der *devotio moderna* verabscheuen ließ (noch immer habe ich mich davon nicht ganz befreit), und noch später, als ich Mediävist wurde, die Tradition der »Weltverachtung« *(contemptus mundi),* die einige Mönche und ein maßloser Klerus Laien aufzwingen wollten, die sich dieser Doktrin verweigert hatten und deswegen terrorisiert wurden. Diesen Katholizismus, der noch heute nicht gänzlich verschwunden ist, verabscheue ich, und ihn klage ich an vor dem Tribunal Gottes und der Menschen. Ich weiß, wieviel Unglück er Millionen von Gläubigen gebracht hat, darunter den Besten, wie meiner Mutter, seinem Opfer. Ein zerstörtes Leben, ständige Selbstbestrafung, Ablehnung des Glücks, Angst vor der Sünde und Kult der Reue, bis zur Neige ausgekostete Selbstbezichtigung.

Mein Vater dagegen ist Jean Barois.* Sohn einer bescheidenen bretonischen Familie, die problemlos ihren Glauben praktizierte, Student in Rennes, als der Dreyfus-Prozeß wiederaufgenommen wurde, erlebte er diese Tragödie des Gewissens, eine religiöse, moralische, regionale und nationale Tragödie, als persönliches Drama. Aus dieser Krise ging er gründlich antiklerikal gesinnt hervor und dehnte den Haß auf eine mehrheitlich antisemitische, allen Kräften des »Obskurantismus« verbundene Kirche auch auf die Religion aus. Er kämpfte in jenem Teil Frankreichs, das seine Ehre rettete, indem es – in einem präzisen historischen Kontext – das furchtbare Wort Goethes »Lieber Ungerechtigkeit als Unordnung« verwarf. Nachdem er diplomierter Englischlehrer geworden

---

* Gestalt aus dem Romanzyklus *Les Thibault* von Roger Martin du Gard.

war, trat er der Laienmission bei und bat darum, in den Nahen Osten reisen zu dürfen, um dort dem Einfluß der Brüder der christlichen Schulen entgegenzuwirken. Auf diese Weise unterrichtete er in Saloniki, in Smyrna und in Alexandria. Er kehrte zurück, als der Erste Weltkrieg ausbrach, an dem er in den Schützengräben und später, 1917/18, als Dolmetscher bei der amerikanischen Armee teilnahm (sosehr er die Engländer schätzte, bei denen er sich in Nottingham zwei Jahre aufgehalten hatte, so wenig schmeichelhaft war seine Meinung über die Amerikaner, die er für »schlecht erzogen« hielt; daher habe auch ich noch eine gewisse Neigung, die ich im Leben und mehr noch in meiner wissenschaftlichen Arbeit zu bekämpfen suche, mich einer natürlich völlig falschen kollektiven Völkerpsychologie zu überlassen). Kurz nach dem Krieg wollte er nach Frankreich zurückkehren. Da er sich wie viele andere ins Mittelmeer verliebt hatte, bewarb er sich an einem Gymnasium in einer am Meer gelegenen Stadt und erhielt Toulon. Auf Empfehlung seiner Schwester besuchte er die junge Klavierlehrerin seiner Nichten während der Jahre, in denen deren Vater, ein Marineoffizier, in Toulon stationiert gewesen war. Er heiratete sie am 3. April 1923, und so kam ich am 1. Januar 1924 zur Welt.

Die Dreyfus-Affäre, die Laienbewegung, die Gesetze Combes hatten die Familien gespalten. Das ist bekannt. Wie aber konnte nach der Schlacht, 1924, eine glühende Katholikin, von sehr traditionalistischen Anschauungen durchdrungen (in anderen Punkten jedoch sehr offen, wie man sehen wird), einen militanten Antiklerikalen heiraten, der sich, als er mit der Kirche brach, nicht nur von der religiösen Praxis, sondern auch von der Religion selbst entfernt hatte? Natürlich war da als erstes und hauptsächlich die Liebe. Sucht man für eine derartig überraschende Entscheidung bei einer historischen Person nach Gründen des Interesses, der Politik, sozialer oder kultureller Kausalität (ohne natürlich das mehr oder weniger große Gewicht dieser Gründe außer acht zu lassen), dann denke ich immer an die Heirat meiner Eltern sowie an die

Gewalt jener Kraft, des Gefühls, der Zuneigung, und obwohl ich die historischen Modelle der Empfindung anerkenne, so glaube ich doch an die Singularität und die relative Unabhängigkeit des Individuums. Gewiß hat das Individuum, selbst in unseren »entwickelten« Gesellschaften, erst spät, das heißt erst vor kurzem die gleichwohl noch relative Freiheit der Wahl des Ehegatten errungen. Im Mittelalter wäre die Heirat meines Vaters und meiner Mutter unmöglich gewesen, da sie von den Eltern, der Familie arrangiert worden wäre. Was aber wäre geschehen, wenn mein Vater Häretiker gewesen wäre? Ohne so weit zu gehen, faszinieren mich zwei Episoden in der Geschichte der französischen Monarchie, die eine Anfang des 11. Jahrhunderts, die andere Ende des 12. Jahrhunderts. Einer der Trümpfe des Königtums der Kapetinger, eines der Geheimnisse der Entstehung des französischen Staats war das enge Einvernehmen zwischen Monarchie und Kirche, zwischen Königen und Bischöfen. Und besonders zwischen dem König und einigen großen Abteien. Damit siegte Hugo Capet über die letzten Karolinger, und Saint-Denis war nicht allein der wichtigste Stützpunkt, sondern der große Mittler beim Erfolg der kapetingischen Monarchie und der Entstehung des französischen Staats. Und da kommt nun ein ganz der Religion und der Kirche ergebener König daher, Sohn von Hugo Capet, Robert der Fromme, den ein Mönch aus Fleury (Saint-Benoît-sur-Loire), Helgaud, als einen Heiligen darzustellen sich bemüht, und verstößt seine legitime Gattin, entführt die Gemahlin des Grafen von Anjou, Bertrade de Montfort, heiratet sie und setzt sich, als Bigamist, der Exkommunikation und dem päpstlichen Verdikt aus. Ende des 12. Jahrhunderts vermählt sich Philippe Auguste, jener verwitwete König, der so stark auf den Vorteil seines Königreichs bedacht ist, in zweiter Ehe mit der dänischen Prinzessin Ingeborg, kann die Ehe mit ihr nicht vollziehen, hält sie halb gefangen, während er sich wiederverheiratet und damit den Bannstrahl seines Klerus und Roms auf sich zieht. Gewiß sind die beiden Könige unbewußt noch dem polygamen Modell verhaftet, das die Germanen im Hochmittelalter zu einer Zeit eingeführt hatten, als sich die Kirche bemühte, ihr monogames Ehemodell durchzusetzen. Aber es besteht keinerlei Forderung »heidnischen« Typs. Leib und Herz haben lauter gesprochen als die Staatsraison. Beim einen ist es Begehren und Liebe, beim anderen mit Sicherheit Widerwille und vielleicht Haß. Gerade in diesen wohlgeordneten Gesellschaften kam den Liebesturbulenzen, insbesondere in der Oberschicht, eine herausragende Bedeutung zu.

Ich komme auf das sehr viel schlichtere, aber erstaunliche Paar zurück, das mein Vater und meine Mutter bildeten. Zwei weitere Elemente kamen ins Spiel. Die Liebe machte meine Mutter nicht blind, befähigte sie jedoch sehr schnell, in meinem Vater die Tugenden zu erkennen, die sie bisher ausschließlich mit der Religion verbunden meinte: Ehrlichkeit, Abscheu vor der Lüge, Opferbereitschaft, Nächstenliebe, tiefer Gerechtigkeitssinn. Mein Vater wurde mit jenen Gerechten der Zeit vor Christus verglichen, die dieser aus dem Vorhimmel holte, und meine Mutter durfte hoffen, durch inständiges Beten diese (aus edlen Motiven) verirrten Seelen wenn nicht in den Schoß der Kirche, so doch auf die Wege Gottes und seiner Barmherzigkeit zurückzuführen. Was meinen Vater betrifft, der mit vertraulichen Mitteilungen geizte, so bin ich auf Hypothesen angewiesen. Ich denke, daß zunächst die Geisteshaltung vieler Männer seiner Generation gegenüber den Frauen im Spiel war. Obwohl sie Achtung vor ihnen hatten, hielten sie sie doch für das »schwache« Geschlecht, und genauso sah mein Vater in der überlebenden Religion seiner Zeit eine Frauen-Religion, einen im Erlöschen begriffenen Aberglauben, dessen letzte und entschuldbare Anhängerinnen, meist übrigens zu ihrem Nachteil, die Frauen waren. In derselben Perspektive männlichen Denkens meinte mein Vater, daß ein Ehemann für den Unterhalt seiner Frau zu sorgen habe und daß er sie entehren würde, wenn er sie arbeiten ließe. Meine Mutter mußte darauf verzichten, Klavierstunden zu geben. Sie war gerührt und sogar ziemlich stolz auf diese Geste meines Vaters, die sie gesellschaftlich aufwertete, aber emotional, existentiell litt sie darunter. Man muß verstehen, daß mein Vater, wie viele Männer seiner Generation, seine Ehefrau nicht inferiorisieren oder unterwerfen wollte, wenn er sie vor der Arbeit bewahrte, sondern daß es ein Liebesbeweis war. Das Paar Mann-Frau, die gesellschaftliche Bedeutung der Arbeit und vor allem die Kraft der Religion (sei man nun für oder gegen sie) wurden, als ich in das Alter kam, in dem ich solche Phänomene analysierte, zu faszinierenden Studienobjekten. Als ich Mediävist geworden war, gewahrte ich, daß die Bedeutung des Verhaltens gegenüber der Frau (der Gegensatz Eva – Maria), die Entstehung einer positiven Bewertung der Arbeit (das Paar Martha – Maria) und die Allgegenwart der Religion zu meiner Vorliebe für diese Epoche beigetragen haben mußten.

Klar ist jedenfalls, daß der Entschluß meines Vaters, meine Mutter zu heiraten, von der Überzeugung herrührte, daß sie »eine Messe wert« sei. Aber mein Vater war nicht Heinrich IV., und es war weder eine »politische« Entscheidung noch eine Staatsaffäre. Aber es war ein schweres ethisches Problem, auch für ihn eine Gewissensfrage, und die Liebe siegte. Die Schwierigkeit – und die Heirat drohte schließlich daran zu scheitern – bestand darin, daß die Messe, die meine Mutter wert war, tatsächlich stattfinden mußte. Mein Vater hatte die Bedingungen meiner Mutter akzeptiert: religiöse Eheschließung, religiöse Erziehung der möglichen Kinder, und sie die Bedingungen ihres Verlobten: ausschließlicher Besuch der öffentlichen, konfessionslosen Schule und nach der Kommunion Ende der Teilnahme am Religionsunterricht. Schließlich verpflichteten sich die potentiellen Eltern, keinerlei Druck auf mich auszuüben, um mich in der Praxis der Religion festzuhalten oder ihr zu entreißen. Wenn ich ins »vernünftige« Alter käme, sollte ich selbst entscheiden. Kein Zweifel, daß jeder von ihnen an den Erfolg seiner eigenen Überzeugungen und Hoffnungen bei mir glaubte. Meine Mutter setzte ihr Vertrauen in die Vorsehung, die mich auf den Wegen Gottes festhalten würde. Mein Vater war überzeugt, daß die Vernunft mich jeden dem Aberglauben verhafteten Glauben verwerfen lassen würde.

Die letzte Klippe, die die Heirat fast zum Scheitern gebracht hätte, bestand darin, daß der Klerus von Toulon es zur Bedingung machte (sogar für einen einfachen Segen in der Kirche und nicht eine Messe), daß mein Vater zur Beichte ging, ohne daß für ihn ein Zwang zur Kommunion bestand. Mein Vater lehnte kategorisch ab. Das war zuviel von ihm verlangt. Einen Akt zu vollziehen, der ihm als Maskerade und als Musterbeispiel für die Vergewaltigung des Gewissens durch die Kirche erschien, das hätte bedeutet, die Grenzen der Selbstverleugnung zu überschreiten.

Meine Mutter hat mir wohl hundertmal ihre Bemühungen und Ängste in jenen Tagen der Ungewißheit erzählt. Alle Priester, die sie kannte, angefangen mit ihrem Beichtvater, lehnten es ab, meinen Vater von einem Beichtzettel zu entbinden oder ihm aus Gefälligkeit einen solchen auszuhändigen. Sie suchte alle Priester auf, die man ihr als »modern« oder »liberal« geschildert hatte. Keiner ließ sich erweichen. Schließlich gelang es meiner Mutter, den dritten Vikar der Kathedrale von Toulon zu überzeugen (den Abbé Châteminoy). Er war ein betagter, vornehmer, sehr traditionalistischer, aber verständnisvoller Priester. Er hatte den gütigen und hochherzigen Liberalismus einiger großer Kleriker des Mittelalters und des Ancien Régime (später dachte ich an Pierre le Vénérable, Abt von Cluny, der Abälard aufnahm, um ihn dem Grimm des unerbittlichen heiligen Bernhard zu entziehen). Dennoch war die Verhandlung langwierig und schwierig. Meine Mutter pendelte zwischen dem tapferen Priester und meinem Vater hin und her, die beide nicht in eine Falle geraten oder von einem unvorhergesehenen Zufall überrascht werden wollten. Sorgfältig wurden eine Etikette und ein Fragenkatalog erarbeitet. Dann begab sich mein Vater in die Sakristei der Kathedrale, wo er sich, statt in einem Beichtstuhl niederzuknien, neben Abbé Châteminoy setzte, und sie führten ein Gespräch geistiger und moralischer, obgleich nicht wirklicher religiöser Art. Taktvoll vergewisserte sich der Abbé, daß mein Vater kein Atheist war (ich glaube, mein Vater war tatsächlich keiner), und dies war sein »Glaubensbekenntnis«: er stellte fest, daß er an allgemeine Werte glaubte, die sich, leider in verweltlichter Form, oft mit den Prinzipien des Christentums deckten. Diese Sittlichkeitsprüfung bestätigte, was meine Mutter dem Priester bereits über meinen Vater berichtet hatte. Mein Vater erklärte, welche Verpflichtungen er gegenüber meiner Mutter bezüglich der religiösen Erziehung ihrer Kinder und der Gewissensfreiheit eingegangen sei, für die er sich verbürgte. Es scheint, als habe er dem Abbé einen verstohlenen Blick zugeworfen, als er von »Gewissensfreiheit« sprach, aber dieser ignorierte den Blick. Schließlich räumte mein Vater ein, daß er seine Prinzipien nicht immer gänzlich in die Praxis umgesetzt habe. Darin sah der Abbé ein Eingeständnis von »Sünden« und einen »Akt der Reue«. Daraufhin erteilte er meinem Vater, wobei beide sitzen blieben, die Absolution, die dieser, wie es scheint, ohne mit der Wimper zu zucken hinnahm. Vor allem gab er ihm einen Zettel, auf dem in vagen, aber beruhigenden, wenn nicht überzeugenden Worten geschrieben stand, daß mein Vater »einer Beichte« Genüge getan habe (ich bedauere sehr, daß dieses Dokument nicht erhalten geblieben ist). Mein Vater erhob sich, drückte höflich die Hand, die der großherzige Priester ihm reichte, und steckte ihm einen Umschlag »für die Armen« zu (er hatte die Formulierung »für Ihre Werke« abgelehnt).

Neun Monate nach dieser entscheidenden Szene und der darauf folgenden Hochzeit kam ich auf die Welt. Bevor ich über meine religiöse Kindheit spreche, muß ich vorgreifen, ohne auf Einzelheiten einzugehen (zu gegebener Zeit werde ich es nachholen), und erklären, warum ich meinen Vater mit dem Helden von Roger Martin du Gard identifizierte. Einige Jahre vor seinem Tod kehrte mein Vater, an beiden Beinen gelähmt, aber mit völlig klarem Kopf, zur Religion zurück. Er hieß den Gemeindepfarrer des Touloner Vororts, wo meine

Eltern damals lebten, bei sich willkommen und empfing von ihm einmal im Jahr die Kommunion, nach einer ordentlichen Beichte. Und in seinem Sarg ging er zum ersten (und letzten) Mal seit seiner Heirat über die Schwelle einer Kirche. Auf diese Weise vollzog er, wenn auch in seinem Fall auf höchst ungewöhnliche Weise, die drei großen Handlungen im Leben eines Christen: Taufe, Heirat und Tod. Noch immer meditiere ich über diese Trias der minimalen, aber wesentlichen religiösen Praxis. Als Mediävist fasziniert mich die Geschichte der Taufe (damals das allererste Sakrament, sowohl in der individuellen Chronologie wie der Bedeutung nach), der Heirat (die, zunächst ein privater Akt, um das 12. Jahrhundert zu einem Sakrament wurde), des Todes, dessen Riten so große Unterschiede der Empfindung und Andacht aufweisen. Daher die Art und Weise, wie mich – durch das Thema und durch die Methode – Philippe Ariès bei der ersten Lektüre seines Werks berührte.

Ich erhielt also eine katholische Erziehung, und die religiöse Praxis unter der Ägide meiner Mutter stellte mich vor keine Probleme. An Sonn- und Feiertagen ging ich zur Messe, und ich schätzte beide Arten von Gottesdiensten in der Kathedrale, zu denen meine Mutter mich mitnahm. Leider – ich habe es sehr schnell bedauert – bot das stark umgebaute, stillose Gebäude nicht den Rahmen, den ich bei einem wichtigen Teil der religiösen Praxis stets für wohltuend, wenn nicht für notwendig gehalten habe. Das religiöse Leben sollte sich ganz natürlich, außerhalb jeder Lokalisierung und jeden Dekors, im Herzen des Gläubigen abspielen, durch die Meditation, das Gebet, auf hunderterlei Weise eine direkte Beziehung zu Gott herzustellen versuchen, in den wenigen Momenten, da Gott dem Menschen die Gnade einer gewissen Anwesenheit und zuweilen des Dialogs gewährt. Aber es sollte sich notwendig auch in heiligen oder geheiligten Stätten abspielen, die zwar kein Reichtum beflecken sollte, in denen jedoch Schönheit – ob grandiose oder demütige – erforderlich war. Ich nahm also entweder an hohen Messen mit Gesang und

Orgel teil, bei denen ich mich wonnevoll und inbrünstig dem Zauber der Liturgie überließ, oder an niederen Messen (um sechs Uhr morgens!), die mich ins Herz einer intimeren, persönlicheren Religion versetzten, einer Religion des Endes der Finsternis, der Morgenröte, der Erfüllung, der Erwartung und Hoffnung, deren Rahmen zudem die Kapelle des Corpus Domini war, wo ein schöner Barockaltar jene Aura von Schönheit verbreitete, deren Fehlen ich anderswo so sehr bedauerte. An dieser Stelle möchte ich erwähnen, daß, noch bevor ich Mediävist wurde, meine Liebe der »klassischen« Gotik und mehr noch dem Romanischen galt, aber ich habe es immer beklagt, daß die Veränderungen der Mode und des Geschmacks zu lange eine Mißachtung des Barocks zur Folge hatten, der – natürlich nur wenn es sich um »schönen« Barock handelt – für mich einen ebenso hohen ästhetischen, emotionalen und religiösen Wert zu haben scheint. Es kam die Zeit des Katechismus und der ersten Kommunion. Der Katechismus langweilte mich. Er wurde mir und meinen katholischen Mitschülern in der Kapelle des Gymnasiums erläutert, dabei kam mir der erste Zweifel an der angeblichen antireligiösen Intoleranz, die – wie die Kirche und viele Katholiken meinten – die weltliche Republik und die öffentliche Schule an den Tag legten. Daß die Stundenpläne der Schule so angelegt waren, daß Zeit für den Religionsunterricht blieb, daß dieser Unterricht in kirchlichen Räumen innerhalb der Schule selbst stattfand, daß viele meiner Lehrer praktizierende Katholiken waren – das alles brachte mich zu der Ansicht, daß diese Republik nicht gar so schlecht war, wie viele behaupteten. Wenn ich die Freiheit der öffentlichen Schule mit dem strengen religiösen Reglement verglich, das in den kirchlichen Lehranstalten herrschte (in diesem Fall in der Schule der Marienbrüder), nach dem zu schließen, was mir einige Kinder meines Alters erzählten, die dort erzogen wurden, begann ich mich zu fragen: wo ist die Freiheit? Wie sektiererisch und borniert müssen die heutigen weltlichen Kräfte gewesen sein, um die Illusion entstehen zu lassen, die Freiheit sei auf der Seite der Privatschulen – auch wenn, das gebe ich gerne zu, diese Schulen heutzutage glücklicherweise meist nicht mehr das sind, was sie vor fünfzig Jahren waren!

Der Katechismus wurde von einem gutmütigen und sehr sympathischen alten Anstaltsgeistlichen gelehrt, der uns jedoch die wahren Grundlagen der Religion weder interessant zu machen noch zu erläutern verstand. Die Lehrbücher, die uns zur Verfügung standen, waren ihm kaum eine Hilfe. Zwischen der mysteriösen und wiederholten Anspielung auf den Glauben (ein zwar höchst schwer zu definierendes Phänomen, dessen mannifaltige Aspekte jedoch Kindern durchaus verständlich zu machen sind) und den Vorschriften für die Praxis, die sich allein auf den Willen Gottes und der Kirche stützten, gab es nichts. »Glaubt und tut, was man euch befiehlt.« Das war ein wenig dürftig, um der Erwartung von Kindern gerecht zu werden, von denen viele ja nur um ein wenig nahrhaftes Brot für ihren Hunger baten. Zwischen den gelegentlichen Regungen des Herzens und der praktischen Routine wurde uns keine Tür geöffnet, keine sättigende Kost gereicht.

Man hatte uns schlecht und recht erklärt, wie man beichtet, und dieser Akt schien mir von höchster Wichtigkeit zu sein. Ich vollzog ihn in der Furcht vor einer unvollständigen Beichte. Was war Sünde und was nicht? Man hatte uns eine Liste mit oft vagen, altmodischen, wenig klaren Worten an die Hand gegeben, ich hatte mich vorbereitet wie auf einen Schulaufsatz. Ich wollte auch mein Herz ein wenig sprechen lassen. Der treffliche Greis beglückwünschte mich zu meinen Anlagen, erinnerte mich jedoch daran, daß ich nicht der einzige sei, der »drankommen« müsse. Meine Beichte wurde kurz. Kaum saß ich wieder auf der Schulbank und begann meine Buße aufzusagen, fiel mir eine Unterlassung, eine Lüge oder eine Ungehorsamkeit ein. Ich kehrte zu dem guten Priester zurück und schob mich zwischen zwei Kinder. Der Priester lobte mich für meine Gewissenhaftigkeit, erteilte mir erneut Absolution und erlegte mir eine zusätzliche Buße auf, um mich für meine Gewissenhaftigkeit zu belohnen. Aber ich zweifelte daran, daß dies der wahre Ausdruck des göttlichen Erbarmens war, und sagte ein *Ave* mehr auf, um auf die göttliche Vergebung hoffen zu dürfen.

Von diesen dürftigen Erinnerungen an den Katechismus sind mir, wie ich glaube, zwei im Gedächtnis haften geblieben. Auf eine dritte werde ich später zu sprechen kommen. Die erste ist mein Vorbehalt gegen die Theologie. Was im Katechismus von ihr zum Vorschein kam, war so platt und so schwer zu verstehen, und ich konnte ihren Nutzen für die Gefühle und Handlungen, die mir das Wesen des religiösen Lebens auszumachen schienen, so wenig erkennen, daß ich sie, im Gegensatz zur Liturgie, die nicht nur faszinierend, sondern auch erhellend war, für unnütz hielt, eher dazu angetan, die Dinge der Religion zu trüben, als sie zu erhellen. Später machte ich Bekanntschaft mit großen theologischen Gedanken, und eine Geschichte des Mittelalters ohne Theologie wäre verstümmelt; doch die Geschichte des Empfindens, der Riten und religiösen Praktiken zieht mich stärker an als die der Dogmen. Das andere Merkmal des Katechismus war in Wirklichkeit ein Mangel, eine Lücke. Man lehrte uns praktisch nichts von der Bibel und der Heiligen Geschichte. Nichts vom Alten Testament. Es sah fast so aus, als gehöre es nicht den Christen, sondern sei in den Händen der Juden geblieben. Und sogar das Neue Testament beschränkte sich auf die in die Liturgie eingestreuten Auszüge, auf die aus den Evangelien ausgewählten Stücke, die während der Messe gelesen wurden. Ich mußte erst Mediävist werden, bis die Bibel mein Lieblingsbuch wurde (denn wie läßt sich ohne sie die mittelalterliche Gesellschaft und Kultur verstehen?) und mir die erste grundlegende Realität der religiösen Kultur Europas durch den jüdisch-christlichen Fundus konstituiert zu sein schien. Obwohl teilweise von den derzeitigen Kirchen wiederaufgegriffen (in der protestantischen Tradition hat sie immer bestanden), muß die Bibel heute, frei von jedem Konfessionalismus, zum Geschichtsunterricht unserer Schulen und Universitäten gehören. Sie ist eine der wichtigsten Quellen unserer Kultur und unseres Denkens. Als Religion des Buchs verschwieg uns das Christentum unserer Kindheit das Buch. Als Religion des Worts bot es uns, von Ausnahmen abgesehen, nur mittelmäßige und häufig erbärmliche Predigten. Sie bildeten den unangenehnen Teil der Messe, den ich mir so kurz wie möglich wünschte. Ihr Inhalt stand in keinerlei Verhältnis zum Leben, weder zum täglichen sozialen Leben, zur Außenwelt, in der die Christen lebten und handelten, noch zum inneren religiösen Leben. Ich habe hier nicht nur speziell die Landpfarrer im Auge, die den Erwartungen ihrer Pfarrkinder oft besser gerecht wurden, sondern die Prediger jeder Couleur, einschließlich der »großen« Prediger, von denen die meisten, die ich in meiner Kindheit und Jugend gehört habe, nur deshalb blendeten, weil sie ein paar Krümel Gelehrsamkeit in die Predigt streuten und die kurzatmige Rhetorik durch die schwülstige Rhetorik ersetzten. Als Religion des Worts vermochte das damalige Christentum im allgemeinen nur noch in Formeln zu reden. Das Wort war durch jahrhundertelange Wiederholung in muffigen Priesterseminaren heiser geworden.

Als ich später über diese schlechten Kindheitserinnerungen nachdachte, begann ich mich mehr für das mittelalterliche Wort zu interessieren, für die Wandlungen der Predigt, für die Geburt der *exempla*, jener kleinen Geschichten, mit denen die Predigten »gespickt« wurden, für die Ersetzung der öffentlichen Beichte durch die individuelle Ohrenbeichte, jene große Veränderung, die das Vierte Laterankonzil (1215) sanktionierte, indem es die Privatbeichte einmal jährlich für alle Gläubigen für obligatorisch erklärte. Diese Veränderung brachte die Gewissenserforschung hervor, eröffnete eine Kampffront im individuellen Bewußtsein, verwandelte die sozioprofessionellen Situationen (welchen spezifischen Sünden war jede einzelne Kategorie am meisten ausgesetzt?) und führte zu Beichtanleitungen, welche die neue scholastische Theologie und damit gleichsam das neue kanonische Recht und die Behandlung der Gewissensfragen wie eine neue Ansicht der Gesellschaft in die Praxis eingehen ließen.

Davon abgesehen bereiteten mir, soweit ich mich erinnere, drei Punkte des Dogmas Schwierigkeiten. Die Heilige Dreifaltigkeit machte mir zu schaffen. Entweder gab es einen Gott, einen einzigen Gott, oder aber es gab ihrer drei. Die Verdopplung von Vater und Sohn erschien mir verständlich. Eine Verdopplung kann die Einheit bewahren, und es war nur natürlich, daß Gott, wenn er *gut* war, selber den Menschen erlösen wollte, indem er vorübergehend ein *alter ego* opferte, seinen Sohn, den Gott und Menschen, was mir kein besonderes Problem aufzuwerfen schien. Die Inkarnation Christi – das glaubte ich mehr oder weniger sehr früh verstanden zu haben – war wirklich das zentrale Ereignis des Christentums. Das Leben Jesu war ein wesentliches Moment der Weltgeschichte, zumindest der Geschichte der christlichen Welt. Es bedeutete für das Leben eines Großteils der Menschen einen wesentlichen historischen Bruch und fügte das Christentum in die Geschichte ein. Noch heute bin ich der Meinung, daß für Kinder, ob sie nun aus gläubigen oder nichtgläubigen Familien stammen, das Geburtsdatum Christi zur wissenswerten Chronologie gehören muß (wie die Zeit Buddhas oder das Datum der Hedschra). Der Heilige Geist hingegen als dritte Person der Dreifaltigkeit überzeugte mich nicht. Zuerst durch eine Taube verkörpert, schien er mir eine ärgerliche tierische Präsenz in das göttliche Wesen einzuführen, und auch seine Funktion war mir nicht klar.

Daß sich diese kindische und kindliche Reaktion in meinem Gedächtnis festgesetzt hat und ich sie hier erwähne, liegt daran, daß ich mir später eine Frage gestellt habe: Mir scheint, daß, zumindest im Abendland, lange Zeit die Verehrung des Heiligen Geistes die Massen nicht berührt hat. Als eine Vision der Theologen, der Gelehrten ist der Heilige Geist – zum Beispiel bei Abälard – Gegenstand von Wortklaubereien, die zuweilen zu gelehrten Häresien führten. Wenn das Volk den inkarnierten, dargestellten Heiligen Geist sah, dann in Szenen der Verkündigung, der Taufe Jesu, des Pfingstfestes oder in Frankreich bei der Taufe Chlodwigs, einem nationalen Mythos, stets anläßlich eines außergewöhnlichen Ereignisses, während der Vater oder der Sohn durch die Hand oder die Stimme, in einer seltsamen Erscheinung, die jedoch allen gelten konnte, direkter wahrgenommen wurden. Man mußte bis zum Hochmittelalter warten, bis die Bruderschaften und Spitäler des Heiligen Geistes, die Ritterorden den Heiligen Geist in Mode brachten, wenn ich so sagen darf.

Ganz allgemein erschien mir das Bild, die Darstellung Gottes sehr früh als ein wesentlicher Aspekt der Religion. Ich sehe mit Freude, daß die Historiker mehr und mehr empfänglich dafür sind. Alle Ebenen der Religion – von der Theologie bis zum kollektiven und individuellen Gefühlsleben – scheinen sich mir durch das Imaginäre auszudrücken. Und dennoch, wie viele große Religionen stellen Gott weder in bildlicher Gestalt noch gar in anthropomorpher Gestalt dar! Wahrscheinlich bin ich zu unintellektuell und zu unreligiös, um mich in einer Religion wohlfühlen zu können, in der Gott sein Antlitz verbirgt.

Meine zweite Beunruhigung betraf die heilige Jungfrau. Die Marienverehrung wurde sehr intensiv betrieben. Meine Mutter hatte darauf bestanden, mich in einem laut gesprochenen Gebet im Hause (in der von meinem Vater respektierten Ecke ihres Zimmers) jeden Tag des Monats Mai am Mariendienst teilnehmen zu lassen. Die Litaneien waren schön, die meisten anderen Gebete kamen mir ihrer einfältigen Sentimentalität wegen eher blaß vor. Ich begreife noch immer nicht meine Gleichgültigkeit in dieser Beziehung. Dabei liebte ich meine Mutter über alles, doch später wurde mir klar, daß ich zwischen der Mutter Christi und meiner eigenen Mutter nie eine affektive Übertragung vollzogen hatte.

Die dritte Gestalt der Religion – Satan – verwirrte mich paradoxerweise am wenigsten. Gewiß, vor bestimmten Bildern des Teufels hatte ich Angst. Aber ich stellte ihn mir eher als ein der Religion mehr oder weniger fremdes Ungeheuer

vor. Und da ich mir ein rundheraus verabscheuungswürdiges
Bild von ihm machte, brachte ich seine eventuellen Erscheinungen und Verfolgungen nicht mit der Bestrafung von Sünden in Zusammenhang, sondern nur mit seiner schieren Bos-
heit. Weder unser Anstaltsgeistlicher noch meine Mutter
hatte mir eine befriedigende Erklärung für den dunkelsten
Satz des Katechismus gegeben, der uns gebot, uns »vom Satan, seinem Pomp und seinen Werken loszusagen«. Was vor
allem war dieser »Pomp«? Natürlich kam mir die allzu
leichte Assoziation mit den »pompes funèbres« in den Sinn,
und da dieses Leichengepränge mich erschreckte, stellte ich
mir Satan eine Zeitlang in der äußeren Gestalt eines häßli-
chen Totengräbers vor. Diese Ängste waren eng mit dem
Schrecken verbunden, den mir die Dunkelheit einflößte.
Meine Eltern ließen während der Nächte meiner Kindheit ein
Nachtlicht in meinem Zimmer brennen. Und dann, später –
ich war neun Jahre alt –, hatte ich plötzlich keine Angst mehr
vor der Dunkelheit. Und Satan verschwand mit ihr. Ich habe
nie mehr an ihn geglaubt. Vielleicht war dies ein frühes Anzeichen meines Interesses für das Fegefeuer.

Im Laufe dieser religiösen Jahre bin ich einem Menschen-
typus begegnet, den ich mehrmals in meinem Leben wiederfand: ich werde ihn den »guten Priester« nennen. Während
meiner langjährigen Beschäftigung mit der Kirchenge-
schichte habe ich immer an die Existenz dieser Figur geglaubt. So wie mich im Rahmen einer politischen Partei immer die Figur des Militanten beeindruckt, mit allem, was sie
aufreizend, unerträglich, aber auch rührend machen kann, so
beeindruckt mich die Gestalt des guten Priesters und die Tatsache, daß die Religionen unter so vielen unmenschlichen
oder allzu menschlichen Klerikern ihm, diesem Menschen,
der auf einfache und natürliche Weise die Wahrheiten und
Werte der Religion erstrahlen läßt, einen Platz vorbehalten
hat. Ich habe ihn in der Person des ersten Vikars der Kathedrale von Toulon gefunden, der mit seiner alten Mutter in
unserem Haus wohnte. Es war ein äußerst zurückhaltender

Mann aus dem Volk, der eine gewisse Bildung erworben hatte. Er öffnete mir seine Bibliothek, und bei ihm habe ich mit zwölf oder dreizehn Jahren zum Beispiel erstmals den *Dictionnaire de théologie catholique* zu Rate gezogen. Abbé Blacas war mein Beichtvater, er blieb es bis zu meiner Adoleszenz. Er verstand es, die Beichte zu einem ernsten, sinnvollen Ereignis zu machen, ohne daß sie in irgendeiner Weise verwirrend oder deplaziert war.

Wenn ich an die sanften religiösen Gestalten meines Lebens denke, kann ich nicht umhin, schon jetzt die Nonnen zu erwähnen, die meine Mutter nach dem Tod meines Vaters in das Saint-Maur-Heim in Toulon aufnahmen und ihr fünfundzwanzig Jahre lang bis zu ihrem Tod im Alter von dreiundneunzig Jahren Hingabe und Zuneigung zuteil werden ließen. Es gibt in der Kirche Männer und Frauen, von denen man vermuten könnte, sie seien durch eine hagiographische Literatur idealisiert, und die doch auf sehr einfache Weise das christliche Ideal in die Praxis umsetzen. Auch hier war ich fasziniert – auch als Historiker – von diesen realen Verkörperungen der idealen Modelle der Geschichte. Aber das Alter und der Tod meiner Mutter konfrontierten mich auch mit der Entwicklung des Verhaltens gegenüber alten Menschen, die mehr und mehr eines Lebensabends im Kreis der Familie beraubt sind. Wie viele Alterssilos gegenüber einem Saint-Maur! Wie hoch ist doch der Preis für die Veränderungen der Praxis und des Empfindens! Angesichts des Alters und des Todes sucht unsere Epoche langsam nach neuen Lösungen. Ein ganzer Komplex trefflicher historischer Studien ist aus dieser Bewußtwerdung der schwierigen Gegenwart des Todes entstanden, aber sogar im Licht der Vergangenheit finden solche Lösungen nicht leicht ihren Weg.

Meine Kindheit ist auch Toulon. Seit meiner Geburt im Jahre 1924 bis zu meinem Aufbruch in die Alpen am 28. November 1942, am Tag nach der Versenkung der Flotte, am Tag, als die Deutschen in die Stadt einzogen, habe ich immer in Toulon gelebt. Nach dem Krieg bin ich nur in den Ferien für kurze Zeit zurückgekommen, um meine Eltern und später nur noch meine Mutter zu besuchen, die seit 1958 Witwe war und am 21. Juni 1984 dort gestorben ist. Toulon ist meine Kindheit und meine Jugend: das Toulon der Zeit vor dem Krieg. Seitdem war Toulon, auch wenn ich mich öfter dort aufhielt, nur noch eine Stadt der Erinnerungen, eine Stadt des Gedächtnisses und nicht des Erlebten.

Toulon in den dreißiger Jahren! Stadt der Kindheit mit den Trugbildern jeder Kindheit, aber auch, in der langen Dauer, der Süden, die Provence, das Mittelmeer und, damals, als sich die Agonie einer Epoche und die Verwaltung einer Tragödie ineinanderschieben, die Überstürzung der Ereignisse, aus der die Katastrophe von 1939 bis 1945 hervorgehen sollte. Ich habe Toulon auf dem fieberhaften Höhepunkt des Kolonialreiches und des Kolonialismus erlebt. An welchem Ort und zu welcher Zeit hätte man diese Größe am Vortag ihres Falls besser beobachten können?

Zunächst war Toulon für mich vor allem eine Stadt. Und sehr früh entstand hier meine Begeisterung für die Städte, die meinem Interesse für die Stadtgeschichte sowie meiner Neugier zugrunde liegt, das Phänomen der Stadt innerhalb der Geschichte zu bevorzugen. Und mit dem Alter steigerte sich meine Leidenschaft für das städtische Leben und für die Formen der Sitten der Städte nur noch mehr. Die Stadt und das Meer, das läßt mein Herz höher schlagen, tausend Herzen, hier tauche ich ein in die Dichte einer Welt, die stets in Bewegung ist, in die tiefe Dünung mit ihrem mehr oder weniger starken Wellenschlag an der Oberfläche. Dort ist mein Lebens- und Arbeitskreis. Auf dem Land (besonders jenem ohne Wasser, ohne stürmische Seen oder gar ohne Fluß) und im Gebirge (oberhalb der Hügelgrenze) schwanke ich zwischen Langeweile und Angst. Fast hätte ich den Himmel vergessen, den ich überall lieben werde, wenn er den Raum umgreift, blau oder grau, sonnig, bewölkt oder bedeckt. Inzwischen habe ich 1946 Holland kennengelernt und die Bäume vor unendlichen Himmeln, die Städte unter wechselnden Himmeln, und es bleibt eine meiner Sehnsüchte. Aus diesem Grunde gehöre ich zu jener Bruderschaft, die von Vermeers *Ansicht von Delft* fasziniert ist, zu jenen Leuten, deren Herz sich weitet, wenn sie sich auf den Wassern von Coney Island den großen städtischen Idolen von Manhattan nähern. Toulon, Stadt am Meer: zweifellos ein Bild der Geschichte, das mich von Kindheit an mehr oder weniger bewußt geprägt hat.

Ich wurde am Cours La Fayette geboren, über dem schönsten Markt der Provence, jenem langen Band aus Gemüsen und Früchten, Farben und Gerüchen, Gemurmel und Gekreisch, das mich morgens mit dem Schrei der Esel weckte, die die vollbeladenen Körbe der Bäuerinnen zu deren bescheidenen Ständen trugen, wo dann die Waren feilgeboten wurden. Gezähmtes Landvolk, das sich in die Stadt begab, wo es seinen Daseinsgrund fand. Land gegen Stadt, ich trat in Lorenzettis Fresko der Guten Regierung ein, als ich zum erstenmal Siena entdeckte. Schon als Sechsjähriger rannte ich gegen sieben Uhr morgens, bevor ich den Cours La Fayette überquerte, um ins gegenüberliegende Gymnasium zu gelangen, hinunter und kaufte für die Familie das schönste und billigste Obst und Gemüse, denn die abergläubischen Bäuerinnen (zwischen denen ich eine listige Diplomatie auslöste) stritten sich um mich und nannten mich um die Wette »*gari, gari*« (»kleine Ratte«, im provenzalischen Dialekt ein Kosewort für Kinder), denn ein Kind als ersten Kunden zu haben, verhieß ein gutes Geschäft für den ganzen Vormittag.

Die Ecke des Cours La Fayette und der Rue Baudin, wo ich geboren wurde und wo ich bis zu meinem achtzehnten Lebensjahr gewohnt habe, nahm in der geographischen und sozialen Topographie von Toulon einen strategischen Platz ein: auf halbem Weg zwischen dem Hafen und den ersten Hängen des Mont Faron, zwischen den volkstümlichen und heißen Vierteln (es gab einen »Sperrbezirk«, der mir vielleicht meine ersten Vorstellungen über die Rolle des Sex und des Außenseitertums in den Gesellschaften vermittelt hat) im Osten und den Geschäftsstraßen im Westen. Wir wohnten an der nördlichen Grenze der volkstümlichen Viertel des Südens, die von den bürgerlichen Vierteln (Ärzte, Rechtsanwälte, Notare, höhere Offiziere, junge Aufsteiger zogen in den am Meer gelegenen Vorort Mourillon) nördlich des Boulevard de Strasbourg durch eine Reihe öffentlicher Gebäude getrennt waren: das Gymnasium, das Theater, die Sparkasse und das Postamt, das große Kaufhaus *Aux Dames de France*. Entsprechend der sozialen Herkunft meiner Mutter, Tochter eines von der Reblaus ruinierten Weinhändlers, wohnten wir also am »bürgerlichen« Rand des volkstümlichen Sektors. Die Rue Baudin, in der mein Onkel und meine Tante wohnten, lag näher beim Volk, einem »anständigen« kleinen Volk von Krämern und Kleinhändlern im überaus mittelalterlichen Schatten (doch vom mittelalterlichen Toulon blieb fast nichts übrig) der Markthalle und der Kathedrale. Es kam mir daher immer »natürlich« vor, daß es eine soziale Topographie der Städte gibt. Doch da wir in einem Grenzbereich lebten, habe ich das Phänomen des Stadtviertels weniger wahrgenommen. Dagegen hatte ich eine bestimmte Idee von der Straße als geselliger Einheit, weil bis 1936 oder 1937, glaube ich (vor dem Bau eines Staudamms in La Farlède, der Toulon mit ausreichend Trinkwasser versorgte), wenn es Sommer wurde, in den Häusern häufig das Wasser versiegte. Man mußte mit Eimern, Kesseln, Gießkannen, Behältern aller Art Schlange stehen vor einem Brunnen, an dem die Anwohner sich zusammenfanden und schwatzten. Später habe ich die Mühle, die Schmiede besser verstanden – jenes »Parlament des Straßenlebens« nach dem treffenden Ausdruck von Lucien Febvre –, auch das Waschhaus (es gab eines in der Nähe), das Parlament der Frauen in der traditionellen Gesellschaft.

Toulon ist eine Stadt, die noch heute meine Erinnerung aufwühlt. Ich hege für sie die natürliche Zuneigung, die der Geburtsstadt gilt. Ihre Folklore, die Atmosphäre der Altstadt und des Kriegshafens sind mir in sympathischer Erinnerung. Wenn ich die Postkarten, die Fotos des Quai Cronstadt vor dem Krieg, der Panzerschiffe, der Kreuzer, der Flugzeugträger betrachte: gezähmte und freundliche Ungeheuer, schön, beruhigend, die ich mir als Beschützer und nicht als aggressive Feuerspucker vorstellte (Mer el-Kebir, die Versenkungen – welche Wunden!), verspüre ich erneut die Erregung meiner Spaziergänge am Hafen oder auf der Reede. Noch heute begeistern mich die Erfolge der Rugbymannschaft von Toulon und die – selteneren – Erfolge seiner Fußballmannschaft. Nachhaltig beeindruckt hat mich auch die starke, abwechslungsreiche Gegenwart der Landschaft, der Natur. Ich bin ein Stadtmensch. Ich mag das Land nicht, aber immer noch empfinde ich in mir die wunderbare Begegnung mit den Hügeln und dem Meer, zwischen denen ich aufgewachsen bin.

Aber es gibt auch ein grauenvolles Toulon, das mich abstößt, die kolonialistische, rassistische Stadt. In den Gräben der alten Wälle von Vauban habe ich an Militärübungen teilgenommen, an die ich mich mit unauslöschlichem Ekel erinnere. Wenn ich an jene physisch und moralisch grotesken Offiziere und Unteroffiziere denke, die ihre Männer, Senegalesen und auch Franzosen, »Annamiten« nannten und wie »Untermenschen« behandelten, und wenn ich mich an die Bemerkungen und Verhaltensweisen eines Teils des »braven« Volks von Toulon erinnere, dann sage ich mir, daß es nur natürlich ist, daß die *Front national* hier den Durchbruch erzielte. Hier finde ich eine gewisse rassistische Kontinuität wieder, an die mich zu erinnern mir zuweilen fast unerträglich ist.

Toulon war für mich die Erfahrung eines Jahrzehnts, 1930–1939, das von großen Veränderungen im täglichen Leben gekennzeichnet war. Bis heute bin ich davon überzeugt, daß das Wesentliche der historischen Entwicklung in jenen Neuerungen besteht, die den Alltag verändern, zuweilen umwälzen. Ich sah die Ankunft der Radioapparate – seit der schon lange zurückliegenden Zeit der Zeitungen die erste große Manifestation der Medienwelt, in der wir heute leben. Ich sah die Ankunft des Privatautos, das zwar noch einer Elite von Privilegierten vorbehalten blieb, aber man ahnte bereits die neue Mobilität, die es mit sich bringen würde. Ich sah die Ankunft des Telefons; wir selbst besaßen noch keines, und ich betrachtete es mit Neid und Entzücken bei einigen befreundeten Familien. Zu jener Zeit begann auch die große Phase der elektrischen Haushaltsgeräte. In einer Stadt, in der es im Sommer sehr heiß ist, war es nicht einfach, Getränke zu kühlen und Lebensmittel zu konservieren. Wir bedienten uns eines Eisbehälters, für den wir bei einem Straßenhändler Eis in Blöcken kauften. Daher hatte ich, als die Kühlschränke aufkamen, das Gefühl, daß sie das Leben verändern würden. Wir haben erst nach dem Krieg einen gekauft, aber ich erinnere mich auch hier an die heftige Begehrlichkeit, die dieser Gegenstand in mir weckte. Zweifellos begann ich damals die wahre Bedeutung der materiellen Zivilisation und ihrer Veränderungen – gemessen an den spektakuläreren Ereignissen der Geschichte – zu verstehen.

Natürlich nahm in all diesen Jahren die Schule einen sehr großen Raum ein. Ich will sie nicht idealisieren. Ich hatte höchst unterschiedliche Lehrer, darunter wirkliche Idioten und Schwachköpfe, aber auch einige sehr gute.

Vor allem die beiden Volksschuljahre haben mich entscheidend geprägt. Ich stamme aus einer Familie, der die große soziokulturelle Errungenschaft der Dritten Republik zugute kam, nämlich der Aufstieg kleiner Leute, insbesondere Bauern, dank der Schule und ihrer Lehrer. Vielleicht war ich aus diesem Grunde aufnahmebereiter. Auch hatte ich das Glück, an zwei Exemplare der edlen Kategorie von Schulmeistern alten Schlags zu geraten. Eine unverheiratete Dame von etwa fünfzig in der achten Klasse – ein Muster an Genauigkeit und Vornehmheit in allem, was es zu tun gab. Für mich ist sie fast eine zweite Mutter geworden. Sie hieß Marguerite, ich nannte sie Tante Guite, sie war jemand aus der Familie, und sie blieb es bis zu ihrem Tod im Alter von zweiundneunzig Jahren. Ich besuchte sie während der Ferien, im September, in einem damals noch intakten Dorf, Cogolin, das durch seine Nähe zu Saint-Tropez geprägt worden ist. Ich besitze noch immer eine der vorzüglichen Pfeifen, die dort hergestellt werden, ein Geschenk von Tante Guite. Ich habe noch wunderbare Erinnerungen an Weinlesen, die zu meinen seltenen Kontakten mit der Welt der Bauern gehören, zu ihrer Härte und ihrer besonderen Geistesart, die auch Tante Guite eigen war – deren Mentalität bestand aus körperlicher Liebe zur Erde, aber auch aus Berechnung, Sparsamkeit, ja sogar Geldgier.

In der siebten Klasse hatte ich einen Lehrer, zu dem meine Beziehungen weniger intim und herzlich waren, der jedoch ebenfalls ein Muster an Genauigkeit war, besonders auf einem Gebiet, das ich später zwar nicht gepflegt habe, das mich jedoch immer interessiert hat: auf dem der Mathematik. Er lehrte uns zu argumentieren und zu denken. Wenn ich ein historisches Thema zu definieren suchte, ertappte ich mich dabei, daß ich den Ausdruck verwendete, den mein alter Lehrer gebrauchte, wenn er uns zeigen wollte, wie ein Problem in Angriff zu nehmen sei: welche Frage wird mir gestellt? Und wie viele Historiker schreiben in der Tat Geschichtsbücher, ohne wissen zu wollen, welche Frage sie sich hätten stellen sollen ...

Noch eine weitere, sicherlich entscheidende Begegnung in der vierten Klasse: die mit Henri Michel, einem brillanten jungen Lehrer. Später machte Henri Michel die bekannte Karriere, zunächst als Widerstandskämpfer, dann als Historiker der Résistance und des Zweiten Weltkriegs. Sein Werk geht nicht in die Richtung der historiographischen Erneuerung, zu der ich selbst beizutragen versucht habe, in ihm aber konnte ich einen großen Lehrer kennenlernen. Mit einer höchst seltenen Begabung, Vergangenheit anschaulich und lebendig zu vermitteln und gleichsam die strengen Kriterien wissenschaftlicher Genauigkeit nicht aus den Augen zu verlieren, erzählte er uns vom Mittelalter. Durch ihn habe ich zum erstenmal verstanden, was Quellen und Quellenkritik bedeuten.

Im selben Jahr bestärkte mich eine Lektüre in meiner Nei-

gung für das Mittelalter: Walter Scott. Schon sehr früh bin
ich ein Bücherwurm gewesen. Ich las viele Romane von Walter Scott, aber das Werk, das meine Phantasie besonders be-
flügelte, war *Ivanhoe*. Ohne mir nachträglich eine außerge-
wöhnliche Reife unterstellen zu wollen, glaube ich, daß ich,
abgesehen von der Handlung, auch von der Erklärung angetan war, die im selben Roman für die Handlung gegeben
wurde: dem Kampf zwischen zwei ethnischen Gruppen. Ich
war gefesselt von der Erzählung, ich stand auf der Seite bestimmter Personen, natürlich auf der von *Robin Hood*, aber
mich faszinierte auch die Art, wie die Geschichte, der Konflikt zwischen Angelsachsen und Normannen, beschrieben
wurde. Das Vergnügen an den Peripetien des Romans wurde
vermehrt durch die Freude, ihre Ursachen zu verstehen und
zu begreifen, was dabei auf dem Spiel stand.

Meine verständnisvollen Eltern hatten zwei Zeitschriften
für mich abonniert, deren Titel ich vergessen habe. Die eine
veröffentlichte Märchen und Legenden für die Jugend. Mich
verlockte nicht nur die Welt des Imaginären, wie auch heute
noch, sondern ich habe auch deutlich den Eindruck, daß ich
diese Märchen und Legenden einer Art von kindlichem Prä-
strukturalismus unterzog. Ich versuchte, sie zu ordnen, in ihnen denselben Typus von Personen oder Rollen, denselben
Typus von Handlungen zu identifizieren. Ich glaube sagen zu
können, daß meine Reaktion als lesendes Kind mich darauf
vorbereitete, Lévi-Strauss zu rezipieren … In der anderen
Zeitschrift ging es um Geographie und Reisen. Auch hier
kann ich nicht umhin, eine Beziehung herzustellen zwischen
meinen damaligen Eindrücken und zwei Interessen, die mich
mein ganzes Leben als Historiker beschäftigten: der Leidenschaft für das Andere und für die Unterschiede sowie der Suche nach weiten Horizonten. Nie hat mich eine Geschichte zu
interessieren vermocht, die sich auf einen eingegrenzten Sach-
verhalt beschränkt. Gewiß bedarf es der Verankerung in den
Einzelheiten, weil man nichts wirklich Aufschlußreiches entdecken kann, solange man nicht mit den Einzelheiten ver-

traut ist. Aber man muß in Zusammenhängen denken. Ich sehe keine wahrhafte Geschichte, die sich nicht vornimmt, gleichsam Weltgeschichte zu sein – heute würde ich eher sagen: eine *allgemeine*, die das Maximum an möglicher Geschichte berücksichtigt, ausgehend von derjenigen, die man am besten kennt.

Dann kam es zu einer Familienerfahrung, die zwar recht bescheiden war, aber doch einen sehr kräftigen Widerhall in mir fand: 1935, als ich elf Jahre alt war, machte ich durch meine Mutter Bekanntschaft mit der Politik. Sie hat uns alle, ihre Familie und ihre Freunde überrascht, sich selber jedoch zweifellos am meisten. Wir verbrachten einen Teil des Sommers 1935 in der Pariser Vorstadt bei einem meiner Onkel väterlicherseits, dem Vater der kleinen Mädchen, die bei meiner Mutter Klavierspielen gelernt hatten. Er war mit seiner Frau einer Gruppe von Linkskatholiken beigetreten, deren Leitfiguren Georges Bidault und Francisque Gay waren und die sich um eine Zeitung scharten, die vor dem Krieg eine gewisse Bedeutung hatte, *L'Aube*. Gegen Ende unseres Aufenthalts machte mein Onkel meiner Mutter den Vorschlag, in Toulon eine Freundesgruppe von *L'Aube* zu gründen. »Ich habe den Eindruck, das entspricht deinen Vorstellungen«, plädierte er, »und wenn du überzeugt bist, dann weißt du, daß es uns helfen würde und daß es wichtig ist.« Der Nazismus war da, eine Welt voller Drohungen zeichnete sich ab, und das politische Leben in Frankreich war von einer Art Verzweiflung erfüllt, wie sie auch schon andere Epochen gekannt hatten. Meine Mutter las *L'Aube*, schwärmte für *L'Aube*, und diese Frau, die bisher allein neben ihrem Klavier, in der Kirche und für ihren Mann und ihren Sohn als Hausfrau gelebt hatte, verliebte sich in die Politik.

Es gelang ihr tatsächlich, in Toulon eine Freundesgruppe von *L'Aube* zu gründen, indem sie eine der pittoreskesten Personen meiner Kindheit als Förderer gewann, einen ihrer ehemaligen Schüler. Sie hatte ihm die Noten beigebracht und ihm ihre Leidenschaft für die Musik eingepflanzt. Er war Tenor und übte den Beruf eines Immobilienmaklers aus. Er hatte eine kleine Agentur, wo er seinen sehr bescheidenen Geschäften nachging. Die meiste Zeit probte er mit seiner Frau, einer Organistin, unter der Oberaufsicht einer allgegenwärtigen Schwiegermutter die *Passionen* von Bach, die er mit Erfolg während der Karwoche in einer Kirche von Toulon aufführte. Ein erstaunlicher Mann, bewaffnet mit einem Glasauge, dessen Starrheit mich faszinierte, sehr gläubig, zu dem meine Mutter Vertrauen hatte. Gemeinsam gelang es ihnen, fünfundzwanzig bis dreißig Leute zu versammeln. Sie trafen sich alle zwei Wochen. Oft nahm meine Mutter mich mit. Sie hatte ein ganz bestimmtes Ziel. So wie sie mein religiöses Empfinden entwickeln wollte, so wollte sie mir auch eine gewisse politische Ausbildung angedeihen lassen, die sie sich recht moralisch dachte. Die einzige deutliche Erinnerung, die ich in Wahrheit daran habe, ist die an eine Sitzung, auf der hauptsächlich über das Problem der Abtreibung diskutiert wurde. Aus dem Unbehagen meiner Mutter, die unserem Tenor-Immobilienmakler schließlich in Erinnerung rief, daß er vor dem »Kleinen« spreche, schloß ich, daß es sich um ein gewichtiges Problem handelte.

Die Lektüre von *L'Aube* hat zweifellos dazu beigetragen, daß sich allmählich ein politisches Bewußtsein herausbildete, das dann schließlich aufbrach. Plötzlich nämlich ereignete sich etwas Großes: die Volksfront wurde ins Leben gerufen. Es war etwas ganz Neues, ein Ereignis, welches die ganze Gesellschaft aufrüttelte und den zwölfjährigen Knaben, der ich damals war, augenblicklich für die Politik begeisterte. Tatsächlich hatte ich für die Politik von Anfang an die Leidenschaft eines Beobachters, und der weitere Verlauf meines Lebens bestätigte das. In keinem Augenblick spürte ich Lust, »Politik zu machen«, wie man sagt. Aber seit dem Moment, da ich sie kennengelernt hatte, habe ich mich glühend für sie interessiert. Ich ergriff natürlich entschieden Partei für die Volksfront. Dennoch empfand ich angesichts bestimmter Affären, wie Salengros Selbstmord, das Bedürfnis nach einem

Minimum an persönlicher Militanz. Um so mehr, als mich der Rassismus, den ich in Toulon täglich vor Augen hatte, tief aufwühlte. Nachdem ich von der Existenz einer Liga gegen den Rassismus und Antisemitismus erfahren hatte, die in der Stadt eine Kampagne führte, äußerte ich den Wunsch, ihr beizutreten. Meine Mutter war einverstanden, obschon mit einiger Besorgnis. Trotz ihres Weitblicks lebte sie in der damals unter Katholiken weitverbreiteten Furcht, es könnte sich um eine von den Freimaurern, das heißt dem Bösen, manipulierte Organisation handeln. Sie legte mir nahe, den Erzpriester der Kathedrale um seine Meinung zu fragen, einen heiligen Mann, der Ehrfurcht gebot. Es gelang mir, Zutritt zu ihm zu bekommen. Er billigte meine Entscheidung.

Die Atmosphäre wurde drückender. Ich erinnere mich genau, daß ab 1937 der bevorstehende Krieg eines unserer wichtigsten Gesprächsthemen im Gymnasium wurde. Als guter Leser von *L'Aube* reagierte ich sehr heftig auf das Münchner Abkommen. Meine Kritik ging so weit, daß ich mich mit einigen meiner Kameraden prügelte. Diese Episode hinterließ in mir den Gedanken, daß man nicht nachgeben darf, weder im Leben noch in der Politik, wenn man glaubt, das Recht auf seiner Seite zu haben. Zu jener Zeit begann ich die Bedeutung eines sehr schönen Worts zu verstehen, das ich erst später ganz erfassen sollte: *résistance*, Widerstand.

Während Frankreich im Herbst 1939 in den Krieg eintrat, trat ich in die erste Klasse ein. Und es ereignete sich eine kleine Episode, die mich beeindruckte.

Um die Kriegsanstrengungen zu finanzieren, appellierte die französische Regierung kurz nach der Kriegserklärung an die Freigiebigkeit der Bürger und forderte sie auf, Wertgegenstände, Münzen oder Goldbarren dem Vaterland zu spenden. Soweit ich mich erinnere, wurde dieser Appell in den mir bekannten Kreisen sehr gleichgültig, wenn nicht gar ein wenig spöttisch aufgenommen. Um so mehr beeindruckte mich die Reaktion meiner Eltern. In völliger Übereinstimmung mit meinem Vater beschloß meine Mutter, die nur ein wenig Familienschmuck besaß, das schönste Stück, eine wertvolle Goldkette, zu opfern. Meine Familie bekannte sich nicht zu einem aggressiven Patriotismus. Das machte diese Geste für mich nur noch erhabener. Noch heute bewegt sie mich, wenn ich an die Tradition denke, die sie für mich symbolisiert, die Tradition jenes französischen Kleinbürgertums, das geprägt war vom Republikanismus der Zeit vor 1914, der 1939 zu schwinden begann. So wie ich es zwischen den Kriegen erlebt habe, ermesse ich mit zunehmendem Abstand sehr genau, welche Bedeutung das Kleinbürgertum bei der Herausbildung des französischen Bewußtseins gehabt hat.

Im Mai 1940 hatten die Italiener Pseudobombardements über Toulon veranstaltet. Mein Vater, der eine recht schwache Gesundheit hatte, zog sich in einem Luftschutzkeller eine Bronchitis zu. Der Arzt riet ihm, Toulon zu verlassen. Entfernte Verwandte boten uns ein Haus in der Nähe von Sète an, am Ufer des Teichs von Thau, an einer ziemlich einsamen Stelle. Bei unserer Ankunft erfuhren wir, daß es einer jener Personen gehört hatte, die während des antirepublikanischen Komplotts gegen Ende der Dritten Republik in aller Munde gewesen war. Dort verbrachte ich den größten Teil der Monate Mai und Juni 1940 und vernahm nur durch Zufall ein Echo der Geschehnisse. Am 17. Juni ging ich nach Montpellier, um mich für das Bakkalaureat anzumelden. Ich stand auf dem berühmten Platz dieser Stadt, als Lautsprecher die Botschaft von Marschall Pétain übertrugen, in der er seinen Entschluß ankündigte, den Kampf einzustellen und den Feind um Waffenstillstand zu bitten. Ein uniformierter Soldat, der diese Worte hörte, entkleidete sich und sagte: »Diese Uniform ist entehrt, ich will sie nicht mehr tragen!« Einige Tage später, als ich bei einem benachbarten Bauern Milch holte, hörte ich im Londoner Rundfunk die Wiederholung eines Teils der Botschaft von De Gaulle. Wir zu Hause hatten kein Radio. Daher erfuhr ich wieder nur durch Zufall, als ich in Sète zum Friseur ging, daß die französische Flotte in Mers el-Kébir von der englischen Flotte angegriffen worden war. Als

Touloner, der ich war, schockierte mich das. Die Zerstörung eines Teils der Flotte, das bedeutete, daß eine Welt zerfiel, die Welt meiner Jugend. Es fügte sich, daß ich zwei Jahre später Toulon am Tag der Versenkung der Flotte verlassen sollte. Vielleicht fühle ich diese Ereignisse deshalb noch so stark in mir widerhallen, weil sie zum Bild einer entschwindenden Kindheit geworden sind...

Ansonsten waren diese wenigen Wochen, in denen das Echo des Dramas, das das Land durchlebte, nur in Bruch-stücken zu mir drang, glückliche Wochen. Die Villa hatte eine schöne Bibliothek mit Büchern und Zeitschriften aus einer anderen Epoche wie dem *Mercure de France* und der *Revue des deux mondes.* Ich gab die Vorbereitung für das Bakkalau-reat auf und nutzte den wunderbaren Aufschub dazu, diese Zeitschriften zu verschlingen, die mir von einer anderen Zeit berichteten und mich in die Epoche eines ruhmvollen Frank-reichs zurückversetzten, genau in dem Moment, da es im Be-griff war unterzugehen.

Im Laufe des Sommers kehrten wir nach Toulon zurück und nahmen unser früheres Leben wieder auf. Ich hatte die unangenehme Aufgabe, am 1. Mai, meinem Namenstag, an Pétain vorbeimarschieren zu müssen. Es überkam mich die Anwandlung, es abzulehnen; zu meiner großen Schande wurde ich von zwei muskulösen Kameraden eines Besseren belehrt. Übrigens erfuhr ich später, daß dieser kleine Akt der Rebellion denunziert und in einer Kartei in Vichy registriert worden war. Das gleiche war meinem Vater widerfahren, als er es ablehnte, in die Ehrenlegion einzutreten. Die Folge war, daß ich nicht in den Genuß des traditionsgemäß den Söhnen von Gymnasiallehrern gewährten Kostgeldes kam, als ich ins Gymnasium von Marseille ging, um mich auf die *Ecole nor-male supérieur* vorzubereiten. Glücklicherweise war das je-doch das einzige Mal, daß ich Marschall Pétain gesehen habe.

In der Vorbereitungsklasse für die *Ecole normale supé-rieur* in Marseille lernte ich eine Gruppe von Lehrern kennen, die in menschlicher wie in intellektueller Hinsicht außergewöhnlich waren. Noch heute staune ich darüber: diese Lehrer, Pariser, die sich in die freie Zone zurückgezogen hatten oder aber aus der Gegend stammten, waren unbestritten tüchtiger und brillanter als die Lehrer, die ich nach dem Krieg im Louis-le-Grand-Gymnasium hatte. Dort nämlich traf ich mit einer Ausnahme, Ferdinand Alquié, meist nur auf Routiniers und Pauker. Und trotzdem gelangte keiner der Marseiller Schüler in die *Ecole normale*, während ein Drittel oder die Hälfte der Klasse vom Louis-le-Grand es schaffte. Der Vergleich stimmte mich nachdenklich, was die Qualität des Wettbewerbs, um nicht zu sagen die Qualität der Studenten der *Ecole normale* betrifft.

Wir hörten von der *Résistance*. Einmal hatte ich sogar einen Kontakt, schon im Sommer 1941, durch Vermittlung von Pater Lubac, dem künftigen Kardinal, dem ich zufällig begegnet war und der mich zu einer Versammlung einlud. Ich schätzte das Vertrauen, das man mir entgegenbrachte. Ich engagierte mich nicht, zweifellos aus Mangel an Mut und darin noch bestärkt durch die überaus negative Haltung meiner Mutter. Sie mochte noch so sehr gegen Vichy eingestellt sein, ihrem einzigen Sohn gegenüber verhielt sie sich wie viele andere Mütter. Ich bereue es noch heute.

Ich werde krank. Ich habe eine Lungenentzündung. Ich fahre zur Erholung in die Alpen. Dort schließe ich Bekanntschaft mit einer Gruppe, die mir die Dinge erleichtern sollte, als ich, nach Marseille zurückgekehrt, im Herbst 1943 zum Arbeitsdienst einberufen werde. Ich zögere keinen Augenblick, ich kehre in die Alpen zurück und organisiere eine *Résistance*, die eher eine Pseudo-*Résistance* war. Zwar befand ich mich in einer Gruppe von Widerstandskämpfern, jedoch an einem Ort, wo unsere wesentliche Funktion darin bestand, Waffen und Medikamente in Empfang zu nehmen, die die Engländer mit dem Fallschirm abwarfen. Ein einziges Mal waren Mitglieder meiner Gruppe an einer Operation gegen die Deutschen beteiligt, ich nahm nicht daran teil. Oft sogar verbrachte ich die Nacht unten im Dorf.

138

Dort habe ich den Egoismus der Bauern kennengelernt. Fast alle bäuerlichen Familien legten die Überschüsse ihrer Erzeugnisse für den Schwarzmarkt beiseite, zugunsten reicher Städter (wir gehörten nicht dazu) und einiger Zwischenhändler, die herkamen, um gewinnträchtige Aufkäufe zu tätigen. Später zahlte ich ohne Begeisterung die Dürresteuer. Aber im Tal und im Gebirge war man für die *Résistance* eingenommen und gegen Vichy.

Ich habe auch die menschlichen und politischen Spannungen innerhalb der *Résistance* kennengelernt. Es bestand eine große Kluft zwischen dem Typus des kommunistischen Intellektuellen und dem Typus des ein wenig abenteuerlustigen Jugendlichen, für den die *Résistance* herrliche Ferien bedeuteten. Meine Gruppe hatte sich geteilt; die Gruppe, in der ich geblieben bin, war eher sozialistisch gesinnt und zählte sehr viele Juden, die andere wurde von Offizieren geleitet und stand eher rechts. Ich sah den Schrecken der antisemitischen Verfolgung, den Exodus ganzer Familien, die versuchten, sich in den Bergen zu verstecken. Das alles liegt meinem tiefen Abscheu gegen die Schändlichkeiten des Vichy-Regimes zugrunde, dem Gefühl einer unvergeßlichen, unverzeihlichen Erniedrigung. Pétain ist der größte Schandfleck in der Geschichte Frankreichs. Durch ihn lernte ich, ähnlich vielen Franzosen, was es heißt, in seiner nationalen Existenz geschunden zu werden. Man muß es sagen, man muß es laut sagen, unsere Kinder müssen es wissen, die Generationen, die es nicht miterlebt haben, müssen erfahren und verstehen, wie niederträchtig das Vichy-Regime gewesen ist. Nie darf derjenige »rehabilitiert« werden, der diese Schandbarkeit zugelassen hat, der Hauptverantwortliche für die Schmach. Die Geschichte darf ihn nicht totschweigen.

Im Zuge dieser Geschehnisse konnte ich dem Unterricht in Marseille nur sporadisch folgen. Aber ich hörte nicht auf zu lesen, dank der kleinen Bibliothek meines Freundes André Roujon, der Bibliothek der *Ecole normale d'instituteur* von Digne und den Eltern meines Freundes Roger Mane. Ich las

Romane, mit Vorliebe Romanzyklen, insbesondere Zyklen mit historischem Inhalt, den *Johann Christoph* von Romain Rolland oder *Les Thibault* von Roger Martin du Gard. Und ich las außerdem Geschichtsbücher. Nichts Hervorragendes, einfach das, was mir in die Hände fiel, die Bücher von Georges Lenôtre zum Beispiel. Aber ich war heißhungrig, was Geschichtsbücher anging, und ich glaubte, ich könnte mich an Werken delektieren, die wissenschaftlich und intellektuell zu wünschen übrig ließen. Dabei erkannte ich immerhin, was sich in der literarischen und historiographischen Produktion einer Epoche auszudrücken vermag, auch in ihren trivialen Werken.

Ich verfolgte im Londoner Rundfunk und auf allen möglichen Wegen das furchtbare Getöse des Krieges. Dennoch hatte ich inmitten dieses Mahlstroms nicht das Gefühl, daß es um eine große historische Veränderung ging, um das Ende einer Periode und den Beginn einer anderen. Die temporären Phänomene der Einschränkung oder Erniedrigung, ja sogar des Zusammenbruchs, die mit dem Krieg einhergingen, schienen mir im Hinblick auf den Verlauf der Geschichte nicht die gleiche Tragweite zu haben wie die Erfindungen, die im vergangenen Jahrzehnt das tägliche Leben verändert hatten, oder der Entwurf einer neuen Gesellschaft, wie er sich in der Volksfront abgezeichnet hatte. Auch aus der Distanz der Nachkriegsjahre hat sich an diesem Eindruck nichts geändert. Ich spürte intuitiv den fehlenden Zusammenhang zwischen dem Krieg und der Veränderung, und meine spätere Arbeit als Historiker hat mich bestärkt in der Überzeugung, daß Kriege, und seien es Weltkriege, kein großer Motor der Geschichte sind. Die Art, wie ich den Krieg erlebt und verstanden habe, hat mir geholfen, eine Geschichte der großen Ereignisse von einer tieferliegenden Geschichte zu unterscheiden, von einer Geschichte der Strukturen, einer Geschichte langer Zeiträume, in der die wirklichen Entwicklungen stattfinden, obwohl Kriege sie bisweilen beschleunigen oder verzögern.

Der Krieg ist aus. Obwohl ich ihn nur am Rande und ohne tiefere einschneidende Erfahrungen durchlebt hatte, konnte ich nur mühsam ins normale Leben zurückfinden. Ich gestehe, daß der Gedanke, wieder Interner in einem Gymnasium zu werden, um mich auf die Prüfung vorzubereiten, mich einen Augenblick ins Schwanken brachte. Ich besaß ein Diplom für Französisch, Latein und Griechisch; ich brauchte nur noch das Philologiediplom, um eine *licence de lettres** zu erhalten. Einige Wochen lang war ich recht unschlüssig, und ich konnte mich nur schwer dazu entschließen, das Geschichtsstudium wiederaufzunehmen. Es war meine Absicht, so schnell wie möglich die *licence* zu beenden, um mich dann auf eine Agregation vorzubereiten, die folglich eine Literaturagregation gewesen wäre. Zwei Wochen lang hörte ich Philologiekurse an der Sorbonne; ich bin dieser Institution und dieser Disziplin sehr dankbar, denn sie wirkten so abstoßend auf mich, daß ich nicht weitermachen konnte. So führte mich die trostlose Sorbonne der Nachkriegszeit zu meiner Berufung zurück, und ich entschloß mich, doch Historiker zu werden.

Ich besuchte also das Louis-le-Grand-Gymnasium, dann die *Ecole normale supérieure*, und ich wurde wieder Historiker. Ich wurde es, obwohl die meisten Geschichtskurse an der Sorbonne mich ebensowenig befriedigten wie vordem die Philologiekurse. Aber wiederum bin ich ihr sehr dankbar dafür, denn in den Mußestunden, die ihre Mittelmäßigkeit mir ließ, indem sie es mir ersparte, die Kurse zu besuchen, konnte ich den Heißhunger stillen, den in Paris die Welt der Kultur in mir geweckt hatte – Kinos, Theater, Konzerte, denen ich, mit Giraudoux' Erlaubnis, das Bridgespiel hinzufüge, in dem ich eine hervorragende geistige Übung sehe, auch wenn ich schon lange nicht mehr Karten gespielt habe. So gelangte ich zu einer Arbeitsweise, die ich bis heute beibehalten habe. Tagsüber ging ich ins Kino, besuchte Museen, abends ging ich wie-

---

* Geisteswissenschaftliche Universitätsprüfung.

der ins Kino oder ins Theater, ins Konzert, oder ich spielte Bridge. Gegen Mitternacht packte mich sowohl das Pflichtgefühl wie die Lust an der Arbeit, der Wissensdurst. Seither bin ich ein Nachtarbeiter, auch wenn meine Tage arbeitsintensiver geworden sind. In dieser Stille, fern der Natur, der Sonne (die ich als echter Südländer nicht mag), liegt für mich die Welt der Reflexion und Kreation. Zwar bin ich auch tagsüber durchaus in der Lage zu lesen, Notizen zu machen und sogar zu schreiben, wenn es sein muß; aber wenn ich ein Buch oder einen Artikel schreibe, die einige Konzentration erfordern, brauche ich seit jener Zeit die nächtliche Atmosphäre.

Natürlich interessierte ich mich auch weiterhin für die Politik. Vom linken Christentum geprägt, hatte ich 1945 die Neigung, *M.R.P.* zu wählen. Ich tat es nur kurze Zeit. Denn sehr bald stellte ich etwas fest, das ich noch immer für die größte politische Katastrophe der Nachkriegszeit in Frankreich halte: das politische Scheitern der Männer der *Résistance* und insbesondere des *M.R.P.* Noch heute empfinde ich lebhafte Abneigung gegenüber dieser Tradition. Der Muff eines abdankenden, degenerierten *M.R.P.*, der bereit ist, sich seine wechselnden Mehrheiten (vorzugsweise jedoch rechte) durch Stimmenfang zu beschaffen, bereitet mir immer noch Unbehagen. Und da außerdem derjenige, der im Alter von zwölf Jahren für die Volksfront geschwärmt hatte, in dem larmoyanten Léon Blum der Nachkriegszeit keinen Führer mehr fand, der die Jugend hätte begeistern können, wäre ich wahrscheinlich Kommunist geworden wie die meisten meiner Kameraden, und ich füge hinzu: meiner wertvollen Kameraden. Die Sache ist sehr einfach und heute wohlbekannt. Der Kommunismus erschien nach 1945 vielen jungen Intellektuellen als die einzige ernstzunehmende Partei. Weder der zusammenbrechende *M.R.P.* noch irgendein Rechtsliberalismus, der sich vage zu demütigen versuchte, auch nicht der verkalkende und sich bürokratisierende Sozialismus der *S.F.I.O.* vermochten Begeisterung zu wecken; es blieb nur die

Kommunistische Partei, verherrlicht durch ihre Rolle im Krieg, von deren Verhalten zur Zeit des deutsch-sowjetischen Pakts wir nichts wußten. Vor dieser Versuchung wurde ich durch einen besonderen Glücksfall bewahrt. Während einer Reise nach Innsbruck, die ich bei der Rückkehr 1945 mit einer Gruppe von Schülern der *Ecole normale* unternommen hatte, hatte mich ein Offizier gebeten, ein Päckchen zum Quai d'Orsay zu bringen und seinem Bruder zu übergeben, der im Kultusministerium arbeitete. Dieser empfängt mich, fragt aus Höflichkeit, was ich mache, und als ich antworte, daß ich Historiker werden will, schlägt er mir vor, die tschechoslowakische Geschichte zu studieren, denn Frankreich, so erklärte er mir, wolle seine kulturellen Verbindungen zur Tschechoslowakei erneuern, und das Ministerium sei bereit, Leute zu unterstützen, die auf diesem Sektor arbeiten. Daran hatte ich natürlich noch nie gedacht, aber die neuen Horizonte, die sich mir öffneten, reizten mich. Ich wurde überaus herzlich empfangen von dem großen Meister der historischen Studien über Böhmen, Victor-Lucien Tapié, dessen elegantes und herzliches Wohlwollen ich nie vergessen werde, ebensowenig die Einblicke, die er mir in die wenig bekannte und verwirrende Geschichte Mitteleuropas und des Barock gab. Auch mein Lehrer an der Sorbonne und an der *Ecole normale*, Charles-Edmond Perrin, ermutigte mich, und ich respektierte ihn, da er uns zumindest die Prinzipien des Historikerberufs vor Augen stellte. Er schlug mir als Thema die Entstehung der Karls-Universität in Prag Mitte des 14. Jahrhunderts vor. Ich begann Tschechisch zu lernen. Ich machte eine erste Reise 1946 und war bezaubert von dem Land und der herrlichen, traurigen Stadt Prag. Dort fand ich mich 1947/48 als Stipendiat wieder und erlebte den Prager Staatsstreich vom Februar 1948 aus nächster Nähe. Bei achtzehn Grad minus stand ich auf dem Marktplatz der Altstadt, um die große Rede von Gottwald zu hören, die die wahre Machtübernahme der Kommunisten markierte. Ich sah also, wie eine Volksdemokratie eingeführt wurde, nicht dank der Volksbewegung, sondern einfach dadurch, daß ein von außen unterstützter politischer Apparat die Macht übernahm. In der Schule, in der ich wohnte, sah ich mit an, wie die sozialistischen Studenten sich teilten: in die Opportunisten, die sich der neuen Macht anschlossen, und diejenigen, die auf schmerzliche Weise eine demokratische Opposition zu leben begannen. Ich war auf dem Wenzelsplatz an dem Tag, an dem gegen Mittag die Lautsprecher den »Selbstmord« von Jan Masaryk bekanntgaben, und ich sah, wie die Frauen auf der Straße niederknieten. Am sechshundertsten Jahrestag der Gründung der Karls-Universität, den man trotzdem feierte, wenn auch in einer düsteren Atmosphäre, hatte ich einen totenblassen Beneš vor Augen, der das ganze Drama seines Landes in sich versammelte.

Ich bin immun aus Prag zurückgekehrt. Das hinderte mich jedoch nicht daran, mindestens eine Dummheit, sogar eine große Dummheit zu begehen, als ich den Stockholmer Aufruf unterschrieb, ohne hinter dem, was ich aufrichtig für eine Geste des Friedens hielt, das Manöver Stalins zu erkennen. Aber ich war von einem gewissen politischen Fieber geheilt, was es mir erlaubte, mich stärker auf meine Historikerausbildung zu konzentrieren. Ich kann mich eines gewissen Schmunzelns nicht erwehren, wenn ich an die Mischung aus Vorhaltungen und Beschimpfungen zurückdenke, die ich, als ich aus Prag zurückkehrte, auf den Fluren der *Ecole normale* aus dem Mund von Freunden zu hören bekam, die heute Wortführer des Antikommunismus geworden sind ...

Ich habe vier glückliche Jahre an der *Ecole normale* verbracht. Dort fand ich ein Klima der Freiheit, der Freundschaft und ein Arbeitsmilieu, für das ich noch immer dankbar bin. Man verlangte von uns lediglich ein Minimum an Anwesenheit bei Kursen innerhalb oder außerhalb der Schule. Wichtig war allein, am Ende Erfolg zu haben. Ich verfügte über herrlich viel Zeit, die es mir ermöglichte, zu hamstern, mich zu ernähren, nachzudenken. Die Freundschaft half mir sehr dabei. Ich hatte das ungewöhnliche Glück, zwei Jahre lang mit

Alain Touraine in einem Zimmer zu wohnen. Seine Freundschaft war für mich eine große intellektuelle Bereicherung. Ein Historiker, der einer der Lehrmeister unserer Generation hätte sein müssen, aus Bescheidenheit jedoch nie wirklich eine wissenschaftliche Karriere anstrebte, Guy Palmade, ist ebenfalls sehr wichtig für mich gewesen. Mit ihm führte ich Ende der vierziger und Anfang der fünfziger Jahre die für mich fruchtbarsten Diskussionen über Geschichte. Zusammen mit einigen anderen alten Freunden aus der Touloner Kindheit und einer Handvoll Freunde aus der Marseiller Zeit bildeten sie die dritte Schicht einer Gruppe sehr teurer Freunde, mit denen noch heute in Verbindung zu stehen ich das Vergnügen habe und die meinem Leben, aber auch meiner Reflexion als Historiker die menschliche Wärme und die anregenden Gespräche schenkten, ohne die man die Geschichte der Männer und Frauen weniger gut versteht. Außerdem gab mir die *Ecole normale* ein ganz ungewöhnliches geistiges Werkzeug an die Hand, ihre wunderbare Bibliothek. Ich bin ein Bibliotheksmensch. Das habe ich nie so stark bemerkt wie während meines Aufenthalts in der *Ecole française* von Rom. Die unverheirateten Mitglieder wohnten damals noch in der Schule, im obersten Stock der Villa Farnesina. Mein Zimmer war von der Bibliothek eingeschlossen, so daß ich zu jeder Tages- und Nachtzeit sofort zwischen den Regalen sein konnte. Diese Freude an Bibliotheken habe ich in der *Ecole normale* kennengelernt. Es ist ein unvergeßliches Glück, im Alter von zwanzig Jahren eine große Bibliothek zur Verfügung zu haben, die nicht nur viele Bücher hat, sondern auch eine geistige Geschichte birgt.

Nach einer Vorbereitung, die zwar nicht eben vorbildlich gewesen war, es mir aber sicherlich ermöglicht hätte, die Prüfung zu bestehen, war ich gerade recht lustlos dabei, die Agregation zu machen, als das Wunder geschah: Die Jury der Agregation in Geschichte wurde nicht nur verändert, sondern erlebte die wahrscheinlich wichtigste Revolution ihrer Geschichte. Man berief die Meister der Schule der *Annales*, zuerst Fernand Braudel als Vorsitzenden, dann Maurice Lombard für die Geschichte des Mittelalters. Ich hatte die *Annales* gelesen und war begeistert gewesen, ohne dabei den Schock zu empfinden, den mir der Kontakt mit den Personen versetzte.

Mit einem Mal verschwindet der Staub der Sorbonne, er verfliegt. Es bläst ein frischer Wind. Mit Fernand Braudel reisen wir ans Mittelmeer, aber ebenso über den Atlantik; mit Maurice Lombard folgen wir den großen Karawanenwagen, wir gehen auf der Seidenstraße bis nach China. Wir können vom Geschehen auf der Ile-de-France nicht sprechen, ohne an das Geschehen in Byzanz oder im mongolischen Reich zu denken. So daß dieses Agregationsjahr, von dem alle Welt behauptet, es sei das mühsamste und langweiligste, für mich ein Jahr der Begeisterung war.

Ich hatte nichts mit Lucien Febvre zu tun, der in jenem Jahr eine Vorlesung im *Collège de France* hielt, die völlig außerhalb unseres Interesses lag, und nachdem ich die Agregation hinter mir hatte, verlor ich mehrere Jahre den Kontakt zur Schule der *Annales*. Ich begann eine banale Universitätskarriere, die mich für ein Jahr in das Gymnasium von Amiens verschlug. Dort traf ich einen guten Freund wieder, Pierre Jeanin, einen bemerkenswerten Historiker; ich machte die Bekanntschaft von so hervorragenden Kollegen wie Gilles Deleuze, dessen kritischen Humor ich nicht vergessen habe, als er den Schdanow-Bericht kommentierte, den einer unserer kommunistischen Kollegen beflissen vorlas. Soviel Vergnügen mir die Erfahrung des Gymnasiallehrers auch bereitete, so sehr wünschte ich doch, daß sie so kurz wie möglich sei. Ich fühlte in mir eine aufkeimende Berufung zum Forscher, und es war klar, daß dies nicht der Rahmen war, in dem sie sich entfalten konnte. Ich erhielt die Erlaubnis, ein Jahr in Oxford zu verbringen. Ich wollte schon immer über die Universitäten arbeiten. Und ich begann, ein Problem zu erkennen: den Auftritt der »Geistesarbeiter« im Mittelalter. Ich wollte nach Oxford gehen, um Englisch zu lernen, das ich sehr schlecht sprach, woran sich leider nicht viel geändert hat. Das Jahr in Oxford entpuppte sich jedoch als höchst unergiebig: Ich reagierte allergisch auf Oxford. Ich fand dort eine Welt, die derjenigen, die ich an der Sorbonne nicht gemocht hatte, sehr ähnlich war. Außerdem lernte ich dort zum erstenmal einen Zustand kennen, der in meiner Karriere eine große Rolle gespielt hat: ich arbeite nicht gern als isolierter Forscher. Wichtig für mich ist nicht nur die Lehrtätigkeit, ich fühle mich auch nur in einem gewissen Klima kollektiver Arbeit wohl. In Oxford erkannte ich mich weder in der Arbeit der herrschenden Geschichtswissenschaft noch in der Organisation des College wieder, in dem ich mich befand. Kurz, ich machte dort meine *terra aliena*, wie man im Mittelalter sagte, um den Aufenthalt in der Fremde zu bezeichnen. Ich bewundere die Engländer, es sind die fremdesten Fremden, denen ich auf den vier Kontinenten, die ich besuchte, je begegnet bin.

Völliger Kontrast. Wieder war mir ein glückliches Jahr beschieden, in der *Ecole française* von Rom, deren Tore sich mir dank herzlicher Beziehungen zwischen Maurice Lombard und Lucien Febvre öffneten, dem ich bisher noch nicht persönlich begegnet war. Dort lernte ich wirklich den Umgang mit den Quellen, den Büchern, den Manuskripten. Dort entdeckte ich die Lust an den Bibliotheken. In der *Vaticana*, der *Lorenziana* von Florenz, der *Antoniana* von Padua. Und gering achtete ich gewiß auch nicht das Glück, an diesem eminenten »Ort des Gedächtnisses«, in der Villa Farnesina, inmitten jenes anderen riesigen und herrlichen Orts des Gedächtnisses, der Stadt Rom, sein zu können. Es war das einzige Mal in meinem Leben, daß ich, wenn ich eine Stätte verließ, das Gefühl hatte zu verstehen, was der maurische König Boabdil empfunden haben mochte, als er die Stadt Granada betrachtete, von der er Abschied nahm. Ich weiß, daß man heute derartige Institutionen auf Grund ihres Luxus und wegen der beträchtlichen Mittel, die sie für nur wenige Personen bereitstellen, gerne kritisiert. Ich dagegen glaube, meiner Er-

147

fahrung vertrauend, daß es eine unserer Chancen, eine unserer Stärken ist, mit einer Institution wie der *Ecole française* von Rom über eine Stätte der Arbeit an der Geschichte im Herzen der Geschichte selbst verfügen zu können, wenn sie sich, wie es hier der Fall ist, der nahen und fernen Außenwelt öffnet.

Michel Mollat, Professor an der Universität von Lille, der in Rom auf der Durchreise war, hatte mir freundlicherweise vorgeschlagen, sein Assistent zu werden. Die Stelle wurde nicht rechtzeitig geschaffen, und man bewilligte mir ein Jahr als Forschungsbeauftragter am *C.N.R.S.*, was eine große Vergünstigung hätte sein müssen. Es war ein sehr trübseliges Jahr, in dem ich verifizieren konnte, was ich schon in Oxford empfunden hatte: wenn die Lehre ohne Forschung frustrierend ist, so ist die Forschung ohne Lehre schauerlich. Ich wurde nachhaltig in der Idee bestärkt, daß die rein individuelle Arbeit, wie man sie damals in den Geisteswissenschaften am *C.N.R.S.* praktizierte, eine antiquierte und verhängnisvolle Verfahrensweise war. Noch deutlicher wurde mir dies in dem Maße, wie ich die Gruppenarbeit, so wie man sie in der 6. Sektion der *Ecole pratique des hautes études* predigte und praktizierte, kennenlernte. Aber einigen wir uns über den Begriff der individuellen Arbeit. Die Formel, zu der ich gekommen bin, als ich später meine Meinung zu diesem Thema abzugeben hatte, lautet: Die Bedeutung und Notwendigkeit der individuellen Arbeit ist anzuerkennen, aber die isolierte Arbeit muß vermieden werden. Ich persönlich jedenfalls habe sie als ein Unglück empfunden.

Der Eintritt in die geisteswissenschaftliche Fakultät von Lille war mir also höchst angenehm. Mein Vorgesetzter Michel Mollat entpuppte sich sachlich wie menschlich als ein Glücksfall. Michel Mollat ist der liberalste Universitätsangehörige, dem ich je begegnet bin, und da so etwas selten genug vorkommt, verdient es, hervorgehoben zu werden. Wenn nicht die Ideologie, so ist es das Temperament, das viele Universitätsangehörige hindert, wirklich liberal zu sein. Und abgesehen von diesem von Rücksicht auf andere getragenen Liberalismus ist Michel Mollat ein sehr vielseitiger Historiker. Als verkappter Marineoffizier interessiert er sich ebenso für die Geschichte der Navigation wie für Wirtschafts- und Sozialgeschichte, für die Geschichte der Armen und die Religionsgeschichte, wobei sein für alles und jedes offener christlicher Eifer seine Sensibilität nährt, ohne seine wissenschaftliche Strenge und seinen kritischen Verstand einzuschränken. Seine Vielseitigkeit bestärkte mich in der Überzeugung, daß es nötig ist, die verschiedenen Aspekte einer Periode über die universitären Etiketten hinaus ernstzunehmen.

Andererseits traf ich in Lille in meinem Kollegen Marcel Gillet einen überaus tüchtigen Menschen, der einer meiner guten Freunde geblieben ist. Er wurde zur gleichen Zeit wie ich zum Assistenten ernannt, um moderne und zeitgenössische Geschichte zu lehren. Er ist – und das wird nicht oft genug gesagt, was sicher auch an seiner übergroßen Bescheidenheit liegt – einer unserer besten Wirtschaftshistoriker geworden. Mich beeindruckte sein starkes Engagement für die Geschichte der Arbeiterklasse ebenso wie sein Gespür für die Welt der Bergleute im Norden. Er lehrte mich die Freundschaft dort, wo man sie nicht immer zu erkennen versteht: im Dienst der Studenten. Und es gab wunderbare Studenten, die mich erfahren ließen, wie bereichernd die Lehrtätigkeit sein kann. Dank Michel Mollats Weltoffenheit war es uns möglich, den Studenten im Rahmen des Unterrichtsplans Themen, Problemstellungen und Methoden vorzuschlagen, die sie aus der traditionellen Routine herausrissen und ihnen das ersparten, was ich selbst an der Sorbonne durchgemacht hatte. Nicht immer darf man die Strukturen anklagen und die Menschen, die sich ihnen anbequemen, entschuldigen. Auch die Universitätsangehörigen beflügeln oder ruinieren die Universitäten.

Stets gab es in mir einen verdrängten Militanten. Ich hatte zwar immer weniger Lust, Politik im eigentlichen Sinn zu machen, aber mir schien, daß der Historiker auch ein Staatsbürger sein müsse und daß ein Staatsbürger sich in gewisser Weise engagieren müsse. Eine schwierige Sache. Wir befanden uns nämlich in dem kläglichen Spiel der Vierten Republik; die Kommunistische Partei versank im stalinistischen Immobilismus, und die *S.F.I.O.* befand sich in der Phase des politischen Niedergangs – wo, von Lille aus, das heißt aus der Nähe gesehen, der »Molletismus« höchst abstoßend wirkte. Ich habe mich also mit der Gewerkschaftsarbeit »begnügt«. Obwohl stark kommunistisch gefärbt, war der *N.N.E.Sup* in Lille eine offene Stätte. Dort trafen sich Kollegen unterschiedlichster Gesinnung, deren wahrer Zusammenhalt im Grunde genommen die Laizität war. Dort erlebte ich den politischen Schock von 1956: eine schreckliche Prüfung. Im nachhinein bereue ich ein wenig, daß ich versucht war, zwischen der sowjetischen Intervention in Budapest und der erbärmlichen Suez-Expedition eine gewisse Parallele zu ziehen. Das bestätigte mir, wie schwierig es war, sich politisch zu engagieren. Die Sektion des *S.N.E.Sup* und ich als ihr Sekretär konnten uns nur dadurch aus der Affäre ziehen, daß wir unsere Aktivitäten dämpften.

1958 stehe ich an einem Wendepunkt meiner Karriere. Michel Mollat wird an die Sorbonne berufen. Ich bin außerstande, seinen Platz einzunehmen, da ich meine *thèse* noch nicht eingereicht hatte. In all diesen Lehrjahren – Amiens, Oxford, Rom, *C.N.R.S.* – hatte ich eine sehr große Freiheit genossen. Da mein Lehrer Charles-Edmond Perrin mich nicht drängte, hatte ich es nicht eilig gehabt, das Thema der *thèse* vorzulegen. Ich hatte sehr viel gelesen, und zwar mehr und mehr auch Werke aus dem Mittelalter selbst. Ich hatte mich bemüht, ein gründliches Wissen und eine wirkliche Vertrautheit mit der gesamten Geschichte des Mittelalters zu erwerben; insbesondere interessierte mich die Periode vom 11. bis 13. Jahrhundert, die für den Historiker aufgrund der Gleichzeitigkeit von stabilen Strukturen einerseits und großem Aufschwung andererseits so fesselnd ist. Schließlich hatte ich als

Thema meiner *thèse* die intellektuelle Arbeit an den städtischen Schulen und den Universitäten im 12. und 13. Jahrhundert vorgelegt, das ich zu »Die Ideen und Verhaltensweisen
gegenüber der Arbeit im Mittelalter« erweitert hatte. Ich war
mir jedoch über meine Formulierung in Zweifel, ja sogar über
meine Lust, überhaupt eine *thèse d'État* zu schreiben. In Lille
hatte ich mich vor allem meiner Lehrtätigkeit gewidmet. Und
ich hatte zwei kleine Bücher auf Bestellung geschrieben. Einen Band der Reihe *Que sais-je?* über die Kaufleute und Bankiers im Mittelalter*, in dem ich mein Möglichstes getan
hatte, fremdsprachige, besonders italienische Arbeiten sowie
Aufsätze der *Annales* einzubeziehen, die damals noch wenig
bekannt waren, und die Religion, die Kultur und die Mentalität der Kaufleute zu skizzieren. Außerdem ein persönlicheres
Buch, um das Michel Chodkiewicz mich für die Reihe *Petite
Planète*, die er bei du Seuil herausgab, gebeten hatte: *Les Intellectuels au Moyen Age.*** Ich schrieb es mit großem Vergnügen. Dort konnte ich explizieren, was mich an den Beziehungen zwischen dem Phänomen der Stadt und der Welt der
Schulen sowie an den Veränderungen der Vorstellung von
der intellektuellen Arbeit interessierte. Ich glaube, dies Buch
ist mein erstes Werk gewesen.

Doch das alles hat mich nicht in die Lage versetzt, die
Nachfolge Michel Mollats anzutreten. Seinem designierten
Nachfolger ging nun aber der Ruf eines schwierigen Mannes
voraus. Ich mußte eine Entscheidung treffen. Ich hatte keine
Lust, zum *C.N.R.S.* zurückzukehren, noch weniger ins Gymnasium. Ich dachte an die 6. Sektion der *Hautes études*, zu der
ich seit der Agregation praktisch keine Verbindung mehr unterhielt. Ich suchte Maurice Lombard auf, er war der Mediävist der Gruppe und stand mir am nächsten. Meine Freude
war beträchtlich, als er mir sagte, er habe gleich nach meiner
Agregation auf diesen Besuch gehofft, jedoch gemeint, daß

---

* dt.: *Kaufleute und Bankiers im Mittelalter*, Frankfurt 1989.
** dt.: *Die Intellektuellen im Mittelalter*, Stuttgart 1987.

ich eine normale Universitätskarriere anstrebte, und meine Entscheidungen nicht beeinflussen wollen – die Zurückhaltung dieses Mannes ging in der Tat so weit, daß ihm schien, er übe Druck auf jemanden aus, wenn er ihm einen Posten vorschlug. »Ich werde sofort mit Fernand Braudel darüber sprechen«, sagte er zu mir, »und ich glaube nicht, daß es Schwierigkeiten geben wird.«

Ganz so einfach war es nicht gewesen. Wie ich später erfuhr, war Fernand Braudel vor mir gewarnt worden. Unter dem freundschaftlichen Druck von Maurice Lombard und Rugiero Romano, die meine Sache vertraten, willigte er schließlich ein, *Les Intellectuels au Moyen Age* zu lesen. Er streckte die Waffen und rief mich später zu sich: »Im Moment kann ich Ihnen nur den Posten eines Tutors anbieten, aber demnächst werden Assistentenstellen geschaffen, so daß Sie bald eine Studienleitung bekommen.« Nach Ablauf zweier Jahre bin ich schließlich Studienleiter geworden.

An die 6. Sektion hatte ich deshalb nicht gedacht, weil ich ganz einfach meinte, es handele sich um ein Gelobtes Land, Leuten vorbehalten, die über Qualitäten verfügten, die ich nicht besaß. Ich fühlte mich ihrer nicht würdig. Mir war nun also die Freude beschieden, das Gelobte Land zu betreten, und die Freude wuchs, als ich entdeckte, daß man dort noch glücklicher war, als ich es mir vorgestellt hatte. Das Glück läßt sich in zwei Worten zusammenfassen: Freiheit der Forschung und intellektueller Gedankenaustausch. Und bald auch neue Freundschaften, vor allem mit den jungen Historikern, die sich uns anschlossen. Fernand Braudel hatte mir sogleich geraten, ein Seminar zu beginnen. Wir hielten es zu zweit ab, Robert Philippe und ich. Wir hatten im übrigen einander ergänzende Interessen. Robert Philippe arbeitete über die technologische Ausrüstung des Mittelalters, was meiner eigenen Forschung über die geistige Entwicklung derselben Zeit durchaus entgegenkam. Wir waren wenige, etwa ein Dutzend, darunter bereits einige Ausländer. Hier fand ich sofort große Bereicherung durch die Diskussion und die Vielfalt der Anschauungen. Um so mehr, als Braudel mich gleichzeitig auf einen Weg drängte, der eines der Kennzeichen der *Annales* und eine der Chancen der 6. Sektion war: die Öffnung zum Ausland. Er machte mich mit Kollegen diverser Länder bekannt, er gab mir Arbeiten unterschiedlichster Provenienz zu lesen. Er schickte mich nach Italien, nach Deutschland, nach Polen.

1960 wird Fernand Braudel auf dem Internationalen Kongreß für Wirtschaftsgeschichte in Stockholm zum Präsidenten der Vereinigung gewählt. Er verlangt, daß man mich zum Generalsekretär der Kommission ernenne, um neben und mit ihm zu arbeiten. Das verhalf mir zu einer wirklich engen wissenschaftlichen Zusammenarbeit mit Braudel – ich arbeitete einen Nachmittag pro Woche mit ihm – und ermöglichte mir gleichzeitig, mich ein wenig in Wirtschaftsgeschichte zu bilden und auch hier einige bedeutende ausländische Historiker kennenzulernen.

Bei all diesen Kontakten nimmt die Begegnung mit Polen einen besonderen Platz ein. Braudel hatte sich nach dem »Tauwetter« dorthin begeben und die großartige Idee gehabt, mit dem Institut für Geschichte an der polnischen Akademie ein Austauschabkommen zu unterzeichnen, das auf beiden Seiten eine wichtige Rolle gespielt hat: die *Annales* hatten für die historische Schule in Polen die Funktion einer Lunge, sie halfen ihr, Unabhängigkeit zu bewahren, und die Polen haben uns viel beigebracht, insbesondere auf dem Gebiet der Archäologie. Jedenfalls war dieses Austauschabkommen für mich sehr folgenreich, denn ich habe mich nicht nur, wie vor mir schon viele andere, in Polen verliebt – ich bin dort auch meiner Frau begegnet und habe dort geheiratet.

Außer diesem persönlichen Glück lernte ich in Polen ein wunderbares Volk kennen und fand Freunde. Fernand Braudel hatte mich einem Wirtschaftshistoriker empfohlen, der etwas älter war als ich und im Westen bereits bekannt war: Witold Kula, einer der scharfsichtigsten Historiker, denen zu begegnen mir beschieden war, und fast (ich denke an Pierre

153

Vilar) der einzige intelligente marxistische Historiker, den ich kennenlernte. Kula war wirklich und aus tiefer Überzeugung Marxist, er hatte sich von Marx, vom besten Marx inspirieren lassen, von demjenigen, den man »interdisziplinär« vor der Zeit nennen könnte. Nichtsdestoweniger setzte er sich über die Orthodoxie hinweg und entwarf zwanglos sein Modell des Feudalismus in Polen. Gleichzeitig stieß ich durch Zufall auf einen jungen Kollegen, mit dem ich sofort sympathisierte: Bronislaw Geremek. Es war üblich, daß jedem ausländischen Universitätsangehörigen, der zu Besuch kam, ein »Pilot« beigeordnet wurde, d. h. ein(e) junge(r) Assistent(in), der (die) ihn informieren, eventuell beraten und ihm falsche Schritte ersparen sollte. Mir hat man Geremek zugeordnet. Er war Marxist, Mitglied der Kommunistischen Partei und Präsident der kommunistischen Studenten Polens gewesen. Er verhehlte es nicht, doch gleichzeitig verblüffte er mich durch seine Hellsicht und die Freiheitlichkeit seiner Ansichten. Er war der erste, der mir die Situation des Landes zu Bewußtsein brachte. Während er gleich zu Anfang sagte, daß es in absehbarer Zeit unmöglich sei, an ein wirklich unabhängiges Polen zu denken, lieferte er mir eine tiefschürfende und ungeschminkte Analyse eines Regimes, an dem er angesichts der Verstrickung Gomulkas zu zweifeln begann. Witold Kula und Bronislaw Gemerek waren für mich Beispiele für eine geglückte Verarbeitung des Marxismus. Für diejenigen, die es verstanden haben, sich dem Abgleiten in den Totalitarismus, angefangen mit dem intellektuellen Totalitarismus, zu entziehen, war der Marxismus angesichts bestimmter überholter, sagen wir positivistischer Traditionen des 19. Jahrhunderts befreiend gewesen. Sie sind meine besten polnischen Freunde geworden. Sie waren im übrigen meine Trauzeugen in Warschau. An ihrer Seite durchlebte ich auch schmerzliche Augenblicke. Im September 1968 war ich in Warschau. Geremek hatte nach dem Einmarsch der sowjetischen Truppen in die Tschechoslowakei seinen Parteiausweis zurückgegeben. Er rief mich sehr früh am Morgen an und bat mich, ihm den Tag zu widmen. Ich habe ihn begleitet. Nie werde ich die Qual vergessen, die diese Geste des endgültigen Verzichts auf eine große Hoffnung einem Mann wie ihm bereitete.

Nach und nach, ohne daß ich eine formelle Entscheidung traf, fühlte ich mich bewogen, die *thèse* an den Nagel zu hängen. Nicht das Schreiben und das Buch. Im Gegenteil: Um bessere Bücher zu schreiben, habe ich die *thèse* fallengelassen. Die Art und Weise, wie man seine Kräfte und Leidenschaften für ein angebliches »Meisterwerk« verbrauchte, das häufig von unnützer Gelehrsamkeit strotzt, ließ mich immer skeptischer werden, obwohl ich das bestmögliche Beispiel einer *thèse* vor Augen hatte: die von Fernand Braudel. Mir scheint jedoch, daß Braudel damit eine Phase der Schule der *Annales* abschloß, die noch den alten Traditionen und den alten Universitätsstrukturen verhaftet war. Marc Bloch hatte keine wirkliche *thèse* gemacht, was allerdings am Krieg von 1914 bis 1918 lag. Lucien Febvre war so klug gewesen, eine rein strategische *thèse* zu schreiben, die zwar ein gutes Buch ist, aber nicht zu seinen großen Büchern gehört. Braudel ist jedenfalls ein völlig paradoxer Fall: der Fall eines Mannes, der mehr getan hat als jeder andere, um die historische Forschung dem Rahmen der traditionellen Universität zu entreißen, und der gleichzeitig das Meisterwerk der großen traditionellen *thèse* geschrieben hat. Aber damit schloß er eher etwas ab, als daß er uns ein Beispiel gab. Ich bin ihm nicht gefolgt, und ich war nicht der einzige. Eines Tages habe ich zur Kenntnis genommen, daß es mir unmöglich geworden war, eine *thèse* zu machen, so wie man eine veraltete Tradition oder ein obsolet gewordenes Ritual abstreift.

Ich konnte das Material, das ich angehäuft hatte, sehr viel besser für jene Überblicksdarstellungen nutzen, die mein Freund Claude Mettra und der Herausgeber der Buchreihe, Raymond Bloch, mich 1960 zu schreiben gebeten hatten. Ich war knapp vierzig Jahre alt, ich kam ins Alter der Reife, ich hatte viel gelesen und viel nachgedacht, es war für mich eine gute Gelegenheit, meine Ideen ins reine zu bringen, indem ich eine globale Annäherung an das mittelalterliche Abendland vorschlug. Ich konnte auf all jene Dokumente zurückgreifen, insbesondere die literarischen, die ich seit Jahren wenn irgend möglich in der Originalsprache gelesen hatte: natürlich Französisch, aber auch Englisch, Deutsch, Italienisch, Spanisch. Einer der Vorteile der Reihe bestand darin, daß ich mich einer ausgedehnten Ikonographie bedienen konnte. Zu neun Zehnteln habe ich sie selbst realisiert, einschließlich der Legenden, wobei ich darauf achtete, daß die Ikonographie ein möglichst unmittelbares Bild der mittelalterlichen Gesellschaft zeigt. Die Abbildungen waren Quellen, nicht Illustrationen. Ich habe versucht, ein kontrastreiches Bild der Christenheit zu geben: eine Welt der Gewalt und des Archaismus, aber gleichzeitig eine Welt großer Kreativität und mächtigen Aufschwungs, denn hier, gegen Ende des 10. bis zum Anfang des 13. Jahrhunderts, entscheidet sich das Schicksal des Abendlands. Es gerät in Bewegung, während der Ferne Osten, Indien, die islamische Welt zum Stillstand tendieren.

Zwei Dinge lagen mir am Herzen, als ich dieses Buch schrieb: zunächst die Überwindung der Schematik von Basis und Überbau, sodann die Bedeutung, die der Geschichte des Denkens und Fühlens zukommt. Der Marxismus hatte einen bestimmten Einfluß auf mich gehabt, noch heute verleugne ich ihn nicht. Aber seit jeher widerstrebte mir die Trennung von Basis und Überbau. Ich sah darin genau die Art von Dichotomie, die das Verständnis der Geschichte blockierte. Daher wollte ich ein Beispiel der Annäherung an eine Periode und eine Gesellschaft geben, die über diese Trennung hinausgeht. Dies ist insbesondere der Sinn des Teils, dem ich die Überschrift »Structures spatio-temporelles« gab. Das Funktionieren einer Gesellschaft schreibt sich in Raum und Zeit ein, in einen Raum und eine Zeit, die miteinander verbunden sind, und wir trennen sie künstlich, wenn wir sie als materielle Gegebenheiten und faßliche Elemente beschreiben. Ich habe mich bemüht, dies Ineinandergreifen der unterschiedlichen Zeiten und Räume symphonisch hervorzuheben. Andererseits habe ich – wie ich glaube als einer der ersten – dem Denken und Fühlen große Bedeutung beigemessen, in dem Teil, der die Überschrift »Sensibilités et mentalités« trägt. Zu meinem großen Bedauern mußte ich allerdings die Hälfte dieses letzten Teils opfern, da das Buch sonst zu umfangreich geworden wäre. So sehr ich Maurice Lombard und Fernand Braudel für all das verpflichtet bin, was die Idee der Zeit und des Raums angeht, so sehr ich im Hinblick auf die Gesellschaft in der Nachfolge Marc Blochs stehe, so meine ich doch, daß ich, was die Historiographie des Denkens und Fühlens betrifft, Neuland betrat, trotz allem, was ich Lucien Febvre und vor allem den außergewöhnlich fruchtbaren Seiten über die »Formen des Fühlens und Denkens« in Marc Blochs Werk *La Société féodale* schulden mochte.

Ich erwähnte den Einfluß des Marxismus. Geblieben ist mir in dieser Beziehung, abgesehen von der unabdingbaren Forderung nach Rationalität, der Wille zur interdisziplinären Arbeit. Man treibt Geschichte nicht allein mit dem Gepäck des Historikers. Es bedarf auch der Soziologie, der Politischen Ökonomie und jener anderen Gesellschaftswissenschaften, die sich seit Marx entwickelt haben. Und ich glaube weiterhin an die Bedeutung des Konflikts zwischen verschiedenen Gesellschaftsgruppen auf kultureller Ebene – ebensosehr, wenn nicht noch mehr als auf materieller und politischer Ebene, ohne diese Konflikte zum einzigen Motor der Geschichte erklären zu wollen. Dieser Forderung nach einer Öffnung und Erweiterung füge ich jedoch hinzu, daß der Marxismus sich mir in zwei Arten von Lehren darstellt, die, als ich *La Civilisation de l'Occident médiéval* schrieb, wesentliche Analyseinstrumente zu liefern begannen: es waren die französische Schule der Anthropologie von Marcel Mauss bis Claude Lévi-Strauss sowie der Komparatismus von Georges Dumézil. Ein Aufsatz wie derjenige, den Mauss den Körpertechniken gewidmet hat, ist für mich eine Offenbarung gewesen; er führte einen Gegenstand, der bisher außerhalb der Geschichte zu liegen schien, in die Kultur und damit in die Geschichte ein. Dazu kam der höchst aufschlußreiche Begriff der Technik, des Systems, der es ermöglichte, zur Rationalität des Phänomens vorzustoßen. Diese Theorie setzte Lévi-Strauss in hervorragender Weise fort, indem er eine Methode zur Lektüre und Erklärung von Texten, einschließlich nicht-schriftlicher Texte wie der Riten entwickelte, die aufgrund der Aufmerksamkeit, die sie dem Detail, den Gegensätzen und allen anderen signifikanten Elementen schenkt, von unvergleichlicher Effizienz ist. Dumézils Leistung liegt auf einem anderen Gebiet, für den Mediävisten ist sein Beitrag ein ganz unmittelbarer. Mit der dem indogermanischen Denken zugrunde liegenden strukturellen Dreiteilung, die er ans Licht brachte, ermöglichte er es mir, eine Organisation wiederzufinden, die offensichtlich bewußt und unbewußt eine wichtige Rolle in der Kultur und der Gesellschaft des Mittelalters gespielt hat. Mehr noch, als erster legte Dumézil den Grundstein zu einer wirklich wissenschaftlichen komparativen Methode. Bislang war der Komparatismus in Ermangelung einer Problemstellung und solider begrifflicher Werkzeuge ein frommer Wunsch geblieben; häufig zeitigte er jämmerliche Ergebnisse. Dumézil hat uns den Weg gewiesen, der zu einem strengen Komparatismus führen könnte. Viel Arbeit wird nötig sein, ihn zu festigen. Ich selbst werde das Gelobte Land wohl nicht erreichen, aber ich hoffe, daß die jungen Historiker es schaffen können. Die Parole einer globalen oder einer totalen Geschichte ist nützlich und notwendig gewesen, und wir müssen diesen Horizont im Auge behalten. Aber ich frage, ob es nicht lohnender wäre, mit einer wirklich vergleichenden Geschichte zu beginnen, nicht um zu einer globalen, sondern zu einer – wie ich Foucault einige Monate vor seinem Tod sagen hörte – *allgemeinen* Geschichte zu gelangen.

Die politische Arbeit, das sagte ich schon mehrfach, war mir ein Bedürfnis. Im Laufe der Jahre der Eingewöhnung in die

6. Sektion, die gleichsam das Ende meiner bislang vollzogenen Übergangsriten markierte, bot sich mir noch einmal die Gelegenheit, jenem Bedürfnis nachzugeben: ein weiterer, letzter Übergangsritus. Gelegenheit dazu erhielt ich durch die Gründung des *P.S.A.*, der *Autonomen Sozialistischen Partei*, im Jahre 1958, aus der rasch die *Vereinigte Sozialistische Partei, P.S.U.*, wurde. Ich beabsichtige, lediglich an der Basis tätig zu sein. Obwohl ich in politischen Organisationen mittlerweile einige Erfahrungen gesammelt hatte, war ich entschlossen, keinen verantwortlichen Posten anzunehmen. Diese kleine Partei war insofern ungewöhnlich, als es ihr gelungen war, Menschen sehr unterschiedlicher Auffassungen zusammenzubringen. Es gab Trotzkisten, ehemalige Kommunisten, der *S.F.I.O.* überdrüssige ehemalige Sozialisten, Anarchisten und sogar wirklich Unpolitische, die aus Unabhängigkeitsdrang gekommen waren. In meiner Zelle in Issy-les-Moulineaux lernte ich wenn nicht gerade den Rausch, so doch die Erregung einer hitzigen Debatte in einer zwanzigköpfigen Gruppe mit Anträgen und Gegenanträgen kennen. Nachts klebte ich Plakate. Unser großes Problem waren gemeinsame Aktionen mit der *S.F.I.O.* oder der *P.C.* Im allgemeinen war die Antwort negativ. Daß wir in dieser Gruppe waren, lag daran, daß wir nicht in der *S.F.I.O.* sein wollten, und die meisten von uns hatten aus unterschiedlichen Gründen ziemlich schlechte Erfahrungen mit der Kommunistischen Partei gemacht.

Ende 1962 habe ich aufgehört, politisch zu arbeiten. Aus rein persönlichen Gründen: ich hatte geheiratet. Meine Frau kam aus Polen nach Frankreich, und ich schuldete ihr – ein großes Glück – einen Gutteil meiner Zeit. Aber noch etwas anderes spielte eine Rolle. Ich war in die *P.S.U.* eingetreten, weil ich, ohne mir Illusionen über die Zukunft dieser Partei zu machen, dachte, daß sie der Ort einer Modernisierung und Wiederbelebung der französischen Linken sein könnte. Sie war es nicht – auch wenn mittelfristig ihre Rolle nicht ganz belanglos war, und sei es nur insofern, als sie einen Michel

Rocard prägte. Als kritische Kraft spielte sie eine ehrenvolle Rolle, verlor sich jedoch in inneren Zwistigkeiten und versank im politischen Irrealismus. In ihr durchlebte ich die letzte Phase des Algerienkriegs. Ich hatte nicht erst der *P.S.U.* beitreten müssen, um mich für die Sache der Entkolonialisierung einzusetzen. Aber es stimmt, daß auch das Ende des Kriegs und die Unabhängigkeit Algeriens dazu beitrugen, daß ich die politische Arbeit aufgab.

In der *P.S.U.* trieben wir mehr oder weniger reine, abstrakte Politik. Ihre Kleinheit, ihr geringer Einfluß schützten die Partei vor Ambitionen. Es lag auf der Hand, daß sie nicht so bald an die Macht kommen würde. Ich hege noch immer Sympathie für die Leute, denen ich dort begegnet bin. Ihre Selbstlosigkeit, ihre Aufopferung für den Fortschritt haben mich bereichert.

Heute gibt es nur noch zwei Dinge, für die zu kämpfen ich bereit bin – freilich tue ich es nur auf sehr bescheidene Weise: für die Menschenrechte und für Europa. Die Ereignisse in Polen haben mich natürlich ganz besonders – dank meiner Frau und meinen polnischen Freunden – für die Menschenrechte sensibilisiert. Und allmählich bin ich schließlich ein überzeugter Europäer geworden. Lange Zeit hatte ich mir ein abstoßendes Bild von Europa gemacht, da ich es mit der christdemokratischen Strömung der fünfziger Jahre identifizierte, dem Europa der Adenauer, Schumann, De Gasperi. Dieses vatikanische Europa war für mich nicht sehr reizvoll. Nur langsam begriff ich, daß es eine der wenigen großen politischen Ideen war, die außerhalb eines konfessionellen Europas in die Tat umzusetzen sich lohnte.

Ich bin ein entschiedener Europäer geworden. Ich verstehe sehr gut, daß man schrittweise vorgehen muß. Die Veränderung ist so beträchtlich, daß auch ein Historiker verstehen muß, daß es notwendig ist, behutsam voranzuschreiten. Und es ist klar, daß zuerst die ökonomischen Grundlagen gesichert sein müssen. Aber ich glaube, daß Europa entweder kulturell bestehen wird oder gar nicht.

Meine europäische Überzeugung ist die Überzeugung eines Historikers. Ich glaube, daß die Europäer ein Gedächtnis haben, das hinreichende Gemeinsamkeiten aufweist, um eine Integration über die derzeitigen Nationen Europas hinaus zu ermöglichen. Ich bin von der Vergangenheit nicht umnebelt. Die Geschichte zeugt von ebenso vielen Schöpfungen und Neuerungen wie Kontinuitäten. Aber die großen historischen Phänomene sind desto stärker, je mehr sie in der Zeit wurzeln. Eine Veranschaulichung dessen sehe ich in der kontrastierenden Situation der Länder der sogenannten »Dritten Welt«. Mir scheint, daß die unterentwickelten Länder, die die Chance haben, sich auf große Zivilisationen der Vergangenheit stützen zu können, besser zurechtkommen werden als andere. Asien ist gerettet, las ich kürzlich aus der Feder eines Fachmanns für internationale Politik: demographisch, ökonomisch ist es gerettet. Und ich denke, daß es sich auch kulturell, politisch retten wird, weil es die enormen Ressourcen seiner Vergangenheit wird nutzen können. Anstatt eine Bürde kann die Geschichte auch schöpferisch, befreiend sein. Den Völkern hinter dem Eisernen Vorhang, die zum Europa der lateinischen Christenheit gehört haben, stehen aus dieser Vergangenheit, weit über die Religion hinaus, Ressourcen zur Verfügung, die es ihnen ermöglichen können, heute besser Widerstand zu leisten und morgen besser von neuem zu beginnen. Ihre Geschichte muß auf die Dauer ein Sprungbrett für ihre Befreiung sein. Die Tyrannen von heute werden in den Mülleimern der Geschichte verschwinden.

Ich sagte bereits, was ich Fernand Braudel verdanke. 1969 sollte ich von ihm ein letztes, märchenhaftes Geschenk erhalten. Er beschloß – aus Gründen, die, wie ich betonen möchte, nichts mit den Ereignissen vom Mai 1968 zu tun hatten –, aus der Leitung der *Annales* auszuscheiden und sie uns gemeinsam anzuvertrauen, das heißt Emmanuel Le Roy Ladurie, Marc Ferro und mir. Der Erbe der großen Zeitschrift zu werden, die die Geschichtswissenschaft erneuert hat und noch nach vierzig Jahren die Forschung beeinflußte, war eine Chance, die mir viel bedeutete. Noch heute treffen wir uns einmal im Monat, wenn jeder von uns alle eingegangenen Aufsätze gelesen hat, seien sie bestellt worden oder nicht: eine Verpflichtung, die eine Quelle ständiger Bereicherung ist. Sie zwingt uns, die Epochen und Orte der Geschichte insgesamt zu betrachten, sie reißt uns aus unserer Routine, sie fordert uns auf, uns mit der Art und Weise auseinanderzusetzen, wie man in den Vereinigten Staaten, in Südamerika, in Deutschland, in Italien, fast überall auf der Welt Geschichte begreift und schreibt. Diese unablässige Infragestellung von außen, ebenso wie die Infragestellung unserer eigenen Orientierung, über die wir uns von Zeit zu Zeit Gedanken machen, sind unschätzbare Impulse für meine eigene Praxis als Historiker.

Nach den *Annales* sollte ich, als Fernand Braudel 1972 in den Ruhestand trat, ein noch größeres und schwereres Erbe antreten. Seinem Wunsch gemäß und kraft der Stimmen meiner Kollegen bin ich Präsident der 6. Sektion geworden. Die große Mehrheit meiner Kollegen war der Meinung, daß nur ein Historiker gewählt werden könne. Es wurde also mit meiner Berufung die initiierende Rolle der Geschichtswissenschaft gegenüber den Sozialwissenschaften anerkannt. Aber nicht nur dieses Erbe hatte ich zu verwalten. Die 6. Sektion war ein Organismus geworden, dessen Statuten seiner Größe, zu der ein rasches Wachstum ihm verholfen hatte, nicht mehr angemessen waren, sowohl was die Zahl der Lehrkräfte und Studenten als auch was die Höhe der Forschungsmittel und seine wissenschaftliche wie intellektuelle Rolle betraf. Ich mußte mit den Behörden seine Umwandlung in eine autonome Institution aushandeln. Ich hatte das Glück, in Jean-Pierre Soisson einen aufgeschlossenen Minister zu finden, sowie in Jean-Claude Casanova einen erfolgreichen Berater mehrerer Minister, der uns die Dinge erleichtert hat. Ich glaube, daß wir diese heikle Hürde der Institutionalisierung letztlich gut genommen haben. Wir haben unser Gedächtnis und unsere Originalität bewahrt, indem wir Flexibilität und

Effizienz miteinander verbanden. Die Schule wird geleitet, sie hat die Rechte der Professoren, Lehrer wie Forscher, behalten. In dieser Hinsicht konnten wir die Zersplitterung vermeiden, die zur selben Zeit die Universität erfuhr. Gleichzeitig haben wir uns unsere Anpassungsfähigkeit bewahrt, wir haben uns nicht »universitarisiert«, wenn ich so sagen darf. Dabei habe ich viel über die Rolle und das Funktionieren von Institutionen gelernt und Erfahrungen gesammelt, die meiner historischen Arbeit zugute kamen. Das wird mir heute klar, da ich mich mehr für das Gebiet der herkömmlicherweise so genannten politischen Geschichte interessiere. Das Wissen von der Bedeutung und dem Mechanismus der Institutionen, das ich erworben habe, dient mir hier häufig als Leitfaden. Voll Bitterkeit erlebe ich auch die Trägheit der Behörden angesichts unseres Bedarfs an Lehrräumen und meine Ohnmacht angesichts der Geldgier privater Hausbesitzer.

Die Chance meiner Karriere bestand im Grunde darin, daß ich konkrete Erfahrungen meines Lebens mit wissenschaftlichen und intellektuellen Anstrengungen auf historischem Gebiet in Einklang bringen konnte. Oft klaffen sie auseinander, ich hatte das Glück, sie häufig aufeinander abstimmen zu können.

Ein Bereich, der in dieser Hinsicht ebenfalls wichtig war für mich, ist der der Medien. In gewisser Weise hatte ich mich schon 1962 mit Vermittlungsproblemen beschäftigt, als ich auf Bitten von Pierre Bordas ein Lehrbuch für die vierte Klasse verfaßte. Ich glaube, daß es zu schwierig ist. In dieselbe Kategorie gehört vielleicht die Editionserfahrung, die ich mit Pierre Nora gemacht habe, als er mich 1971 bat, mich an dem Projekt *Faire de l'histoire* zu beteiligen. Die Erarbeitung dieser drei Bände, bei denen es uns darum ging, die Geschichte der *Annales* einem breiteren Publikum nahezubringen, war lehrreich. Es genügte nicht, ein Bild der Disziplin zu zeichnen, so wie sie war; es galt, darüber nachzudenken, was zu werden sie im Begriff war. Aber meine längste und intensivste Erfahrung auf diesem Gebiet sind die *Lundis de l'histoire*, die ich

163

seit 1968 für den Sender *France-Culture* besorge. Das verdanke ich dem Liberalismus von Pierre Sipriot, den die Kluft zwischen unseren intellektuellen Anschauungen nicht daran hinderte, mir vorzuschlagen, ihn abzulösen, als er die Produktion der Sendung nicht mehr fortführen konnte. Bald halfen mir dabei zuerst Denis Richet, später Roger Chartier und Philippe Levillain. Die Sendung spielt eine besondere Rolle; es ist die einzige, die einen Zugang zur Geschichte aufzeigt, den man wohl universitär oder wissenschaftlich nennen muß. Gerade aufgrund dieser Verantwortung ging es uns nie darum, eine Sendung der *Annales* oder der *Ecole des hautes études en sciences sociales* zu machen. Wir sprachen und sprechen über Bücher, die wir für wichtig halten, unabhängig von ihrem Geist oder ihrer Provenienz. Es ist für mich nicht nur eine Nebentätigkeit. Ich wollte Staatsbürger sein, um ein besserer Historiker sein zu können, und es war mir immer darum zu tun, ein Mensch meiner Zeit zu sein, um besser ein Mann der Vergangenheit sein zu können. Ich ergriff diese bescheidene Gelegenheit, mich mit den Bedingungen der Vermittlung und der Kommunikation vertraut zu machen, um zu lernen, was diese Arbeitsformen wirklich bedeuten in einer Welt, in der sie einen so großen Platz einnehmen, und was sich daraus machen läßt. Es gilt zu bewahren. Die Stars werden abtreten, aber auch hier wird die lange Arbeit der Tiefengeschichte ihre Wirkung tun, und über die Profitmacher und Manipulateure der Medien hinaus wird sich der nutzbringende Teil dieser neuen Instrumente des Fortschritts *à la longue durée* erweisen.

Wie steht es heute, 1986, zwanzig Jahre nach *La Civilisation de l'Occident médiéval* um »mein« Mittelalter, wenn ich so sagen darf?

Da gibt es zunächst jene Dimensionen — allen voran vielleicht die anthropologische —, die ich eingehend betrachtet habe, indem ich versuchte, ihre Begrifflichkeiten und Methoden zu präzisieren und zu verfeinern.

Zwei Aspekte der Anthropologie habe ich zu erkunden gesucht: den der materiellen Zivilisation, der freilich stets von der Ideologie und dem Sozialen durchdrungen ist, und den der Kultur. Mit Interesse verfolge ich die Fortschritte der Archäologie und freue mich, daß sie den herkömmlichen chronologischen Schnitt des Jahres 800 überwindet, daß die Ausgrabungen sich nicht auf Denkmäler beschränken, sondern bis zu den Grundmauern der verlassenen Dörfer vordringen, die eine hervorragende Gruppe unserer Schule mit Hilfe der polnischen Archäologen entdeckt hat. Lieber noch untersuchte ich die Kleider- und Essensvorschriften des Mittelalters, vorzugsweise in den Werken des Imaginären, den höfischen Romanen von Chrétien de Troyes, allein oder gemeinsam mit Pierre Vidal-Naquet, der auf so vortreffliche Art im Wald oder an den Gebietsgrenzen den schwarzen Jäger oder den nackten Jäger auszumachen verstand.[2] Fasziniert von Marcel Mauss' berühmtem Aufsatz erforschte ich die Körpertechniken im Mittelalter, aber auch hier wollte ich wissen, was die christliche Ideologie aus dem Körper gemacht hatte, diesem für den Historiker neuen Gegenstand, den Jean-Pierre und Jacques Revel eingekreist haben in *Faire de l'histoire*[3].

Genauer gesagt, ich wollte dazu beitragen, das Territorium des Historikers auszudehnen, indem ich neue Quellentypen heranzog. Neben dem schriftlichen Zeugnis, den Texten, wies ich auf die Bedeutung des gesprochenen Worts und der Geste hin, auf ihre Funktion in der mittelalterlichen Gesellschaft und ihre historische Entwicklung. Unterstützt wurde ich dabei von einem jungen Historiker, dessen Intelligenz und Freundschaft mir seit fünfzehn Jahren sehr wertvoll waren, der jedoch seit langem seine Selbständigkeit errungen und ein bedeutendes eigenes Werk geschaffen hat, auch wenn ich noch heute manchmal die Freude habe, zusammen mit ihm forschen und nachdenken zu können.[4] Damit stand ich nicht allein. Zusammen mit Jean-Claude Schmitt führte ich nicht nur eine Gruppe für historische Anthropologie des mittelalterlichen Abendlands innerhalb des *Centre de recherche historique* an der *Ecole des hautes études* zusammen, diese Richtung fand auch in den *Annales* ihren Niederschlag, wo sich unter den verschwisterten Sozialwissenschaften – mehr als der Soziologie, die in Schulen zerfiel, und der Wirtschaftswissenschaft, die den Reizen des Ökonomismus und der Mathematisierung erlag – die Anthropologie als der beste Gesprächspartner des Historikers herauszustellen schien, der ja immer darauf bedacht ist, über die Barrieren der Disziplinen hinwegzuschauen. Paradoxerweise scheint es gerade die Anthropologie zu sein, für die Braudel sich kaum erwärmen konnte, übrigens auch Lucien Febvre nicht, ja nicht einmal Marc Bloch, abgesehen von *Les Rois thaumaturges* – die beste Veranschaulichung einer Geschichte der sich nur langsam verändernden Strukturen.

In den Predigten treffe ich auf Histörchen, erbauliche Anekdoten, die die erzählende Weltliteratur bevölkern, die Unterhaltungs- und Erbauungsliteratur ebenso wie den indischen *Pachatantra*, die jüdische rabbinische Literatur, *Tausendundeine Nacht* und die berühmten Märchen von Antti Aarne, auch die mittelalterlichen Predigten: die *exempla*.[5] Auf diese Weise gelange ich zur »Volks«kultur. Ich stoße auf die Figur der Melusine, zur gleichen Zeit, da Emmanuel Le Roy Ladurie ihr bei der Wende vom Mittelalter zur Renaissance begegnet. Nach der Analyse einer bestimmten Anzahl von Versionen und deren Entwicklung sehen wir in Melusine eine exemplarische Fee des Feudalismus, »mütterlich und urbarmachend«[6], die, über die Sippe wachend, das große Unternehmen der ländlichen Urbarmachung und der Errichtung von Schlössern und Städten symbolisiert und anregt.

Im Laufe dieser Forschungen hatte ich das Glück, drei hervorragende Ethnologen kennenzulernen, Jean-Michel Guilcher, den scharfen und gelehrten Analytiker des Volkstanzes, Donatien Laurent, den Kelten-Spezialisten, der die Echtheit des *Barzar Breiz* nachweist, und Marie-Louise Tenèze, die mit Intelligenz und Sachverstand den großen Katalog des *Conte populaire français* von Paul Delarue fortsetzt. Dank ihnen fühlte ich mich besser gewappnet, um mit Jean-Claude Schmitt und einer kleinen Forschergruppe das Studium dieser *exempla* in Angriff zu nehmen. Die Lektüre von Propp überzeugte uns davon, daß es einer strukturalen Analyse bedarf, um diese Arbeit zu bewältigen. In unserem Kollegen der *Hautes études*, Claude Brémond, dem Autor der *Logique du récit* (1973), fanden wir den idealen Partner. Ich denke mit Freude an die gemeinsamen Sitzungen zurück, aus denen ein Arbeitsinstrument hervorgehen sollte, ein Faszikel über das *Exemplum*[7]. Demnächst werden einige der großen Sammlungen mittelalterlicher *exempla*, herausgegeben von einigen hochqualifizierten jungen Forschern, erscheinen: eine wahre Fundgrube an Quellen und Zitaten für einen großen Teil der homilitischen und erzählenden Literatur des frühen Mittelalters. Diese Erfahrung läßt mich noch besser als die vorausgegangenen begreifen, wie recht Lucien Febvre und Marc Bloch hatten, als sie zu einer Zeit, in der die isolierte individuelle Arbeit vorherrschte, uns vor Augen führten, wie segensreich die Gruppenarbeit für die Fortschritte der historischen Forschung sein müßte.

Eine Freude wurde mir versagt: Gemeinsam mit Charles Joisten, dem großen Ethnologen, den ich über die drei der oben genannten Freunde kennengelernt hatte, plante ich, eine Sammlung von Märchen aus den Alpen und dem Dauphiné zu veröffentlichen, um die *longue durée* der Folklore zu untersuchen. Während er neuere und zeitgenössische Versionen gesammelt hatte, kannte ich die lateinischen Versionen aus dem beginnenden 13. Jahrhundert. Leider wurde 1981 Charles Joisten im Alter von vierundvierzig Jahren vom Tod dahingerafft. Zu Ehren seines Andenkens konnte ich lediglich Text und Übersetzung der mittelalterlichen Erzählungen veröffentlichen, ohne die modernen Versionen und die Kommentare, die sich einzig mit Hilfe seines Wissens hätten erarbeiten lassen.[8]

Ich werde hier nicht über die schwierige Problematik der »Volks«kultur und -religion sprechen, die zahllose Debatten ausgelöst hat. Angesichts der – zum Teil oft zutreffenden und erhellenden – Kritiken, die mit diesem ebenso vagen wie komplexen Begriff aufräumen wollen, möchte ich lediglich sagen, daß ich es für nötig halte, ihn beizubehalten, um die Bereiche außerhalb der offiziellen Kultur erkunden zu können. Eine Ausgrenzung dieser Bereiche würde die Geschichte der meisten Gesellschaften verstümmeln. Der Begriff der Volkskultur sollte verfeinert und nuanciert und in empirischen Untersuchungen kultureller Praktiken erprobt, das heißt als stets nützliches Werkzeug eingesetzt werden[9].

Unter jenen Entwicklungen, die eine erstarrte Geschichtswissenschaft in den sechziger Jahren wieder in Bewegung zu bringen vermochten, muß insbesondere die Herausbildung der Mentalitätsgeschichte hervorgehoben werden. Georges Duby und Robert Mandrou haben Vorzügliches zu diesem Thema geschrieben. Lucien Febvre hatte das *outillage mental* bei den Historikern heimisch gemacht, und der grundlegende Text zur Geschichte der Mentalitäten bleibt für mich das wunderbare Kapitel aus *La Société féodale* von Marc Bloch (1939–1940): »Façons de sentir et de penser«. Ich erkenne seine Bedeutung, aber auch die Grenzen seiner Anwendbarkeit und Fruchtbarkeit.[10] Er löst das Soziale auf, doch es ist unklar, was er mit der Sensibilität, den Ideen und dem Verhalten zu tun hat, die er nicht zum Verschwinden bringen darf. Ich konstatiere den beträchtlichen und erstaunlich raschen Erfolg dieses Begriffes. Er hat Einzug gehalten in den Geschichtsunterricht am Collège, am Gymnasium, ja sogar in die Schule sowie in die historische Populärliteratur. Die historischen Schulen des Auslands übernehmen ihn von uns, ohne nach einer Entsprechung in ihren eigenen Sprachen zu suchen. Dieser Erfolg freut und beunruhigt mich. Er eröffnet Horizonte, umhüllt die vergeistigte Welt der Ideen mit Fleisch, entdeckt die Geschichte auf der Ebene ihrer gemeinsamen Akteure, kreist den Anteil an Automatismen in der Psychologie und im Verhalten der menschlichen Gesellschaften ein, ruft auf zum Studium der Substitutionen, Verschiebungen, Veränderungen auf der Ebene der sich langsam verändernden Strukturen. Aber er hat auch die Tendenz, die Mentalität zum Wesen der historischen Erklärung zu machen, zum Schlüssel, der die letzte Tür öffnet, zum Zaubermittel, in dem sich alle Strukturen der Geschichte vermischen. Georges Duby hat versucht, den Feudalismus als eine Mentalität zu definieren, und betonte zu Recht, daß er *auch* eine Mentalität, aber nicht *nur* eine Mentalität sei. Heute interessiere ich mich vor allem für den harten Kern der Mentalitäten: die Werte.

Eine Vorlesung, die noch in den sechziger Jahren an der *Ecole normale supérieure* gehalten wurde und die nicht nur künftige Historiker, sondern auch künftige Literaturwissenschaftler und Literaturhistoriker hörten, hat mein Interesse an den Träumen geweckt – so wie sie uns in vielen, oft wunderbaren Texten überliefert sind. Was mich faszinierte, war die Funktion des Traums in der Kultur und der Gesellschaft, vor allem die Träumer. Denn stets habe ich die Menschen den abstrakten Phänomenen vorgezogen, aber der Historiker kann sie nur innerhalb der historischen Systeme fassen und verstehen, in denen sie gelebt haben. Die ganze Geschichte liegt in dieser Dialektik der Strukturen zwischen den Menschen und der Zeit.

So beobachtete ich den großen Kampf des Christentums gegen die Träume, die Unterdrückung der Träumer und schließlich die Rückgewinnung des Traums und die Rechtfertigung der Träume.[11]

Stetig näherte ich mich einer Tiefengeschichte, wie Alphonse Dupront sie mit dem Glanz einer originellen Sprache definierte. Allerdings blieb ich stets am Rand der Psychoanalyse stehen, vor allem aus Inkompetenz und weil mich die Schwierigkeit schreckte, in diesem Bereich vom Individuellen zum Kollektiven überzugehen, und mehr noch der Schaden, den die Jungsche Psychoanalyse bei jungen Forschern anrichtete, auch wenn sie vielleicht, wie mir einige kluge Köpfe versicherten, nur eine Karikatur des wahren Denkens von Jung ist; jedenfalls kann ich mir schlecht vorstellen, wie eine authentische Geschichte Archetypen aufnehmen könnte, jene zeitlosen Luftgebilde im Delirium. Dagegen erscheint mir der Dialog mit der Psychoanalyse ein weit fruchtbareres Unternehmen zu sein.

Letztlich versuchte ich immer, jenem Weg der Geschichte zu folgen, den Michelet in einer Passage des Vorworts von 1869 zu seiner *Histoire de France* beschritt. In dieser Passage, die mich unaufhörlich umtreibt, beklagt er, daß die Geschichte seiner Zeit sowohl »zu wenig materiell« als auch »zu wenig spirituell« sei.

Die Mühe der Erkundung, der ich mich seit *La Civilisation de l'Occident médiéval* unterzogen hatte, ließ mich also dankbar auf Pierre Noras Vorschlag eingehen, einige zwischen 1964 und 1976 erschienene Aufsätze unter dem Titel *Pour un autre Moyen Age** (1977) zu vereinigen.

Im Moment bin ich dabei, meine Forschung in eine neue Richtung zu lenken: Meine Untersuchungen über die »Volks«-Kultur, die Träume, die Mentalitäten, das Verhalten gegenüber der Arbeit und der Zeit haben mich zu der Überzeugung gebracht, daß es ein *langes* Mittelalter gegeben hat, welches von der Spätantike bis zur Industriellen Revolution des 19. Jahrhunderts reiche und in dem bedeutsame Wendepunkte (um das Jahr 1000, um 1200, um 1500, um 1680), die man »Aufschwung des Abendlands«, »Herabsteigen der Werte vom Himmel auf die Erde«, »Verweltlichung der Geschichte«, »Geburt der Idee des Fortschritts« nennen kann, letztlich sekundär bleiben. Insbesondere scheint mir der Begriff der Renaissance, der zu sehr auf den literarischen und künstlerischen Bereich beschränkt ist und zu nachdrücklich von Italien ausgeht, wo die Renaissance, wenn es sie gab, sicherlich schon im 12. Jahrhundert begonnen hat, nicht mehr zutreffend zu sein – selbst wenn richtig ist, daß um 1500 Momente von Modernität festzustellen sind. Freilich weiß ich

---

* Deutsch 1985 unter dem Titel *Für ein anderes Mittelalter* erschienen.

von der Schwierigkeit, mit alten Gewohnheiten der Periodisierung zu brechen, die durch die Lehrpläne von Schulen und Universitäten sowie den allgemeinen Gebrauch sanktioniert sind. Im übrigen reichen mir zehn Jahrhunderte Mittelalter zu meinem Forscherglück. Aber ich glaube nicht mehr an die *Temps modernes.* Gleichzeitig hat sich mein Bild vom Mittelalter ein wenig verändert. Immer noch lehne ich seine Verteufelung ebenso ab wie seine Verherrlichung. Immer noch sehe ich in diesem langen Mittelalter Europas und des Abendlands eine gewalttätige Epoche, bedroht von Hungersnöten, Epidemien und Zweifeln, beherrscht von »Autoritäten« und Hierarchien, in der erst gegen Ende die Freiheit zu keimen beginnt, aber gleichzeitig nehme ich auch seine Spannung, seine Kreativität, seine Erfindungskraft und seine wachsende Inbesitznahme von Raum und Zeit deutlicher wahr.

Die Freundschaft von Ruggiero Romano veranlaßte mich, über den Beruf des Historikers und die Geschichte weiter nachzudenken und zu schreiben. Ich habe nicht den Kopf eines Philosophen, und wie die meisten französischen Historiker hege ich ein gewisses Mißtrauen gegenüber der Geschichtsphilosophie. Ich beklage die Verwirrung, die sie häufig zwischen der Geschichtswissenschaft und der gelebten Geschichte der Gesellschaften stiftet, zwischen der kleingeschriebenen Geschichte der Historiker und der großgeschriebenen Geschichte des Philosophen. Aber ich glaube an die Notwendigkeit, die Geschichtswissenschaft neu zu denken, bewußt Geschichte zu treiben, über die Problemstellungen und die Methoden nachzudenken und sie zu lehren im Geist der *Annales* und der *Ecole des hautes études en sciences sociales* – nicht Methodologie um der Methodologie willen, sondern notwendige Reflexion über die bisherige und die zukünftige Geschichte.

Neben dem ehrgeizigen Unternehmen von *Faire de l'histoire*, an dem Pierre Nora mich beteiligt hat, und der Enzyklopädie *La Nouvelle Histoire*, die ich mit Roger Chartier,

Jacques Revel und anderen Autoren verwirklichte – eine Darstellung der neuen Richtungen in der Geschichtswissenschaft, aber die Aufnahme, die sie bei bestimmten Historikern und Universitätsangehörigen gefunden hat, bewies mir, daß der Kampf um eine erneuerte Geschichtswissenschaft immer von neuem geführt werden muß –, schrieb ich also eine Reihe von Aufsätzen über die Geschichtswissenschaft und den Historiker für die *Enciclopedia Einaudi*.[12] So wurde ich veranlaßt, noch intensiver über die Geschichtswissenschaft, die Geschichte der Geschichtswissenschaft, die Beziehungen zwischen Geschichte und Gedächtnis nachzudenken und die Triebkräfte der derzeitigen Neubesinnung auf die Geschichte insbesondere in Frankreich besser wahrzunehmen. Mehr und mehr komme ich zu der Überzeugung, daß die Franzosen nicht nur ein besonderes, fast neurotisches Verhältnis zu ihrer Vergangenheit haben, sondern daß der Geschichtssinn in nicht unerheblichem Maße zur Herausbildung des französischen Staates und der französischen Nation beigetragen hat. Mehr als andere Staaten und Nationen ist Frankreich aus dem historischen Bewußtsein erwachsen.

So interessiere ich mich zunehmend für die Geschichte des Imaginären. Die historische Fiktion wird zu Recht eine wesentliche Dimension der Geschichte. Träume, Symbole, Bilder (allgemeiner: Vorstellungen) sind für eine wachsende Zahl von Historikern bevorzugte Studienobjekte. In dem Vorwort zu meiner Aufsatzsammlung *L'Imaginaire médiévale* (1985) habe ich mich zu diesem Thema geäußert. Von diesem Imaginären habe ich einige Muster untersucht: das Fegefeuer, Kernstück der mittelalterlichen Vorstellung vom Jenseits, das sich gegen Ende des 12. Jahrhunderts zwischen Hölle und Paradies schiebt, mit dem Vorhimmel an der Grenze.[13] Das Auftauchen des Fegefeuers während einer großen Umgestaltung der imaginären Geographie des Imaginären des Jenseits läßt sich meiner Ansicht nach nur im Kontext einer wahren kulturellen und sozialen Revolution erklären.

Ich meine nachgewiesen zu haben, welche Bedeutung die Ver-
räumlichung der Ideen und Glaubensvorstellungen in der historischen Entwicklung gehabt hat. Der Raum ist der Ort, an
dem die Geschichte sich abspielt, das Territorium ihrer Ein-
sätze. Aber der Historiker, der die historische Realität des
Imaginären und seine Rolle in der Geschichte nachweist, hat
die Pflicht, diese neue Realität den anderen Wirklichkeiten,
die man »die« Realität nennt, gegenüberzustellen. Auch hier
darf man die Geschichte nicht in eine Welt aus Bildern verwandeln, in denen sich die anderen Realitäten auflösen.
Wenn die vergangenen Gesellschaften träumen, muß der Historiker wach bleiben.

In diesem neuen weiten Feld des Imaginären reizt mich ein
Territorium ganz besonders, das des politischen Imaginären
mit seinen Symbolen, seinen Riten, seinen Zeremonien, seinen Träumen. Hier bietet sich ein großes Modell an, *Les Rois
thaumaturges* von Marc Bloch.[14] Denn in unserer Epoche der
»Wiederkehr« (Wiederkehr der Erzählung, des Ereignisses
usw.) gibt es auch die Wiederkehr der politischen Geschichte.
Auch hier ist Wachsamkeit geboten. Die alte, langweilige,
oberflächliche und künstliche politische Geschichte droht
wiederzuerstehen. Das gilt es zu verhindern. Statt dessen sollten wir eine neue politische Geschichte ins Leben rufen, die
mehr eine Geschichte des Politischen, eine Geschichte der
Macht als eine Geschichte der Politik sein wird, die man den
Politikern überlassen sollte. Es muß eine historische politische Anthropologie[15] geschrieben werden. So können auf
neuen Grundlagen alte historische Gattungen wie die Biographie, die derzeit in Mode ist[16], wiedererstehen.

Früher war eine Person deshalb historisch, weil sie die Geschichte zu erhellen erlaubte. Mir scheint, daß heute eine Person deshalb historisch ist, weil die Geschichte sie erhellt und
die Geschichte sich verändert hat. Ich habe mich auf das
schwierige Unternehmen, eine Biographie des heiligen Ludwig zu schreiben, eingelassen. Diese Biographie soll Aufschluß geben über die Produktion eines königlichen Anden-

kens, über das, was seine Zeitgenossen an Ludwig IX. »denkwürdig« gefunden haben, und ermitteln, zu welchen Kenntnissen vom Individuum des 13. Jahrhunderts (im bestmöglichen Fall: eines Königs und eines Heiligen) man gelangen kann.

Einzig eine lückenhafte Biographie, in der die Lücken gekennzeichnet sind – die entweder von verlorengegangenen Quellen herrühren oder, was weit häufiger ist, in der unterschiedlichen Mentalität der Menschen des 13. Jahrhunderts und derjenigen von heute begründet liegen, da jene nicht das Bedürfnis hatten, über Dinge zu sprechen, für die diese sich interessieren –, könnte zu einem Dialog zwischen Gegenwart und Vergangenheit und damit zu einem historischen Werk[17] führen.

Und schließlich, wenn Gott mich leben läßt, möchte ich meine Lehrtätigkeit und meine Forschung über das mittelalterliche Abendland damit fortsetzen (oder beschließen), daß ich in der Perspektive einer authentischen historischen Anthropologie ein in der Kultur der Gesellschaften grundlegendes Phänomen untersuche: das Lachen. Welchen Status hatte das Lachen im Mittelalter? Wie konnte man von den strengen Verurteilungen des Lachens (im 13. Jahrhundert fragte man sich an der Universität von Paris allen Ernstes, ob Jesus auch nur ein einziges Mal gelacht habe) zu der Behauptung von Rabelais gelangen, das Lachen sei »das Wesen des Menschen«? Gibt es im Mittelalter eine einheitliche Auffassung vom Phänomen des Lachens oder treffen wir lediglich auf eine Pluralität von verschiedenen Arten des Lachens, die jeweils andere Funktionen erfüllen?

Ein solches Forschungsprojekt entspringt natürlich nicht allein intellektuellen und wissenschaftlichen Interessen, sondern berührt tiefere Fragen. Die Geschichte ist ein Kampf gegen den Tod. Der Historiker entreißt sie dem Tod. Die vollständige Auferweckung der Vergangenheit, von der Michelet träumte – der sich im übrigen an den Antipoden der Geschichte befindet, die evoziert und erklärt, aber sich nicht zu wiederholen hat –, ist eine Utopie. Doch was ist verlockender, als das wiederaufleben zu lassen, was die traditionelle Geschichte im Dunkel gelassen und verschwiegen hat? Das Wort, die Geste, ja sogar die Stimme, diese zarte Schwingung der Kehle, die vermittels einer Körpertechnik eines der charakteristischsten Phänomene einer Kultur, einer Gesellschaft transportiert?[18]

In den letzten zwanzig Jahren meines Lebens erscheint mir die Verbindung zwischen meiner Existenz und meiner Arbeit als Historiker weniger evident zu sein. Ich bin unterdessen gut sechzig Jahre alt, was wohl das Alter der Reife ist. Eine glückliche Ehe hat mir Stabilität und Glück gebracht, beides bereichert durch die Geburt zweier Kinder. Seit dem Ende des Algerienkriegs liefert das politische Leben in Frankreich weniger Anlässe zu Begeisterung oder Besorgnis, auch wenn ich kaum einen Grund zu anhaltender Zufriedenheit finde. Seit ich 1962 (das Jahr des Endes des Algerienkriegs und meiner Heirat) Studienleiter an der 6. Sektion der *Ecole pratique des hautes études* geworden bin und mein einziger zusätzlicher Wunsch, nämlich ein Lehrstuhl am *Collège de France*, nicht in Erfüllung ging, erachte ich meine »Karriere« für abgeschlossen. Da mir der Sinn nicht nach Ehren steht, trachte ich nicht nach dem *Institut**, dem ich Anerkennung zolle.

Zwei Erfahrungen indes finden ein Echo in meiner historischen Reflexion. Als Präsident der 6. Sektion, von 1972 bis 1975 in der Nachfolge von Fernand Braudel, und von 1975 bis 1977 der *Ecole des hautes études en sciences sociales*, in die sie 1975, als sie selbständig wurde, umgewandelt wurde, sowie als Mitglied zahlreicher wissenschaftlicher Kommissionen, für die ich zuweilen die Verantwortung trage, konnte ich, wie bereits gesagt, aus der Nähe beobachten, wie Institutionen funktionieren, und ich ahne sogar das Funktionieren der »Macht«. Daher erkenne ich besser, welche Bedeutung den

* Die Vereinigung aller französischen Akademien.

175

Institutionen in der Geschichtswissenschaft zukommt, und wenngleich ich qualifizierten und einflußreichen Persönlichkeiten begegnet bin, sogar in der Politik, was selten vorkommt, ermesse ich doch, wie begrenzt der Einfluß von Individuen ist, obzwar ich mehr und mehr zu der Ansicht neige, daß die Menschen das Interessanteste an der Geschichte sind. Ich habe auch Enttäuschungen erlebt, auf die ich bereits anspielte, und die grausamste war, einen Fernand Braudel zu entdecken, der bei der Ausübung der Macht, insbesondere beim Niedergang dieser Macht, als Person nicht auf der Höhe des Historikers stand. Das schmälert zwar nicht die tiefe Dankbarkeit, die ich für ihn empfinde, trübt jedoch ein wenig sein Bild. Er ist nicht der einzige in dieser Kategorie überheblicher großer Männer, denen ich nicht nur Bewunderung zollen kann.

Durch meine Kinder kommen mir die jungen Menschen näher, obwohl ich mich schon immer für die Studenten interessiert habe und seit langem weiß, daß die Jugend in der mittelalterlichen Gesellschaft sehr wichtig war, wie es einige schöne Arbeiten unter anderem von Georges Duby und Erich Köhler gezeigt haben. Und die Anthropologen haben mich über die Rolle dieser Altersklasse aufgeklärt, die in den Gesellschaften, die sie untersuchen, mehr oder weniger institutionalisiert war. Mit unseren Kindern haben meine Frau und ich keine besonderen Probleme, bis heute, 1986, wo unsere Tochter neunzehn und unser Sohn sechzehn Jahre alt sind. Doch welche Veränderungen zwischen uns und ihnen! Ich bleibe dem Gebrauch des Generationsbegriffs in der Geschichte gegenüber mißtrauisch. Denn was ist eine Generation, sofern man überhaupt von Generation sprechen kann? Ich müßte eine besonders eindringliche Generationserfahrung gemacht haben, da ich 1968 miterlebte, als zumindest ein Teil der Jugend frischen Wind in unsere alte Gesellschaft brachte, indem sie ihr hart zusetzte. Aber kann man von Generation sprechen, da doch nur die Studenten, deren Zahl und Bedeutung begrenzt waren, die Protagonisten des Mai 1968 gewesen sind?

Nicht über Konjunkturen, sondern in der Erfahrung des dynamischen strukturalen Verhältnisses zwischen Alten und Jungen (die Beziehungen zwischen Eltern und Kindern sind lediglich ein mit den verschiedenen historischen Modellen der Familie verbundener Aspekt) erkenne ich im Spiel und in der Entwicklung dieses Verhältnisses ein wesentliches Element (mehr vielleicht als im Verhältnis zwischen Mann und Frau) für das Funktionieren der Gesellschaften und ihre Entzifferung durch den Historiker.

Was ich geschrieben habe, ist kein Testament. Obwohl ich weiß, wie bedeutsam das Testament für einen Historiker ist — eine Quelle, deren Reichtum man immer besser zu nutzen versteht, insbesondere für die Geschichte der Mentalitäten —, habe ich ein wissenschaftliches oder moralisches Testament ebensowenig abzufassen wie ein juristisches und materielles Testament. Ich habe die Freude, nichts zu besitzen. Ich kann nur wünschen, nach meinem Tod ein wenig in Erinnerung zu bleiben, und ich weiß, daß mein Werk wie alle wissenschaftlichen Produktionen ein fragiles und begrenztes Leben haben wird. Aber in meinem Beruf habe ich ein paar jungen Menschen geholfen, die ihrerseits leben und schaffen werden. Und wenn es denn gälte, ein Testament zu machen, wie könnte ich das, da es das Testament eines Lebens wäre, vor dem letzten Atemzug tun, der einem Dasein den letzten Sinn verleiht? Das Testament kann nur eine Grenzlinie sein und muß sich mit dem Gedächtnis anderer vermischen. Ich bin zweiundsechzig Jahre alt. Ich bin noch nicht am Ende und fühle auch nicht, daß es mit mir zu Ende geht. Sicherlich bin ich vermessen, wenn ich das schreibe. Aber niemals wird der Historiker über die Zukunft gebieten, obschon er sich und die anderen auf sie vorbereiten muß. Und ich sehe nicht, an welchem Ort ein Historiker, der an Kontinuitäten ebenso gewöhnt ist wie an Zufälle oder sogar Katastrophen, ein Testament plazieren könnte. Die Geschichte braucht keine Notare (aber welch schöne »Quelle« sind die Notariatsregister!), sondern Historiker.

Michelle Perrot
Der Geist der Zeit

»Und was willst du jetzt tun?« fragte mein Vater.

Es ist der Sommer 1946. Der Garten unseres Hauses – einer Art Schloß im Stil des Zweiten Kaiserreichs aus Ziegeln und Stein – steht voller Rosen. Im Norden fällt der Blick auf das Dorf Montmerency, die Stiftskirche, in der ich so inbrünstig zu Christus dem König und zu Unserer Lieben Frau von Boulogne für die Errettung Frankreichs und die (vielleicht verdammte?) Seele meiner Eltern gebetet hatte. Im Süden schweift er über Paris, eine unendliche graue Fläche, deren Hintergrund das Industriegebiet von Saint-Denis bildet. Im Frühjahr 1944 habe ich von dieser Anhöhe aus die bombardierten Fabriken brennen gesehen, eine schreckliche Pracht, deren Anblick mich mit Scham und Gewissensbissen erfüllte, weil ich geschützt war.

Es ist der Sommer 1946. Ich bin achtzehn Jahre alt. Der Krieg ist aus. Er wurde ohne mich geführt und beendet und hinterließ in mir das Gefühl einer sinnlos betrogenen Jugend, das Gefühl der Einsamkeit, wie es ein ohnmächtiger, unbeteiligter Zuschauer empfindet. Werde ich jetzt endlich von meinem Hügel herabsteigen können, die anderen finden, in die Welt treten können, um sie zu verändern? In diesem strahlenden Augenblick hatte ich den Eindruck, daß alles möglich war.

Mein Gepäck indes ist recht leicht. Ich weiß es. Ich habe das Bakkalaureat in Philosophie, eine disparate, lückenhafte Bildung. Ich komme aus einem privaten Externat, dem *Cours Bossuet*, Rue de Chabrol, geleitet von den Dames de la Retraite, wo ich meine gesamte Schulzeit verbracht habe. In diesem zusammengewürfelten Milieu, einer Versammlung von abgebrannten Aristokraten, die sich die Oiseaux oder Notre-Dame-de-Sion nicht leisten können, und Kaufleuten aus den

Arrondissements des Stadtzentrums, ist die schulische Investition noch sehr gering. Die »guten Schülerinnen« erfreuen sich einer abwechselnd bewundernden und mitleidigen Wertschätzung; vielleicht tragen sie den Stempel einer außergewöhnlichen und zwangsläufig unglücklichen Berufung. Falls sie fromm sind, sehen die Nonnen in ihnen den möglichen Nachwuchs und errichten um sie einen Schutzwall gegen die Versuchungen der Welt.

Die meisten meiner »Gefährtinnen«, wie der gängige Terminus lautet – zwischen dem vulgären »Kameradin« und dem zu intimen »Freundin« –, streben die Ehe an, träumen von dem Tag, an dem sie, wie die treuesten unserer ehemaligen Mitschülerinnen, ganz in Weiß gekleidet und strahlend am Arm ihres Gatten wiederkommen und ihr Brautbukett zum Altar der Jungfrau tragen werden. Diese Besuche erregten unsere Gemüter. Als Leserinnen von Berthe Bernage machten wir uns vom Ehepaar ein mehr sentimentales denn sinnliches Bild, das durch den starken Wunsch nach Liebe und Verschmelzung modern und durch die Vorstellung von der Rolle der Geschlechter traditionell war. Die Liebeserklärung, Gegenstand glühender Sehnsüchte, war das Privileg des Mannes; unser Los blieb die Erwartung. Mit den Vettern, den Brüdern der Freundinnen gingen die Händel jedoch flott voran; und die Parties, vom Krieg im Zaum gehalten, explodierten danach und waren zuweilen recht wild. Die meisten Mädchen jedoch waren keusch, in Taten wie in Worten. Die Frühreifen oder Resignierten heirateten vor dem Bakkalaureat und verließen uns, da die Anwesenheit verheirateter Frauen inmitten unwissender junger Mädchen ausgeschlossen war. Dennoch gab es einige Fälle von Verführung, über die man in versteckten Anspielungen sprach: eine Hotelierstochter, sehr schön, die in ihrer Reue wie eine Magdalena aussah und deren lange Unterredungen mit dem Anstaltsgeistlichen uns verwirrten; eine andere, die plötzlich verschwand, weil sie schwanger war, und von der wir später erfuhren, daß ihr Vater sie praktisch eingesperrt hatte. Zu jener

Zeit und in jenem Milieu blieb Sexualität verboten und die Aufklärung voller Geheimnisse. Während Europa in Flammen stand, verlangte man von uns, daß wir wie die Kostschülerinnen zur Zeit von Hochwürden Dupanloup lebten.

Der Unterricht füllte die Zeit aus, ein übrigens recht ernsthafter, jedoch entschieden literarischer Unterricht. Es gehörte zum guten Ton, keine Ahnung von Mathematik zu haben (das Gegenteil war ein Zeichen unschicklicher Männlichkeit), und die physikalischen Experimente hatten wohl noch etwas Satanisches an sich, denn wir machten keine, da es kein Labor gab! Die Mehrzahl meiner Kameradinnen fiel beim ersten Teil der Reifeprüfung durch, einer »Barriere« für die Kandidatinnen, die man im übrigen davon überzeugte, daß ihr Scheitern dem »konfessionellen Schulwesen« anzukreiden sei, wie es im wiederbeginnenden Schulkampf hieß. In der letzten Klasse waren wir noch knapp zwölf und hatten den Eindruck, zu einer Elite zu gehören, deren Auszeichnung noch durch das Privileg erhöht wurde, keinen Kittel mehr tragen zu müssen. Auch waren die Stundenpläne lockerer und die Aufsicht weniger streng. Am Vorabend unseres Eintritts ins Leben (weniger religiös gesinnt, sprach man nicht mehr davon, »in die Welt« entlassen zu werden) behandelte man uns rücksichtsvoll, als gälte es, einen Übergang zur harten Wirklichkeit zu schaffen, auch freundschaftlich, wie künftige »Ehemalige«, die man in den Reihen des Vereins wiederzusehen hoffte. Wie bei einem Übergangsritus erschien mir der Eintritt in die Philosophieklasse als eine Schwelle, die zu überschreiten mich bezauberte und meine Ungeduld erhöhte. Die intellektuelle Unterweisung war jedoch ziemlich dürftig, voller Vorbehalte und Hintergedanken, und kam mehr einer Warnung gleich denn einer Eroberung des Wissens. Vom *Cours* aus gesehen erschien die Gesellschaft voller Fußangeln, die uns mit Leib und Seele zu Fall zu bringen drohten. Gegen diese Fallen mußten wir gewappnet sein. Unsere Philosophielehrerin, ein etwa dreißigjähriges Mädchen mit fahlblondem Knoten und Nonnenbrille, schüchtern und dürr, das sich sicherlich auf das Noviziat vorbereitete, war besessen vom Thomismus und von der Scholastik. Während sie sich über den Universalienstreit in epischer Länge ausbreitete, verwies sie uns für alles übrige auf Cuvillier, den sie ein wenig zu vergeistigen suchte. In der kargen Bibliothek der Klasse waren nur wenige große Autoren vertreten; nicht einmal große Theologen, für die unser Verstand ihres Erachtens wohl nicht ausreichte; Psychologen (Tibot, Janet, Binet) als geschwätziges Bollwerk gegen Freud, den man lediglich als einen der Sexualität Besessenen erwähnte (Elisabeth Roudinesco hat gezeigt, wie allgemein verbreitet diese Haltung der Franzosen fast bis zum Zweiten Weltkrieg war). Man fand auch einige Philosophen der »guten« Tradition: Ollé-Laprune, Ravaisson, Jacques Maritain, Gabriel Marcel, »unseren« christlichen Existentialisten.

Meine Entdeckung im Philosophiejahr war Bergson, zu dem ich eine wahre Leidenschaft faßte. *Materie und Gedächtnis, Die beiden Quellen der Moral und der Religion, Das Lachen* – Werke, die in dem erstarrten Universum der thomistischen Klassifikationen den Eindruck eines glühenden Lavastroms erweckten, einer Welt in Bewegung, das Gefühl für die Dichte der Zeit, die Tiefe des Ich. Ich mochte Bergsons Sprache, ihre mächtige Poesie. Ohne erneute Lektüre wäre ich heute außerstande, Bergsons Begriffe zu präzisieren. Doch ich brauche nur die Augen zu schließen, um mir den Eindruck zu vergegenwärtigen, den er auf mich machte, jene Erleichterung, jene fast körperliche Befreiung, die der Umgang mit ihm mir bescherte. Mehr als ein Lehrmeister im Denken war Bergson für mich ein Lehrmeister im Fühlen. Ich wurde sein Apostel und schrieb immer mehr Referate über ihn, mit der Komplizenschaft meiner Kameradinnen, die der ewige Singsang unserer Lehrerin langweilte. Entwaffnet, dunkel beunruhigt, ließ diese mich gewähren, immerhin war Bergson während des Kriegs zum Katholizismus übergetreten, er war einer der Unseren geworden, und seine Philosophie fand sich dadurch geheiligt, Zeugnis eines Denkens »auf dem rechten Weg«, wie man sagte, in jener retrospektiven Manier, die Menschen zu beurteilen, der nur noch die Selbstherrlichkeit gleichkommt, mit der die Kommunisten die Vergangenheit der Revolutionäre nach ihrer Haltung gegenüber der Partei beurteilen.

Im selben Jahr lud man uns zu einem Vortrag ein, den das Katholische Institut über das Thema »Existentialismus und atheistischer Humanismus« organisiert hatte. Man wollte uns durch Informationen vor den modernistischen Versuchungen bewahren. Im übrigen war der Vortrag, von einem Priester gehalten, relativ differenziert, interessant, inhaltlich weit besser als das, was wir üblicherweise zu hören bekamen. Sofort war ich begeistert, und durch diesen Vortrag bekam ich vor allem Lust, mehr über Sartre zu erfahren, der nicht nur der Fürst der Jazzfans war, sondern ein ziemlich seriöser Autor, jedenfalls seriös genug, daß Theologen ihm ihre Zeit opferten. Auf die gleiche Weise wurde meine Neugier durch die vorbeugende und kritische Lektüre des *Kommunistischen Manifests* geweckt, die unsere Lehrerin uns in diesem Jahr aufgab. Das Prophetische, Eschatologische daran paßte zu dem mir wichtigsten Buch: der Bibel. So kam ich, auf der Suche nach einer Bewegung, die einen Sinn hatte, unwissentlich durch Verschiebung und Ersetzung weiter. Im übrigen trug gerade die Pädagogik, deren man sich bediente, um uns zu warnen, dazu bei.

Obwohl Patriotinnen, in einigen Fällen sogar Widerstandskämpferinnen, hatten unsere »Mütter« nichtsdestoweniger ihre materielle Sicherheit und Moral zu schätzen gewußt. Die Klügsten jedoch wußten, daß die Zeit der Konfrontation gekommen war. Der Klerus rügte sie übrigens. »Meine Damen, Sie hinken ein halbes Jahrhundert hinterher«, hatte Hochwürden Verdier in einer denkwürdigen Unterredung zu ihnen gesagt, von der zu unserer großen Freude einige Details bis zu uns durchgesickert waren; der Verteidiger der Arbeiterpriester hatte unsere Begrüßungskantate, die doch eigens für ihn komponiert worden war, wohl kaum goutiert: »Die Glocken läuten/Seht unseren Kardinal/Schwö-ören wir ihm/ Ki-indliche Liebe«... Auch mit unserem Anstaltsgeistlichen, Lehrer am Katholischen Institut und auf Bibelexegese spezialisiert, gerieten unsere »Mütter« häufig in Konflikt. So stark der Wille nach Abschottung auch sein mochte, überall zeigten sich neue Lecke im Schiff.

Der Geist der Zeit drang auch durch jene Studentinnen herein, auf die der *Cours* in Ermangelung qualifizierten Lehrpersonals, insbesondere in den Naturwissenschaften zurückgriff, wie beispielsweise Benoîte Groult; in ihrem *Journal à quatre mains* berichtet sie, wie sie uns sah: »In der vierten Klasse beginnt man zu spüren, daß die Masse gärt. Das äußert sich vor allem durch Gekicher bei bestimmten Wörtern, die sie zu ihrem stillen, aber einzigen Gedanken zurückbringen. Ich spreche nicht einmal vom Wort Liebe, aber an jenem Morgen muß ich wohl das Wort ›Fortpflanzung‹ in den Mund genommen haben. Die Hälfte der Schülerinnen hatte plötzlich das Bedürfnis, in ihrem Pult zu kramen, um hinter dem Deckel ungeniert lachen zu können.«[1] Ich war dabei, Benoîte, auch wenn ich diese Episode vergessen habe! Insbesondere erinnere ich mich an eine Medizinstudentin, deren blauen Blick unter dem weichen Hut à la Darrieux ich bewunderte; sie war blond, sportlich und methodisch geschult, und es gelang ihr, uns den Boulet und Obré schmackhaft zu machen; da ich an ein Medizinstudium dachte, führte ich gelegentlich ein anregendes Gespräch mit ihr, wie mir noch deutlich in Erinnerung ist. Diese Studentinnen boten uns ein ganz anderes Bild von der Lage der Frau; ich brannte darauf, ihnen zu gleichen.

Dem legten meine Eltern keinerlei Hindernisse in den Weg, ganz im Gegenteil. Meine Mutter, Fénelon-Anhängerin der ersten Stunde, hatte es stets bereut, aus ihrem Zeichentalent, das sie nur zum Vergnügen ausübte, keinen Beruf gemacht zu haben; doch als sie nach bestandener Abschlußprüfung ihrem Vater diesen Wunsch eröffnete, hatte dieser, seit kurzem

Witwer, bei dem Gedanken gezittert, allein zu Mittag essen zu müssen; er hatte kategorisch abgelehnt. Als Ehefrau hatte sie mit meinem Vater hart gearbeitet, ohne Lohn und ohne Rechte, wie damals alle Unternehmerfrauen, deren Status erst seit kurzem anerkannt wird; sie wünschte sich für mich ein anderes Los. Mein Vater vielleicht noch stärker. Aus wirtschaftlichen Gründen – er kannte die prekäre Vermögenslage unserer Kreise, einer noch jungen Bourgeoisie, deren Kapital auf schwachen Füßen stand – wie aus existentiellen Gründen; er meinte, daß die Unabhängigkeit der Frauen nur über einen Beruf zu erreichen sei, der allein ihnen Selbständigkeit garantieren könne. Als Leser von Sinclair Lewis hielt er mir oft das Beispiel von Ann Wickers vor Augen, der schönen Ärztin, die ihrem Beruf den Vorzug gibt vor der Ehe mit einem besitzergreifenden Mann, der von ihr verlangt, den Beruf aufzugeben. Er sah in ihr die Frau von morgen, frei in ihren Entscheidungen und Liebschaften; mich stellte er sich sportlich und emanzipiert vor, in einem Männerberuf, und weil es vielleicht sein eigener Traum gewesen war, den der Krieg zerstört hatte, sah er mich als Ärztin. Allerdings sagte er: »Da ist das Blut«. Er beschwor die Sezierungen, den Formolgeruch, die Leichen, das Blut der Tiere, das Blut der Menschen, vielleicht das der Schützengräben. Wenn er, sehr selten, aber immer voll Zorn, von den Schrecken des Kriegs sprach, dann war es das Bild verspritzter Hirne und geplatzter Därme, insbesondere das groteske Bild eines Leutnants, der ihm am Tag vor einem mörderischen Bombenangriff irgendeine Strafe auferlegt hatte.

Es gab das Blut, »die großen Blutflecken und die Leichen überall«[2], die durch die vier Jahre Krieg angehäuft worden waren (mein Vater hatte auch am Rif-Feldzug teilgenommen) – ein im Leben unserer Eltern unumgängliches Hindernis. Das Blut war mir ein Greuel. Ich bin zurückgeschreckt, ich habe mich nicht getraut.

Zweifellos zog ich die Sauberkeit der Bücher vor, die Weiße des Papiers, die Vermittlung der Wörter. Kann ich heute sagen, daß mir diese Entscheidung immer suspekter vorkommt?

»Geschichte studieren«, habe ich auf die Frage meines Vaters geantwortet, wobei ich aus eigenem Antrieb das Feld des Möglichen auf einen schmalen sittsamen Pfad einengte: den der Universität, der Bibliotheken, wahrscheinlich (ich dachte noch kaum daran) der Schule. Meine Mutter schrie laut auf: »Dann wirst du ja Lehrerin?« und sie beschwor die grauen Gestalten der »alten Mädchen« Fénelons herauf, die zwar gelehrt, aber reizlos waren, ohne Eleganz, was in ihren Augen ein absoluter Mangel war. Über das Äußerliche hinaus war Eleganz für sie eine Lebensweise. Gegen den Zwang zur Uniform im *Cours*, zur Zeit von Vichy, hatte sie einen gerechten Kampf geführt: »Ehrwürdige Mutter, wo denken Sie hin«, hatte sie der Direktorin entgegengehalten, »in diesen Zeiten der Knappheit ist das Wahnsinn.« Und sie behauptete immer, daß sie außerstande sei, den richtigen Stoff zu finden; kurz, es war eine Form von Widerstand; aber da ich sehr konformistisch war, litt ich manchmal unter meinem Anderssein; den besonderen Blauton in der marineblauen Prozession, wenn wir alljährlich zum Sacre-Cœur pilgerten, habe ich wie ein Stigma getragen.

Und jetzt, unwiderruflich ernst geworden, nahm ich den Weg in die weltlichen Klöster. Meine Mutter war konsterniert und mein Vater enttäuscht, doch mehr noch überrascht. Geschichte war damals keine sonderlich attraktive Disziplin; sie stand beim breiten Publikum nicht in der Gunst, die sie heute genießt. Mit dem Wiederaufbau befaßt, begierig auf Neues, kümmerten sich die Leute wenig um ihre Wurzeln; sie kannten nicht die Nostalgie, die uns heute überschwemmt. Und meine Eltern, entschiedene Pariser, hielten die Provinz für stupide und das Dorf für langweilig und zurückgeblieben. Daß ein achtzehnjähriges junges Mädchen kurz nach dem Krieg beschließt, die Vergangenheit zu studieren – war das nicht befremdlich, geradezu krankhaft? Aber mein Vater schenkte mir Vertrauen, ein weiteres Mal.

Dieser seltsame Entschluß, in dem man irgendeine dunkle Berufung vermuten könnte (ich glaube nicht daran!), war zweifellos eine Art, auf Distanz zu gehen. Aber noch viele andere Motive lagen meiner Entscheidung zugrunde. Zunächst ganz dumme schulische Gründe, jene vorzeitigen Spezialisierungen, die die Auswahl bereits einschränkten. Sodann das tiefe Gefühl meiner Unfähigkeit, das mich von vornherein die kreativsten Vorhaben ausschalten ließ: schreiben oder denken. Und außerdem hielt ich die Literatur für belanglos und Texterklärungen für Haarspalterei. Die Philosophie verlockte mich zwar, aber ich mißtraute dem reversiblen Charakter der Doktrinen, der Immaterialität der Ideen; so wie man sie uns beigebracht hatte, wirkten sie zwecklos und irreal auf mich. Das Reale, Konkrete – danach stand mein Sinn. Ich hatte Lust, mich mit den »Fakten« herumzuschlagen. »Ernsthaftigkeit ist dann gegeben«, schreibt Sartre, »wenn man von der Welt ausgeht und der Welt mehr Realität beimißt als sich selbst – oder zumindest wenn man sich selbst nur insofern Realität beimißt, als man zur Welt gehört.« Ich war geradezu süchtig nach Ernsthaftigkeit! Nur die Geschichte der Menschen schien mir einer Beschäftigung wert zu sein.

Zweifellos hatte ich auch das Bedürfnis, mich zu situieren. Ich hatte eine barocke, widersprüchliche Erziehung erhalten, mit einer Doppelmoral, der des *Cours* und der der Familie – zwei völlig entgegengesetzte Weltanschauungen, Anlaß zu Leiden, aber auch eine Quelle von Freiheit (aber das sollte ich erst später begreifen). Diese Erziehung brachte in gewissem Sinn die Verwirrung einer unsicheren Bourgeoisie zum Ausdruck, die sich, in ihrer Entfaltung gehemmt, über ihre Entscheidungen im Zweifel ist, zutiefst gespalten, ohne Überzeugung und Ideologie, ein Kaleidoskop von Modellen, die sich überlagern, sich ineinanderschieben und zu bizarren, komischen oder aber, schmerzlicher, zu konfliktgeladenen Situationen führen. Die Familien, aus denen dieses Segment der

186

Bourgeoisie bestand, besaßen keine wirkliche Einheit, sondern hielten noch nach Art ihrer Vorfahren an Vereinigungsriten fest, die mit diesen verschwunden waren. Sie hatten kein gemeinsames Projekt, sondern pflegten nur Beziehungen, die bei jeder Heirat, vor allem bei jeder Erbschaft zerbrachen. Heute sind sie über die ganze Welt verstreut, einander fremde Elemente, zäh die einen (ich denke an den Zweig meiner amerikanischen Vettern), die anderen kurz vor dem Erlöschen. Wahrscheinlich ist das immer so. Nur haben die Kriege, die Krise, das »Ende der Bauern« Veränderungen beschleunigt, die schon vor langer Zeit begonnen hatten.

Wie in jeder Verwandtschaft gibt es natürlich zwei Linien. Die meinen vereinigen sich in Thouard, einer Kleinstadt im Department Deux-Sèvres, berühmt durch ihre Kirche mit dem mozarabischen Portal, Saint-Médard, ihren republikanischen Widerstand während der Chauannerie, ihren Bahnhof, einen kleinen Eisenbahnknotenpunkt, Sitz aktiver Eisenbahner seit dem 19. Jahrhundert, und ihre Makronen, die, wie man mir sagte, Georges Lefebvre so gerne aß. Mit all dem ist meine Familie mehr oder weniger verflochten. Viele südländische Physiognomien, spanische, ja arabische Typen kommen in ihr vor. Unter der Herrschaft Ludwigs XV. unterhielt eine gewisse Renée Guéréchaud, eine Ahnfrau, eine Poststation an der Brücke über den Thouet, die später im Kampf zwischen Weißen und Roten auf dem Spiel stand. Ein Großonkel, Raguenette, hatte in den Feldzügen der Großen Armee ein Bein verloren, was ihn nicht daran hinderte, den »Kleinen Glatzkopf« zu verehren: Man hat mir seinen Rosenkranz vermacht, der das Grab des Kaisers auf Sankt Helena berührt haben soll. Ich habe das Arbeitsheft eines anderen Onkels aufbewahrt, des Färbers Simon, der schließlich, weil er es wohl satt hatte, von einem Meister zum anderen zu irren, im Zweiten Kaiserreich zur Eisenbahn ging. Und die Feinbäckerei der berühmten Makronen, seit mehreren Generationen in der Familie, wird heute von Vettern dritten Grades geführt, die von meiner Existenz nichts wissen.

Diese kleinen Begebenheiten und Gegenstände zeugen zuverlässig von alten Banden mit der Stadt und der Ware. Weniger Produzenten als vielmehr Kaufleute, manchmal von Format. In der Vaterlinie war mein Urgroßvater zu (natürlich ehrbarem!) Wohlstand im Holzhandel gekommen. Mein Großvater hatte im Viehhandel sein Glück gemacht; unermüdlicher und geschickter Aufkäufer, zog er durch das westliche Hochland von Fleury und Michon, trieb ganze Herden bis nach La Villette, machte sich den Fleischhunger im Paris der Belle Epoque zunutze, exportierte nach Holland und sogar nach Spanien. Diese Kommerzialisierung der Agrarerzeugnisse weist auf eine Zwischenstellung, auf nahe ländliche Wurzeln hin. Das Ackerland bleibt der wirtschaftliche Horizont, Investitionsobjekt und Objekt der Begierde. Mein Großvater hatte große Ländereien im Poitou und bei Bressuire gekauft, auf der einen Seite Getreideböden, auf der anderen Viehweiden, trockenzulegendes Moor (sehr viel später habe ich dort Pappeln pflanzen lassen) oder eine einträgliche Modellfarm, beides im Auge behaltend, womit er wahrscheinlich eine Integrationspolitik verfolgte, die in die Zukunft wies. Für seine junge Frau – seine Kusine, die er im Alter von fünfzehn Jahren und drei Monaten geheiratet hatte –, die er anbetete, wie man sagt, obwohl er ständig unterwegs war, hatte er das Schloß von Doué-la-Fontaine erworben. Großmutter Clémence spielte dort die Marquise, deren Schönheit sie im übrigen besaß, im Alter von dreißig Jahren schneeweiß, mit einem heimatlichen Akzent, der als aristokratisch gelten konnte. Mein Vater, einen Augenblick lang vom Beruf des Trainers verlockt, züchtete dort Pferde, die er auf Rennen schickte. Dies waren damals die Zeichen von Distinktion. Ancien Régime und England – das Modell hat nicht aufgehört, diese Familie umzutreiben, nach dem Bild eines Bürgertums, das in diesem Punkt nie seine Revolution gemacht hat. Das Schloß ist der ideale Wohnsitz, und das Mobiliar stammt aus dem 18. Jahrhundert, Kennzeichen des legitimen Geschmacks. Meine Kindheit führt durch provisorische Schlösser, und ich wuchs unter dem männlichen Blick der »Großen Mademoiselle beim Rathausbrand«[3] heran...

Mein Großvater, dieser Schattenkönig der Ebene des Poitou, starb 1918 an der Spanischen Grippe. Clémence blieb Witwe und verwaltete schlecht und recht ihre Ländereien. Schlecht, ihren Kindern zufolge – meinem Vater und seiner Schwester Jeanne –, die ihr vorwarfen, denjenigen ihrer Pächter auf den Leim zu gehen, die ihr schmeichelten, indem sie sie »unsre Herrin« nannten. Autoritär, zog sie sie nur für das Allernotwendigste zu Rate. Großzügig, war sie ihnen stets behilflich und verkaufte nach und nach ihre Habe, damit sie wieder auf die Beine kamen, vor allem während der Krise, die sie mit voller Wucht traf. Mit einem Überrest dieses Erbes habe ich meine Wohnung gekauft, wodurch ich den Prozeß der Integration in die Stadt vollendete, der seit langem im Gange war; diesmal jedoch in Paris und im Staatsdienst.

Mütterlicherseits war dieser doppelte Übergang schon weitgehend eingeleitet. Ein Urgroßvater war Gendarm gewesen, ein Großvater Ingenieur, reines Produkt der schulischen Auslese, die ein ganzes Jahrhundert lang so gut funktionierte; der Dorfschullehrer rät dem begabten Schüler zum Studium, verschafft ihm ein Stipendium, drängt ihn zu den Prüfungen: zuerst die Eisenbahn, dann die Stadt Paris. In den Jahren um 1890 wurde mein Großvater hier Ingenieur im öffentlichen Bauwesen, zuerst dem Rathaus des XIII. Arrondissements, dann dem Hotel de Ville unterstellt; als Kind habe ich ihn in seinem Büro (mit Blick auf die Seine) aufgesucht. Radikal, Bewunderer von Jaurès, ohne indes bis zum Sozialismus zu gehen, tief republikanisch, laizistisch und Dreyfus-Anhänger, war er ein Mann der Ordnung, durchdrungen von den Prinzipien öffentlicher wie privater Hygiene. Als Verantwortlicher für die Bepflanzung wollte er Paris atmen lassen, den äußeren Stadtgürtel in Grünflächen verwandeln; ihm verdanken wir die *Poterne des Peupliers*, angepflanzt zur Erinnerung an den Wald von Oiron seines heimatlichen Poitou. Nur auf diese Weise liebte er das Land. In Paris verliebt, war er völlig in die mittlere Beamtenklasse integriert, deren Lebensstil er bis zur Karikatur nachahmte: absolute Pünktlichkeit, manische Sauberkeit, Pasteurscher Haß auf den Staub, Diät als Lebensregel. Abreibungen mit dem Roßhaarhandschuh, Morgengymnastik, »Verdauungs«spaziergang nach dem Essen – das waren, zusammen mit der Lektüre des *Temps*, die Riten des Tages. Die Sonntagsausflüge in die Vororte, die Abendessen mit Ingenieuren bei Ledoyen, die Besuche der *Opéra Comique*, deren Melodien er mit wollüstiger Miene trällerte, und die Sommerferien in Langrune gliederten den ruhigen Ablauf der Wochen und Jahre. Eine höchst zeremonielle Gastronomie hatte ihn ein intimes Verzeichnis der »guten Häuser« von Paris anlegen lassen; kein Festmahl, ohne daß Erzeugnisse von Fauchon, Pons, Prunier, Corcellet, Batandier sich auf dem Tisch vereinten. Merkwürdige Mischung aus Egoismus und Liebenswürdigkeit, Konvention und Fröhlichkeit, die meine Aufenthalte bei ihm, Avenue des Gobelins, zu angenehmen Momenten meiner Kindheit machte.

Meine Eltern begegneten einander in Thouars. Meine Mutter wurde nach Doué-la-Fontaine eingeladen, nicht ohne Herablassung gegenüber dieser Beamtentochter, die überdies so pariserisch wirkte. Sie haben nach dem Krieg geheiratet, ein ideales Paar der verrückten zwanziger Jahre, deren Zauber und Vitalität ich geliebt habe. Mein Vater hatte sieben Jahre Krieg hinter sich. Er hatte sich als Freiwilliger gemeldet und war gründlich verändert zurückgekehrt, so antimilitaristisch wie vordem schon antiklerikal, skeptisch gegenüber der Politik (erst nach der Befreiung trug er sich in die Wahllisten ein), jeder Macht abhold – »die Macht korrumpiert, und die absolute Macht korrumpiert absolut«, pflegte er zu sagen –, also ein wenig anarchistisch, auch lebenshungrig. Sein eigener Vater war tot, und seine despotische Mutter behandelte ihn wie ein kleines Kind, das er nicht mehr war. Sie glich der Gestalt einer »Génitrix«, wie Mauriac sie so gut zu schildern verstand, was mich lange davon abhielt, Feministin zu sein. Das Medizinstudium war unmöglich und die Rennbahn riskant; meiner Mutter widerstrebte dieses Risiko; er spielte nie wieder. Aber bei den Geschäften – er wurde Lederhändler – blieb er ein Spieler, nur an den Großtaten des Kaufs interessiert, gleichgültig gegen das Kapital, nicht gegen das Geld, das er in Kunstwerke investierte, vor allem in Gemälde, die er im Hotel Drouot kaufte und verkaufte. Die Buchführung widerstrebte ihm, er überließ sie meiner Mutter, er sträubte sich gegen jeden Papierkram, und die Bürokratie drehte ihm den Magen um. Weil man einen Paß brauchte, lehnte er es stets ab, ins Ausland zu reisen. Die Zeit der Manager war gekommen; dieser Künstler gehörte nicht zu ihnen.

Diese Geschichten skizzieren die Landschaft meiner Kindheit. Paris und der Poitou waren ihre wichtigsten Orte. Mein Paris, das war das Zentrum, das Viertel der Hallen, die Rue Saint-Denis, in der das Geschäft meiner Eltern lag, ein in einem sehr alten Gebäude eingerichtetes Lager, und die Rue Grenéta, wo wir in einem in zaghaftem Jugendstil gehaltenen Haus der Jahrhundertwende wohnten. Ich kannte die Läden der Lieferanten, von denen es in diesem vor Lebensmitteln überquellenden Viertel sehr viele gab, und die der Schuster, Kunden meiner Eltern, die mich freundlich grüßten als »die Kleine von Marcel«. Ein volkstümliches buntes Paris, in dem ich zu meinem Bedauern nicht allein spazierengehen durfte wie die anderen Kinder aus der Gegend. Vermutlich wegen des Verkehrs, der durch das Durcheinander von Autos und damals noch zahlreichen Pferdefuhrwerken unüberschaubar war, aber sehr wahrscheinlich auch wegen der Clochards und der Prostituierten wurde ich immer begleitet. Ein Kilometer trennte uns von der Rue de Chabrol, wo sich der *Cours Bossuet* befand. Morgens brachte mich mein Vater mit sportlichem Schritt dorthin: »Los, alte Mac'Mich, vorwärts!« und ich schritt auf dem Boulevard Sébastopol und dem Boulevard de Strasbourg tüchtig aus, selig über diese Gesellschaft.

Der abendliche Heimweg mit Roberte, Ernestine oder Maria, unseren Dienstmädchen, dauerte länger. Wir blieben vor dem Automaten des Optikers und den Kinoplakaten stehen;

wir begafften die Auslagen der fliegenden Händler, die den Boulevard säumten. Wir verharrten stets an der Kreuzung Réaumur, vor Potin, wo man die Straßensänger umringte, die dieses Viertel mit sentimentalen Liedern erfüllten. Wir traten bei Lanoma ein; vor allem flanierten wir durch die Brady-Passage, ein Paradies aus Straß und Satin; dort hatte es mir eine spanische Sofapuppe angetan mit schwarzem Mieder und rotem Glockenrock, ich wünschte sie mir vom Weihnachtsmann, der mir statt dessen ein Raynal-Baby brachte. Dort habe ich meinen Eltern zu Weihnachten zwei braune Porzellanhündchen gekauft, um ihre Kopenhagen-Sammlung zu vervollständigen; daß ich sie, nachdem sie ein paar Tage auf der Wohnzimmerkommode gethront hatten, in einer Schublade wiederfand, war eine schwere Demütigung, meine erste Prüfung in den Feinheiten des Geschmacks. Spontan neigte ich zum Kitsch. Die Prostituierten, von deren Beruf ich keine Ahnung hatte, kamen mir wie Stars vor, und die schäbigen Hotels, in denen sie verschwanden, wie Paläste. Bild meiner Träume: eine kleine Tänzerin, kaum älter als ich, die in ihrem weißen Ballettröckchen auf der Bretterbühne einer Schaubude auf dem Jahrmarkt der Place d' Italie Sprünge und Spagat machte. Nichts war schöner. In diesem volkstümlichen, ein wenig anrüchigen, wimmelnden, lauten und lustigen Paris fühlte ich mich wohl.

Moncontour-de-Poitou (Department Vienne) war der andere Pol meines Glücks. Das Dreieck, das der Turm des Herzogs von Guise, Saint-Jouin-de-Marne und die herrliche romanische Kirche beschreiben, Marne, wo Vettern von mir in den Ruinen des Schlosses von Retournay wohnten – das war meine Sommer-Kindheit, eine Kindheit der abenteuerlichen Pfade, des freien Lernens, das doppelt zählt. Die Wege, die sie miteinander verbanden – die geteerte Straße der berühmten Route Nationale, staubgelbe Feldwege voller Schlaglöcher, auf dem die alten Fahrräder, die man den Kindern borgte, nur mühsam vorankamen –, bildeten die Grenzen des erlaubten Territoriums. Nur eine Meile davon entfernt lag ein anderer

Planet, von dem uns Nachrichten, von Mund zu Mund weitergetragen, über die Märkte erreichten, über die sonntäg-
lichen Versammlungen, die Wallfahrten oder über den Lieferwagen des fahrenden Krämers, der zweimal in der Woche
kam. Die meisten Bauern über siebzig, Männer wie Frauen,
waren Analphabeten, da sie die Schulpflicht umgangen hatten; in diesem Land des Weizens und der Ziegen mit weit
auseinanderliegenden Feldern und niedriger Geburtenrate
brauchte man die Kinder immer bei der Arbeit; am Vorabend
des Kriegs jedoch versäumten sie die Schule nicht mehr und
schielten nach der Stadt.

Das Haus meines Urgroßvaters lag am Ende der langen
Straße, aus der dieses Dorf der Poitou-Ebene bestand – römische Ziegel, Mauern ohne Mörtel, offene Felder, auf denen in
meiner Erinnerung immer die Hitze lastete, übersät mit Nuß-
bäumen, vor deren unheilbringenden Schatten man die Schä-
ferinnen warnte (zu denen ich im Sommer gehörte), da dort
die Schlange und die Verführung lauerten. Es war quadra-
tisch, gediegen und ohne Anmut, das banale Haus des kleinen
Notabeln, der zu genügend Reichtum gekommen war, um
eine gute Figur zu machen an diesem Ende des expandieren-
den Dorfs (unweit davon ein Sägewerk, eine Mustermolke-
rei), aber nicht reich genug, um sich im Zentrum der Ort-
schaft niederzulassen, wo sich die stattlichen alten Wohnsitze
mit ihren am Fluß gelegenen schönen Gärten befanden, die
Häuser des Notars, des Apothekers, des Arztes, deren Gattin-
nen in der Kirche die Orgel spielten und sogar Empfänge gaben. Ich sehe noch die kleinsten Einzelheiten vor mir. Allein
seine Mauern erfüllten mich mit Stolz, auch wenn deren öffentliche Nutzung ein Zeichen von Geldmangel, Geiz oder
Hörigkeit war. Auf der den Feldern zugewandten Mauer
prangte, gut sichtbar für die Autofahrer, die auf der Natio-
nalstraße aus Saint-Jouin kamen, die große blau-weiße Re-
klame der Meunier-Schokolade; auf der Fassade, die zur
Straße ging, wurden die öffentlichen Bekanntmachungen angeschlagen, die gewöhnlich die Reihenfolge der Dreschter-

mine, den Wechsel der Sommerzeit, die Eröffnung der Jagd oder den Schulbeginn und, 1938 und 1939, die Einberufungen betrafen. Wenn sich die Bauern unter unseren Fenstern versammelten, überkam mich das Gefühl für die Wichtigkeit unseres Hauses, ein Gefühl, das noch durch die Tatsache verstärkt wurde, daß es aufgrund seiner Lage an einer Straßenkreuzung die erste Station des Flurschützen Poleion (d. h. Napoleon) war, der hier unter Trommelwirbel seine Runde der »Bekanntmachungen an die Bevölkerung« begann.

In der räumlichen Anordnung spiegelte sich bis in die kleinsten Details die Hierarchie des Alters, des Amtes und des Geldes wider, sehr auffällig und anscheinend von allen gebilligt, was mich jedoch manchmal schockierte. Meine Mittelstellung – Feriengast aus Paris, aber hier geboren – trug mir Einladungen der »Hautevolee« von Moncontour ein, besonders des Arztes, mit dessen Tochter ich verkehrte; an solchen Tagen wusch ich mich, zog ein sauberes Kleid an und ließ meine Freundin Dédée, die Bäuerin, die niemals eingeladen wurde, mit einem Gefühl feigen Verrats allein zurück.

Der Urgroßvater hatte nur wenig mit den Notabeln zu tun; man nannte ihn »le Père Roux«, nicht Monsieur. Im Alter verließ er im übrigen kaum noch den Umkreis seines Hauses und des Gartens und begnügte sich damit, seinen Hühnern Körner zu streuen und sein Gemüse zu beobachten. Schon am Morgen zog er seinen einzigen Anzug aus Kordsamt an, der ranzig roch, und setzte sich in seinen Sessel ans Fenster. Er konnte nicht lesen. Meine Großmutter, seine Tochter, las ihm die Zeitung vor, die sie jeden Morgen mit der Post erhielt: ein Luxus, den er gerügt hätte, wenn er ihn hätte bezahlen müssen. Da er sehr geizig war, lebte er karg, autark, denn er hielt die Krämer für Diebe. Meine Großmutter kaufte für uns Kinder Fleisch, nach den Anordnungen meiner Eltern; er jedoch wollte keines; Fleisch war etwas Überflüssiges, gut nur für die Reichen und die Städter. Er hielt ausgedehnte Mittagsruhe, die er manchmal abkürzte, wenn er sich allein wähnte, um die Goldstücke zu zählen, die seine Ersparnisse bildeten und die er in einer Zuckerdose aus bemaltem Blech aufbewahrte. Seine einzige Ausgabe war das jährliche große Essen, für das er seine ganze Sippe versammelte und schöne rauhe Tischwäsche, das Festtagsgedeck und die Stielgläser hervorholte und von seinen Pächtern die besten Erzeugnisse für ein endloses Mittagsmahl anforderte. Besonders stolz war er auf meinen Vater, der einst ein Pferderennen in Moncontour gewonnen hatte.

Als er um 1932 Witwer geworden war, war Clémence, seit vierzehn Jahren ebenfalls verwitwet, zu ihm gezogen, um ihn zu versorgen, was sie mit bedingungsloser, wenn auch schroffer Hingabe tat. Da es wenige Zerstreuungen gab, besuchte sie die Damen der Hautevolee von Moncontour, die sich bisweilen am Nachmittag zu einem Kaffee oder einem Kräutertee trafen. Um den Zorn des sehr patriarchalischen Urgroßvaters zu vermeiden, der nicht zuließ, daß seine Tochter (sie war um die sechzig) nach neun Uhr abends außer Haus war, versah man diese Geselligkeiten mit dem Mantel der Andacht. »Geh zu Madame Roux, Kleiner, und sage ihr, daß heute Abendandacht ist«, so lautete das vereinbarte Zeichen, das ein Kind überbrachte; eine geschickte Kriegslist, denn der Alte setzte nie einen Fuß in die Kirche. Zu schlau, um sich täuschen zu lassen, akzeptierte er dieses Märchen, das den Schein seiner Autorität wahrte. Im übrigen war er von der Uhrzeit besessen. Ständig starrte er auf das Zifferblatt der Uhr und verlangte von uns, daß wir zu den Mahlzeiten, die für uns immer zu früh eingenommen wurden, pünktlich erschienen. Um die Dinge zu beschleunigen, stellte er die Uhr vor, die wir wieder nachstellten. Die Disziplin der Zeit ist nicht unbedingt eine Erfindung der Industrie.

In Moncontour, einem kalkhaltigen und gottlosen Landstrich, war die Religion Sache der Frauen: die Männer gingen nur zu Pfingsten und am Palmsonntag in die Kirche, wenn überhaupt. Großvater rührte sich nicht vom Fleck; man brachte ihm den Lieben Gott ins Haus, einmal im Jahr. Da ihm aber die Beichte widerstrebte, verwandelte sich dieser Ritus in den gewöhnlichen jährlichen Besuch des Pfarrers, in

Erwartung der Letzten Ölung. Der Pfarrer war heilig und arm, und die Pfarrkinder waren knausrig und »Hunde«. Da er keine Magd hatte, fegte er selbst sein Haus und seine Kirche. Als Dekan konnte er seine Konfratres nicht einladen, die der Pfarrer von Marnes, der Privatvermögen und eine gute Köchin besaß, um den 15. August bei seinem im ganzen Kanton berühmten Festschmaus bewirtete.

Um die jungen Mädchen in den Kirchenchor zu locken, den die Frau des Friedensrichters aufzubauen versuchte, organisierte der Pfarrer zur Belohnung Anfang September, nach der Ernte, eine jährliche Wallfahrt nach Saint-Laurent-sur-Thouet oder Ranton. Diese heiligen Stätten waren den Erscheinungen zu verdanken, mit denen die Jungfrau im 19. Jahrhundert so viele Schäfer, vor allem in Hainen, beehrt hatte. Steine, die die Tiere mit Vorliebe ableckten und die sich als schwer und wundertätig erwiesen, als Fußspuren der Jungfrau in den Felsen; der Granit war nie fern. Diese Wallfahrten verwandelten sich in fröhliche Landpartien. Aus diesem Anlaß kneteten die Bäuerinnen den Schmalzkuchen, und von der Pflicht des Erntemahls befreit, verschenkten sie Ziegenkäse. Der Pfarrer mietete den Lieferwagen des Krämers, auf den man Bänke stellte. Die Reise war endlos und lustig. Wenn man sich den heiligen Stätten näherte, sang man Psalmen und betete den Rosenkranz. Nach der Messe, bei der der lokale Klerus seine Pracht entfaltete, gab es ein riesiges Picknick, und die jungen Mädchen, von denen viele kurz vor der Heirat standen, zogen einander ins Vertrauen.

Dank meiner Großmutter, einer regelmäßigen und großzügigen Kirchgängerin, war ich bei all diesen Ausflügen dabei. Ich nahm auch an den heidnischen Festen, den Bacchanalien des Ackers, den Dreschfesten teil. Moncontour war ein Land mit offenen Feldern und Gemeindetriften. Ernte- und Drescharbeiten wurden gemeinsam verrichtet, nach einem egalitären Kalender, der von Jahr zu Jahr die Reihenfolge der Operationen veränderte, um niemanden zu benachteiligen. Das Eintreffen der Maschine in der Kühle des Abends, dem die schreckliche Legende der von ihr verschuldeten tödlichen Unfälle vorauseilte, war ein höchst erregender Augenblick; in meinem Gedächtnis, in dem die Bilder sich trüben, verschmilzt der Bauer des Poitou, der ihr vorangeht – klein, dunkelhaarig, mit offenem Hemd, eine Flasche schwenkend »wie die Leier« –, mit dem tanzenden Faun der griechischen Vasen. Ein Eindruck starker Sinnlichkeit, bei dem mein sonnengebräunter Körper sich wohlfühlte.

Im übrigen war dieser Teil des Poitou nicht verklemmt. Häufig wurden »Moorgänge« unternommen, will man den Anspielungen der jungen Mädchen glauben, die sich lachend ihre Abenteuer erzählten. Mit einem Jungen ins Moor zu gehen kam einem Heiratsversprechen gleich. Diese Beziehungen setzten sich bei den Zusammenkünften fort, zu denen sich an den Sonntagen die Jugend traf, um zu den Klängen eines Akkordeons auf dem »Tanzboden« zu tanzen, der von einem Dorf ins andere transportiert wurde. Die Fahrräder hatten die jungen Leute den Blicken ihrer Eltern entzogen, die über die Veränderung der Tänze klagten, sowie den Kreis der Beziehungen erweitert, auch wenn diese weiterhin endogen blieben. Viele wagten den Sprung schon vor der Hochzeit; voreheliche Schwangerschaften waren keine Seltenheit und wurden durchaus toleriert. Ich erinnere mich an jenen Sommer, als das blaue Kleid der kleinen Proust, einer unserer Nachbarinnen, unter dem sarkastischen Blick meines Großvaters anschwoll, der jeden Sonntag vom Fenster aus den langen Zug der jungen Mädchen verfolgte, die sich in hellen Kleidern und blumengeschmückten Strohhüten ans andere Ende des Dorfs zur Messe begaben. In Marnes hatte ein Vetter von mir mit fünfzehn Jahren ein dreizehnjähriges Mädchen verführt; das junge Paar war geflohen, als sich ein Kind ankündigte; es bedurfte des Dispenses von Rom, um Irène und Jean zu verheiraten. Die zuweilen ausgelassene, letztlich optimistische heidnische Stimmung von Moncontour stand in krassem Gegensatz zur Prüderie der Schule von Bossuet – und befreite mich von ihr.

In Moncontour habe ich zwischen 1934 und 1939 (im Alter von sechs bis zehn Jahren) unvergeßliche Sommer verlebt. Wenn es ein Paradies gibt, dann liegt es für mich dort, in diesem armen und sehr unbedeutenden, versengten Dorf des Poitou. Die schönste Landschaft der Welt ist das Werk unseres Blicks und unseres Gedächtnisses.

Das war vor langer Zeit, vor dem Krieg: im 19. Jahrhundert. Wer diese Zeit nicht erlebt hat, hat die Reinheit der Luft und die Hitze des Sommers nicht erlebt!

Moncontour, meine Mythologie, mein Gedächtnis, meine Wurzeln... Als ich 1966 das letzte Stück Poiteviner Land verkauft habe, ist die Welt plötzlich kleiner geworden.

Geschichte treiben, das heißt vielleicht, den verlorenen Raum durch die Zeit ersetzen...

Und der *Cours Bossuet* in alledem? Angesichts der religiösen Gleichgültigkeit meiner Eltern war das keine ideologische, sondern eine rein konventionelle Entscheidung, die die Komplexität der Beziehungen zwischen Öffentlichem und Privatem im damaligen Frankreich unterstreicht.

Mein Vater war Interner bei den Jesuiten von Saumur gewesen, wo er ein ebenso glänzender wie unglücklicher, wilder und aufsässiger Schüler gewesen war. Zu sagen, daß er sie verabscheute, käme einer Untertreibung gleich. Zwei Geschichten, höchst real und daher bereits symbolisch, nährten seinen Antiklerikalismus: die feierlichen Mahlzeiten, bei denen sich die ohnehin schon beträchtliche Kluft zwischen der Alltagskost der Mönche und der der Zöglinge im gemeinsamen Refektorium noch vergrößerte. Die Ankunft des Erzbischofs war für diese heißhungrigen Heranwachsenden eine Tantalusqual, hier offenbarte sich die Heuchelei der kirchlichen Sitten, die sich seit Balzacs *Le Curé de Tours* kaum verändert haben dürften. Die andere, eines Jean Vigos würdige Geschichte war die der Nachttöpfe, die er in der Nacht vor der Verteilung der Preise, die er in der Prima fast alle besaß, aus dem Fenster geworfen hatte. Man kann sich den

Skandal vorstellen; man hatte ihn in Arrest gesteckt, man hatte seinen Namen von der Liste der Preisträger gestrichen, meine Großmutter vorgeladen (harter schwarzer Blick, den ich gut kannte) und ihn natürlich von der Schule verwiesen. Im Jahr darauf war er ins Gymnasium von Poitiers gekommen, das er in ausgezeichneter Erinnerung behielt, einschließlich des Essens. Der antiklerikale Heranwachsende wurde Atheist und Freidenker, pietätlos, und sang zu meinem größten Entzücken Spottlieder auf die Lehrerinnen des *Bossuet*, die Streit mit mir suchten; gewöhnlich war er von heiterer Gleichgültigkeit, wenn ihn nicht bisweilen ein alter Zorn packte, angefacht durch irgendein neues Vorkommnis. Der *Cours Bossuet* war gewiß nicht nach seinem Geschmack. Seinen Sohn hätte er bestimmt nicht dorthin geschickt. Aber ich war ein Mädchen, und die frühe Erziehung war schließlich Sache der Frauen. Seine Mutter und seine Schwester, die sich um mein Seelenheil Sorgen machten, rühmten die Verdienste eines Ordens im Westen – die *Retraite* –, der seinen Sitz in Angers und ein Institut in Paris hatte, genauer: im Zentrum von Paris.

Meine Mutter mochte die Schwestern ebensowenig wie mein Vater die Jesuiten. Ihre eigene Mutter war deren Sündenbock gewesen, als sie, ein armes Kind, aus Barmherzigkeit in ein Internat höherer Töchter aufgenommen worden war; sie hatte es ihnen nie verziehen, sie dort gedemütigt zu haben. Das Gefühl der Ungerechtigkeit liegt allen diesen Brüchen, der Ablehnung archaischer Erziehungsmethoden zugrunde, die sich in der Jugendrevolte – etwas in Europa übrigens ganz Neues – artikulierte. Meine Großmutter hatte ihre Kinder also aufs Gymnasium geschickt, einschließlich der Tochter, mit der bedingungslosen Unterstützung ihres Mannes, des Ingenieurs, der schon seit langem zum Laizismus bekehrt war und davon träumte, daß seine Söhne später die *Ecole Polytechnique* besuchen würden. Im *Fénelon* hatte es meiner Mutter gefallen (so daß sie noch heute den Verein ehemaliger Schülerinnen leitet). Mich erwartete also *Fénelon*, das verstand sich von selbst. Sie wollte mich so bald wie möglich anmelden, aber die Oberaufseherin, die sie gut kannte, riet ihr dringend davon ab. Ein Gesetz hatte die Schulgeldfreiheit eingeführt; es herrschte großer Andrang; man steckte bis zu fünfunddreißig Kinder in eine Klasse; ein kleines Kind würde sich dort verloren fühlen; was kleine Klassen angeht, wäre es besser, auf die Privatschule zurückzugreifen. So sprach im Jahre 1934 die Aufseherin einer großen staatlichen Lehranstalt angesichts der einsetzenden Veränderung!

Meine Mutter war außer sich; aber sie verabscheute die »Menge«. Man sagte, daß im *Cours Bossuet* eine familiäre Atmosphäre herrsche. Vor allem gab es am Ende einer langen schattigen Allee, die sich über die Ausdünstungen der Stadt erhob, einen schönen Garten, unglaublicher Luxus in diesem dicht besiedelten Viertel. Diese Aussicht auf gesunde Luft, die auch dem Hygienefimmel meines Großvaters entgegenkam, bezwang alle Widerstände. In der reinen, friedlichen Oase des *Cours Bossuet* sollte ich bis zur sechsten Klasse und der feierlichen Kommunion bleiben. Dort sollte ich jene Übergangsriten vollziehen, die der Chor der Familie für unerläßlich hielt. Der Kompromiß stellte alle Welt zufrieden. Das Gymnasium würde danach kommen.

Der Krieg, aber auch meine persönliche Zustimmung zu dem Glauben, den man mir anbot, sollten die Dinge ungemein komplizieren.

Dieser Garten war zwar nicht sehr groß; aber eine durchaus klösterliche Vielfalt an Gehölzen und Laubengängen und die Vielzahl der Worte, um sie zu benennen, erweckten diesen Eindruck. Es war ein wahres Gehege, mit fast exterritorialem Charakter und einer Kapelle, wohin die Prozessionen gingen. Ich erinnere das Vergnügen, mit dem ich Opferschalen und Rosenblätter mit vollen Händen (»Mein Kind, Sie gehen zu schnell!«) auf die Monstranz warf. Der Garten überragte die *comble-sheds* der Lagerhäuser von Baccarat und, hinter einem dichten Wäldchen verborgen, das Gefängnis von Saint-

Lazare, dem wir uns nicht nähern durften. Während eines Versteckspiels schleiche ich mich dorthin: am Ende eines Hofs, einer Art tiefer liegenden Brunnens, sehe ich einen Reigen von Frauen in grauem Kittel, die sich endlos, schweigend unter der Aufsicht einer Nonne im Kreis drehen, Gefangene, von denen ich natürlich nicht weiß, daß sie die glitzernden »Stars« der Rue Saint-Denis sind. Ich bin sechs oder sieben Jahre alt und habe das schuldhafte Gefühl, ein Geheimnis entdeckt zu haben; und zugleich das Gefühl, das ich später noch oft verspüren sollte, daß man hinter dem Schein etwas vor uns verbirgt.

Dieser eingegrenzte Raum war geradezu das Symbol der unmöglichen Aufgabe, die der *Cours* sich gestellt hatte: gegen den Strom der Zeit ein weitgehend dem 19. Jahrhundert entlehntes Modell moralischer und religiöser Erziehung aufrechtzuerhalten, das es ständig gegen äußere Einflüsse abzuschirmen galt. Eine Anekdote unter hundert anderen: unsere Lehrerin in der dritten Klasse, eine »Säkularisierte«, im übrigen eine reizende Bohnenstange, spioniert uns bis zum Metroeingang nach, um zu sehen, ob wir auch ja die Mützen tragen, die die Uniform verlangt; diese Mützen hatten sich natürlich in Kugeln von etwa zehn Zentimeter Durchmesser verwandelt, die wir geschwind in unsere Tasche steckten, wenn wir durch das Tor gingen. Es ist das Jahr 1943, der Winter von Stalingrad, derjenige, in dem die *Résistance* Gestalt annimmt. Wir hören den britischen Rundfunk; die Wände bedecken sich mit deutschen Plakaten, die Hinrichtungen von Geiseln bekanntgeben. Bei uns herrscht der Krieg der Mützen, man legt uns Hinterhalte am Metroeingang.

Der *Cours* bemühte sich, vor allem »gute Christinnen« heranzuziehen; erbauliche Übungen und Religionsunterricht nahmen beträchtliche Zeit in Anspruch. Dennoch herrschte auch hier der Geist des Wettbewerbs. Parallel zu dem quälenden Modell des staatlichen Schulwesens organisierte man zum Beispiel »allgemeine Wettbewerbe«; und die Vorbereitung auf das Bakkalaureat war, ich sagte es bereits, Teil des

Vertrags. Latein und Französisch wurden recht ordentlich gelehrt. Aber die Literatur war durch moralische Konventionen
verwässert; man ignorierte das 20. Jahrhundert wie fast überall; zwischen einem zu schlüpfrigen 16. Jahrhundert, einem
zu philosophischen 18. Jahrhundert und einem zu amourö-
sen 19. Jahrhundert privilegierte man das 17. Jahrhundert,
das in allen Belangen als Höhepunkt galt. Nichts vom Janse-
nismus und der Gnade, von Pascal und Bossuet blieb uns unbekannt. 1944 wurde die zweite Klasse durch die ständigen
Bombenangriffe und später durch die Landung der Alliierten
vorzeitig abgebrochen; man schickte uns mit einem großen
Leseprogramm nach Hause. Die *Trauerreden* von Bossuet,
die ich berauscht mit lauter Stimme las, bildeten für mich den
Klangteppich der Befreiung. Geschichte wurde auf die aller-
seichteste Weise gelehrt, mit Hilfe von Zusammenfassungen
und Übersichtstafeln. Ich habe sie auf andere Weise entdeckt,
auf die ich noch zu sprechen kommen werde.

Gott lenkte unsere Tage; und ich genoß es. Die Religion
meiner Kindheit war der Garten der Lüste, im wahrsten Sinn
des Wortes. Ich hatte ein topologisches Bild von meiner Seele.
Für die Erstkommunion, die ich mit sechs oder sieben Jahren
absolvierte, sollten wir in unserem Herzen ein Blumenbeet
anlegen, um Jesus zu empfangen; jeder Art von Handlung
(Gebet, Opfer, Kasteiung, Rosenkranz usw.) entsprach eine
Pflanzenart. Ich nahm alles wörtlich (es brauchte viel Zeit, bis
ich zur übertragenen Bedeutung gelangte), und ich strengte
mich an, mein Beet mit Veilchen und Lilien, Iris und Rosen zu
schmücken. Das »Innere« hatte für mich eine physische, materielle Dichte. In die geistige Übung investierte ich einen
Spieltrieb, der den Eucharistischen Kreuzzug, zu dem ich gehörte, in eine Suche nach der permanenten Spitzenleistung
verwandelte. In den Ferien übergab man den »Kreuzfahrern«
kleine Zettel für die moralische und religiöse Buchführung,
die jeden Abend ausgefüllt werden mußten; meine fixe Idee
bestand darin, zu hohen Endsummen zu kommen, natürlich
ohne zu mogeln. Wenn sich ein Fehlbetrag ergab, stürzte ich

mich auf den Großen Rosenkranz und die Kasteiungen; mich mit Brennesseln abzureiben, so lange wie möglich auf einem Steinmäuerchen oder auf einem Fuß das Gleichgewicht zu halten, waren meine Lieblingskasteiungen, bis zu dem Tag, an dem der Urgroßvater, verblüfft, mich mit entrückter Miene in der Stellung des Säulenheiligen fand; er hielt mich für verrückt. Oder ich versuchte, die Dorfkinder dazu zu bewegen – aber ich konnte nur Dédée und ihren kleinen Bruder gewinnen –, vor dem Kalvarium eine Opferschale herzurichten, unter den verdutzten und spöttischen Blicken der Anwohner, die diesem Missionskreuz aus dem 19. Jahrhundert äußerst gleichgültig gegenüberstanden.

Ich berauschte mich an den geheimnisvollen Kräften der Gemeinschaft der Heiligen, die später in meinen Augen eine weit anspruchsvollere Dimension annehmen sollte und deren grandiosester und legitimster Erbe für mich eine Zeitlang der Kommunismus war. Doch im Augenblick nichts dergleichen. Es gab die kleinen Chinesen, die man erlösen konnte, indem man für die Heiligen Kinder – jedes Jahr empfingen wir die bärtigen Missionare, und ich liebte ihre Filmvorführungen – das Silberpapier des Vesperbrots sammelte; ich malte mir aus, einer Truppe schlitzäugiger Babys vorzustehen, die ich eines Tages würde aufnehmen müssen. Es gab auch die Weidmann-Affäre – ein großer Verbrecher, dessen Hinrichtung im Frühjahr 1939 wegen der Unruhen, die sie ausgelöst hatte, die letzte war, die öffentlich stattfand. Ich vermehrte die Opfer, um seine Heimkehr zu Gott zu erreichen; auf dem Boulevard Sébastopol spähte ich, auf dem Heimweg vom *Cours*, nach den Schlagzeilen von *Paris-Soir*; als einige Zeitungen ihm ein erbauliches Ende zuschrieben, rechnete ich es mir als mein Verdienst an, eine christliche Art und Weise also, zu den »vermischten Nachrichten« beizusteuern ...

So war die Religion eine Quelle von Freuden, Gemütsbewegungen, Anlaß für Feste, der Zugang zum Wunderbaren, aber auch Aufforderung zur Hingabe, mit dem Versprechen, daß nichts verloren sei, sowie eine magische Erweiterung des

Daseins durch verstärkte Kommunikation. Die Tatsache, daß meine Eltern nicht daran teilnahmen, verwirrte mich ein wenig. Aber die Welt der Erwachsenen hatte ihre eigenen Regeln; und es mißfiel mir nicht, mein eigenes Universum, mein eigenes Territorium zu haben.

Wie kam es, daß sich diese liebliche Version in eine mystische und tragische verwandelte?

Es ist der Krieg, und meine Jugend. Und alles verdunkelt sich.

Nicht sofort, nicht augenblicklich. Im Gegenteil: München, das ich in Moncontour erlebte, hatte vielleicht das Ende meiner Kindheit markiert (ich war zehn Jahre alt und kam in die sechste Klasse). Glanzvoll: die überstürzte Ankunft meiner Eltern, die aus dem Süden kamen, wo sie ihre Ferien verbrachten, braungebrannt, strahlend in ihrem Delage-Kabriolett, das der Großvater voll Stolz vor dem Haus parken ließ, womit er es der Bewunderung des Dorfs darbot, hinterläßt in mir eine Erinnerung intensiver und flüchtiger Freude, wie man sie im Gebirge empfindet, wenn man, auf dem Gipfel angelangt, den mühsam erklommenen Hang betrachtet, bevor man wieder ins Tal hinabsteigt und ihn für immer verliert. Um Nachrichten zu hören, verteilte man sich auf die wenigen Rundfunkempfänger im Dorf, deren stolze Besitzer die Fenster weit öffneten, damit alle mithören konnten. Der Schulbeginn wurde hinausgeschoben, und so erlebte ich zum ersten – und einzigen – Mal die Weinlese im Poitou.

Mit dem Kriegsausbruch im folgenden Jahr setzte sich die Reihe der Vergnügungen fort. Der *Cours* war geschlossen; ich arbeitete allein und nur das, was mir gefiel; ich entdeckte meine Liebe zum Geschriebenen; vor allem las ich, alles durcheinander, abwechselnd die letzten Bücher der »Bibliothèque de Suzette« und die in der Bibliothek meines Onkels in Angers entdeckten Romantiker. Ich begleitete meine Eltern auf ihren Fahrten. Im März 1940 wurde mein Vater, der die Sache sehr schlecht verkraftete, als »Sonderbeauftragter« eines Forstunternehmens in der Bretagne eingesetzt: beim Vormarsch der Deutschen wurde das Werk geschlossen und die »Sonderbeauftragten« entlassen, mit denen man offenbar nichts anzufangen wußte. Ins Zivilleben zurückgekehrt, floh mein Vater mit uns, meiner Großmutter, meinem Vetter und mir, bis in die Pyrenäen, nach Luchon. Mein achtzehnjähriger Vetter wollte nach Spanien gehen, um sich den Requirierungen der Deutschen zu entziehen, die man fürchtete wie den Minotauros. Auf unseren Spaziergängen erkundeten wir in völliger Ahnungslosigkeit die Maultierpfade rings um die Maladetta oder um Port-de-Vénasque. Es war herrliches Wetter. Für mich war es ein schöner Sommer.

Alles – die Umgebung und die Leute – änderte sich im Herbst 1940. In Moncontour starb der Großvater; ich bin nie mehr dorthin zurückgekehrt. Schon im Frühjahr 1939 hatte uns die Suche nach physisch wie moralisch reiner Luft nach Montmorency verschlagen. Als wir von der Flucht zurückkehrten, hielten die Deutschen unser Haus besetzt. Ich begleitete meine Mutter bei ihren mühsamen und demütigenden Lauferelen, die nötig waren, um es wiederzubekommen.

Das Haus war vergewaltigt worden und kam mir nun unendlich verletzbar vor; wenn ich mich allein darin befand, was häufig vorkam, hatte ich Angst vor jedem sich nähernden Schritt. Schön, eiskalt, einsam, wurde das große Traumhaus zum Schauplatz unserer Qualen. Meine Mutter versuchte krampfhaft, den Schein zu wahren, was im Grunde ein Ausdruck von Mut war. Die Geschäfte gingen nicht mehr. Da mein Vater sich weigerte, auf dem »Schwarzmarkt« zu handeln, brauchte er nur noch dreimal in der Woche das Leder, das man ihm für seine Kundschaft zuteilte, gegen Bezugscheine auszugeben. Er verbrachte viele Stunden im Bett – es war sehr kalt –, lesend oder Radio hörend. Über seine Sympathien herrschte kein Zweifel (Pétain war für ihn der »Schlächter von Verdun«). Aber er fühlte sich gestrandet, erneut in seinem Elan gebrochen, diesmal als Außenstehender, als Zuschauer. Mit verheerenden Neurasthenien.

Der im Bett liegende Mann war ein unerträglicher Anblick: Gatsby der Herrliche – mein Gatsby – war tot. Meine Helden waren gefallen, besiegt. In diesem Drama boten sie mir nichts außer dem Warten (aber worauf?), eine Passivität, die ich nicht verstand, eine stumme Träumerei, in der ich nicht einmal vorkam, da sie die Sehnsucht nach ihrer eigenen Jugend war.

Im *Cours Bossuet*, der im Herbst 1940 wieder geöffnet hatte, kehren nach und nach die Schülerinnen zurück; nicht alle; sie haben sich – innerhalb nur eines Jahres – sehr verändert. Das Klima ist sonderbar, zwiespältig. Die Säkularisierten ziehen, dank Pétain, wieder das religiöse Gewand an; dennoch ist ihr Triumph bescheiden; ich erinnere mich kaum, *maréchal nous voilà* gesungen zu haben; man empört sich über die kollaborierenden Familien; bald flüstert man den Namen derer, die sich der *Résistance* anschließen würden (wie gern hätte ich dazugehört...); später erfuhr man, daß der Bruder der Studienleiterin, Mademoiselle Cormerey, die sich geweigert hatte, wieder den Schleier zu nehmen, ein namhafter Widerstandskämpfer aus Angers gewesen war. Mit wachsender Leidenschaft verfolgt man die Nachrichten über den Krieg, und die Befreiung ist ein sehnsüchtig erwartetes Ereignis.

Unter der Leitung einer neuen Direktorin, einer mystischen Nonne mit brennendem Blick, unternimmt die *Retraite* den Versuch einer moralischen und religiösen Reform: gegen die Frivolität, die Eitelkeit werden wir die Uniform tragen. Vor allem muß man beten, arbeiten, sich opfern, *Buße tun*, denn wir sind schuldig, und der Krieg ist das Zeichen für den Zorn Gottes, die Strafe für Gleichgültigkeit und Sinnenlust, die Strafe für die Sünden unserer Eltern und unsere eigenen. Die klassische Haltung der Kirche gegenüber dem Unheil mischt sich hier mit der Moral von Vichy. Sie findet einen besonders fruchtbaren Boden in diesem Milieu von Frauen, die der Mission ergeben sind. Und sind die Frauen nicht ganz besonders schuldig? In Luchon habe ich in einer Kirche, in der sich die Flüchtlinge drängten, einen Priester von der Kanzel rufen hören: »Man wollte die Frauen schonen«, ein rätselhafter Satz, der lange an mein angstvolles Gewissen schlug, noch bevor ich seinen Sinn verstand. Als Schuldige sind die Frauen auch Vermittlerinnen, Eva und Maria zugleich. Der Marienkult erlebte damals seine Höhepunkte.

Die liebenswerte Frömmigkeit des *Cours*, diejenige meiner Kindheit, verwandelt sich in eine strenge, ernste, mystische Religion, deren Spannung mich erbeben läßt. Gott wird schrecklich und groß. Das Blut des Kriegs ist auch das Blut Christi, das uns von aller Sünde reinwäscht: ein Bild von Jahwe, dem Gott der Bibel, dem man Blutopfer bringt.

Ich verinnerliche die Niederlage als die meiner Familie, die Bestrafung als die meiner Eltern, die ihr Seelenheil vergessen. Das Gefühl für die Sünde faßt Fuß in meinem Leben, quälend. Man muß sich opfern, sich kasteien, Buße tun. Die Gelüste, die Regungen des Körpers und der Seele brechen. Sich nicht »verweichlichen«. Glück ist sträflich und Wohlbefinden schandbar. Ein Bild quält mich: das der Gefangenenlager (ich erinnere mich nicht, jemals an die *Deportierten* gedacht zu haben), und zu essen erscheint mir ein unerträgliches Privileg, die Päckchen der Vettern aus Marne bereiten mir Gewissensbisse. Meine Angst verwandelt sich in Appetitlosigkeit, die mich zum Skelett abmagern läßt. Im Sommer 1942 treffe ich für einen kurzen Augenblick Dédée wieder; sie weint, als sie mich sieht; sie glaubt, ich würde sterben. Ich auch; im übrigen träume ich davon, mit fünfzehn Jahren zu sterben wie die frommen Mädchen im 19. Jahrhundert, über deren geopfertes, erhabenes Leben ich in Luché lese.

Luché hat Moncontour ersetzt. Den Sommer verbringen wir nun in *La Colonie*, einer großen Musterfarm, die, wie ich später erfuhr, eine ehemalige Strafkolonie für junge Delinquenten war und im Zweiten Kaiserreich in Anwendung des Gesetzes von 1851 eröffnet wurde. Meine Großeltern hatten sie anläßlich der Trennung von Kirche und Staat gekauft, mit dem Segen des Erzbischofs und dem Versprechen, die Örtlichkeiten wieder abzutreten, wenn... Luché ist die Vendée, feucht, kalt, fromm. Die Männer des Bauernhofs sind in Gefangenschaft; es bleiben die Frauen, die mehr Schwarz tragen denn je, arbeiten, beten und weinen. Die Kolonie ist der Ausgangspunkt einer kleinen Wallfahrt zum Kreuz, einem im 19. Jahrhundert errichteten Kalvarium mitten in der Natur und völlig vergessen, dem das Unglück des Kriegs wieder Kraft verleiht. Luché ist völlig isoliert. Der Rahmen ist schön, aber nüchtern; und die Bibliothek, voll erbaulicher und züchtiger Bücher, quillt über von jener ungesunden, trüben Frömmigkeit des 19. Jahrhunderts, in der sich die Trennung von Körper und Seele verewigt.

Ich träume von Entsagung, Vernichtung, Verschmelzung in Gott. Ich muß Opfer sein, um meine Identität wiederzufinden. »Es gibt Augenblicke, in denen ich Gelassenheit nur in der Gewißheit finde, daß das Unglück auch mir nicht erspart bleiben wird«, schreibt Van Gogh, der sich im Masochismus auskennt.[4] Dona Proeza (im Herbst 1943 spielt man Claudels *Der seidene Schuh*) und Antigone sind meine Vorbilder. »Immer wird es irgendwo auf der Welt einen Hund geben, der mich daran hindert, glücklich zu sein« (Anouilh).

Da ich schwer krank bin, muß ich die dritte Klasse unterbrechen und zur Behandlung einer Rückgratverkrümmung, die meine Magerkeit ans Licht bringt, den ganzen Tag auf einem Brett liegen. O Gott, wie weiß ist der Schnee und wie schwarz die Nacht, wenn es Abend wird und ich in dem dunklen und leeren großen Haus allein bin... Trotzdem fühle ich mich gerechtfertigt, gerechtfertigt durch mein Opfer, denn ich denke mir, daß es sinnvoll ist. Mehr denn je ist die Gemeinschaft der Heiligen meine Chance, an der Rettung der Welt und an der Geschichte teilzunehmen.

Im Frühjahr 1943 werde ich fünfzehn Jahre alt, ich bin geheilt, ich habe meine Todesphantasien gebannt und wieder Freude am Leben gefunden.

Gewiß half mir dabei der Glaube.[5] Aber auch die Bücher, die ich in jenen endlosen Tagen verschlang. Ich lernte die russische Literatur kennen, Tolstoi und Turgenjew, der meiner Psychologie sehr entgegenkam. Aber vor allem entdeckte ich die amerikanische Literatur, die mein Vater seit langem ebenso glühend verehrte wie das Kino und die Musik aus Übersee. Jack London, Sinclair Lewis, Upton Sinclair, Dos Passos, Hemingway, später Faulkner zeigten mir ein anderes Weltbild, das einen ungewöhnlichen Kontrast bildete zu den schalen Frömmeleien der Kolonie oder den süßlichen Romanen des *Cours*. Zu der Zeit, als Vichy die Dekadenz des Abendlands und den amerikanischen Materialismus anprangerte, war die Lektüre dieser Literatur etwas Stärkendes, ein oppositioneller Akt, bei dem ich die geliebten Bilder meines Vaters wiederfand. Diese Begegnung hat mich zu der Überzeugung gebracht, daß die nordamerikanische Kultur Teil meines Erbes ist.

Im Herbst 1943 bin ich wieder zum *Cours* gegangen. Dort machte ich eine weitere Entdeckung: die Bibel. Die Kurse in »biblischer Geschichte«, wie man sagte, wurden nun von einem Lehrer des Katholischen Instituts abgehalten, Abbé D., einem gebildeten Pädagogen. Er machte uns mit der Exegese bekannt, der inneren und äußeren Textkritik, ja sogar ihrer materiellen Geschichte. Kurze Zeit zuvor waren die Manuskripte vom Toten Meer entdeckt worden, Beweis für die historische Existenz Christi. Ich weiß nicht, ob Abbé D. persönlich davon berührt war, aber er verwandte eine zwanghafte Sorgfalt darauf, uns die Echtheit und Wahrhaftigkeit der Evangelien zu beweisen, sie von den Apokryphen zu unterscheiden. Wichtig war ihm auch, die biblische Chronologie in die Geschichte des Mittelmeerraumes und in die allgemeine Geschichte einzubetten; die Erschaffung des Menschen innerhalb der geologischen Zeitalter zu datieren; die Sintflut in bezug auf die Mythen oder Erzählungen anderer Religionen zu situieren; den Zug durchs Rote Meer in die Geschichte der pharaonischen Dynastien zurückzuverlegen; und die Passion Christi in den sozio-kulturellen Zusammenhang des Römischen Reichs zu stellen, wobei er darauf achtete, das Symbolische vom Realen zu unterscheiden. Die Bibel war nicht mehr nur eine heilige Schrift, sondern ein großes Geschichtsbuch, das es in seinem ganzen Umfang, von der Genesis bis zur Offenbarung, zu erfassen galt. Unter den Evangelien gab Abbé D. dem des Johannes den Vorzug wegen seines jüdisch-griechischen Synkretismus. Große Bedeutung maß er den Paulus-Briefen bei, und er machte uns mit der Patristik bekannt, wodurch ich später an der Lehre von Pater Daniélou Geschmack fand. Das Christentum nahm im Mittelmeerraum Gestalt an, wo es die verschiedensten Kulturen gab, denen er sich verbunden fühlte und wir mit ihm. Ich sollte es später bemerken – zu der Zeit, als die Juden den gelben Stern trugen, hob Abbé D. weniger ihre Schuld am Tod Christi hervor als das Judentum des Messias, die Wirklichkeit des Bundes, die Synthese. Zweifellos war es das Echo einer sich erneuernden Religionswissenschaft.

Für uns, jedenfalls für mich war es eine Offenbarung. Die Qualität dieses Unterrichts stand in krassem Gegensatz zu den bloß redlichen oder schlechthin mangelhaften anderen Veranstaltungen. Es war die Verführungskraft eines wissenschaftlichen Denkens und einer strengen Methode, die mit dem Glauben versöhnt waren. Im übrigen neigte ich dazu, darin den Charakterzug einer männlichen Welt zu sehen, in der die Intelligenz herrschte, während man den Frauen lediglich die Ergüsse des Herzens gewährte. Ich brannte darauf, ihr anzugehören.

Ich sehnte mich noch nach manch anderem, insbesondere danach, frei zu sein. Deshalb weigerte ich mich, die Vorbereitungsklasse für die *Ecole Normale Supérieure* zu besuchen, wozu meine Eltern mir rieten: die Aussicht, mich erneut in eine »Schule« einzusperren, und sei es eine große, machte mir Angst, so wie zweifellos auch der unvermeidliche Schiffbruch, der mich dort erwartete. Ich schrieb mich an der Sorbonne ein.

Als ich mich Anfang Oktober 1946 dort einfand, als »freie Studentin«, entzückt über diesen Titel und begierig »anzufangen«, war die Sorbonne eine Wüste, und ich erlebte eine riesige Enttäuschung. Eine »Ehemalige« hatte mir empfohlen, mich in Geduld zu üben und inzwischen zu lesen. Sie legte mir nahe, mit dem Anfang zu beginnen: mit der griechischen Geschichte und der Sammlung Glotz. Ich ging zu meinem Hügel zurück, mit Büchern beladen...

Die Kurse begannen zu einem, wie ich meinte, späten Zeitpunkt. Der Unterricht bestand ausschließlich aus Vorlesungen, mit ein paar fakultativen praktischen Arbeiten, die Kursen ähnelten, ohne Zwang und ohne Sanktionen. Den Autodidakten, die wir wohl letztlich mit Ausnahme der *normaliens* alle mehr oder minder waren, gefiel dieser Stil recht gut.

Was mich störte, war die Uneinheitlichkeit und Phrasenhaftigkeit des Denkens. Ich hatte den Eindruck, vor einem Puzzel zu stehen, von dem so viele Teile fehlten, daß es unmöglich war, das Gesamtbild zu erkennen. Trotzdem fand ich Vergnügen daran, an allem zu nippen, was uns geboten wurde und was wir uns frei aussuchen konnten. Die Möglichkeit, Aymard oder Marrou, Zeller oder Tapié, Renouard oder Perrin, Renouvin oder Charles-André Julien, Pierre George oder Ernest Labrousse zu hören (um nur von Historikern und einem Geographen zu reden), war ein Luxus, den die meisten genossen, ohne seinen Wert recht schätzen zu können. Die kleine Schülerin des *Bossuet* aber war bescheiden und ehrfürchtig, von ihrer Unwürdigkeit durchdrungen, begierig, Lücken zu füllen, und entzückt, zu all diesen Reichtümern Zugang zu haben (ihre Kameradinnen hatten sie einmal »entzückte Ameise« genannt). Sie labte sich an den endlosen Bibliographien, so wie man im voraus die Verheißungen eines Menüs oder einer Speisekarte auskostet; sie sah in ihnen Wege zu einer riesigen, realen wie imaginären Bibliothek, einen unerschöpflichen Wald von Werken und Träumen, einen Kontinent aus Büchern.

Jede Vorlesung war eine Theaterinszenierung; es gab den Hauptdarsteller auf der Bühne mit seinen guten und seinen schlechten Tagen, den mehr oder weniger gut besetzten Zuschauerraum, die Kulissen; Einfälle schmückten bisweilen eine etwas eintönige Inszenierung aus, die man begierig aufnahm; als Anekdoten kolportiert und von Jahr zu Jahr weitergetragen, nährten sie eine mündliche Tradition, die eine Gruppe zusammenschweißte und eine Ethnie vortäuschte. Anfangs fühlte ich mich durch dieses konspirative Lachen, diese Heimlichkeiten unter Eingeweihten ausgeschlossen; aber schließlich akklimatisierte ich mich. In Wahrheit war diese Ethnie zerbrechlich und gespalten. Die Studententraditionen der Zeit vor dem Krieg waren untergegangen; einige Nostalgiker versuchten vergeblich, sie wiederzuerwecken, indem sie den G. E. H. (*Groupe d'étude d'histoire*) aufforderten, Spaziergänge oder Parties zu organisieren, man verlangte von ihm Fotokopien und Studienreisen.[6] Doch den »engagierten« Studenten, Kommunisten oder Katholiken, die sich mit dem einsetzenden Kalten Krieg, dem Beginn der Kolonialkriege und den Problemen der Volksdemokratien konfrontiert sahen, hielten das alles für recht frivol, zumindest für unzureichend. Das Studentenmilieu war im Begriff, sich zu politisieren. Die Vollversammlungen waren ein Ort erbitterter Kontroversen, bei denen ich aus der Ferne das Ungestüm von Annie Becker (heute Kriegel) bewunderte, Leitfigur der Zelle Saint-Just. Die kommunistischen Studenten waren zwar in der Minderheit, aber welch ein Elan herrschte dort! Bei ihnen gab es eine Kameradschaft, die ich anderswo nicht kannte: im *Centre Richelieu*, der Studentengemeinde, die ich emsig besuchte, siezte man sich meist noch, und die Beziehungen waren steifer. Die Kommunisten lockten die schönsten und emanzipiertesten Mädchen an; sie waren feurig, schwungvoll, überzeugend und meldeten sich ungezwungener zu ernsten Themen zu Wort (ich denke besonders an die »Viererbande« – J. Fénelon, C. Mesliand, J. Nicolas und J. Ozouf –, von denen übrigens nur zwei in der *P. C.* waren). Da

212

ich für sie die »gutwillige *tala*«* verkörperte, sprachen sie mit einer leicht nachsichtigen Freundlichkeit mit mir, die mich bewegte; manchmal versuchten sie mich zu bekehren: ich erinnere mich an ein langes Gespräch am Ausgang der *Bibliothèque Nationale*, in dem Pierre Deynon mir zu beweisen suchte, eine wie nahe Verwandschaft doch zwischen der kommunistischen Moral und der christlichen Moral bestehe. Mir schien, daß sie ein edles, weltbewegendes Ideal und Projekt besaßen. Ich sah sie als Apostel und stellte mir die Zelle als eine Gemeinschaft von Urchristen vor. Als schließlich ich weiß nicht mehr welch pfiffiger Eiferer aus dem *Centre Richelieu* meinte, man müsse die kommunistischen Organisationen besser kennenlernen und beispielsweise an einer Zellensitzung teilnehmen, meldete ich mich freiwillig. Am festgesetzten Tag, den wir durch eine recht einfache Spionage herausbekamen, begab ich mich zur Rue Servandoni, wo die Versammlungen der Zelle Saint-Just stattfanden. Als ich mit klopfendem Herzen die gewundene Treppe hinaufstieg, die zum Lokal führte, kam ich mir heldenhaft vor. Ich wunderte mich, daß nicht mehr Leute da waren: sechs oder sieben Personen vielleicht, um einen wackligen Tisch, unter dem Vorsitz von Annie Becker. Es wirkte wie eine Sitzung russischer Nihilisten, so wie ich sie mir nach meiner Turgenjew-Lektüre vorstellte. Die »Genossen« waren sehr verwundert über mein Erscheinen, sie fragten mich höflich nach meinen Absichten; ich antwortete, ich sei gekommen, »um mich zu informieren«; sie warfen mich nicht hinaus. Ich habe das Thema der Versammlung vergessen, die wegen meiner Anwesenheit zweifellos abgekürzt worden war; ich erinnere mich nur, daß Annie Becker den Mut der jungen »talas« als Vorbild hinstellte, die versuchten, sich über den Gegner zu informieren; sie forderte ihre Truppen auf, ein Gleiches zu tun. Ich fühlte mich anerkannt und gerechtfertigt.

Diese komische Episode ist bezeichnend für die Faszina-

---

* Celui qui va-*t-à-la* messe, Kirchgänger.

tion, die die Kommunisten ausübten, aber auch für meine große Naivität und meine innere Unruhe. Meine Entdeckung der Politik (oder dessen, was ich dafür hielt) fiel nämlich mit einer Zeit intensiven Glaubens zusammen, den der liturgische Eifer in Verbindung mit der sehr römischen Frömmigkeit von Pater Charles sowie die theologische Reflexion am *Centre Richelieu* kräftig nährten. Dieses Zentrum, wo ich Jean Cuisenier, Georges Sufflot, Jean-Marie Lustiger begegnete, war konfrontiert mit den Problemen der Zeit, bedroht vom Fortschrittsglauben, wie Pater Charles meinte, der darauf hinwies, daß Werke und Taten nicht die Stelle des Glaubens und das Soziale nicht die des Heiligen einnehmen können. Hin- und hergerissen zwischen widersprüchlichen Bestrebungen, erlebte ich die beginnende Krise der Kirche auf meine Weise. Ich träumte von »totaler Hingabe«: das Wort »total« besaß eine königliche Fülle, und man müßte einmal nach dem seltsamen Erfolg dieses Wortes fragen, das selbst die Geschichte betört hat (ist die »*histoire totale*« nicht ein mystischer Begriff?). Aber ich zögerte zwischen der Absolutheit des kontemplativen Lebens und einem oppositionellen Leben, das der Erde verhaftet war, in die privateste Welt Gottes verwickelt, die dem Glauben fremdeste, weil entfremdetste Welt: die Welt der Arbeiter.

So wie ich die Geschichte durch die Bibel entdeckte, so verdanke ich dem Christentum meine erste Begegnung mit der »Arbeiterfrage«. Im Grunde ist alles höchst klassisch; die Verwandlung des »Armen« in den »Proletarier« durchzieht die gesamte Geschichte des christlichen Sozialismus, besonders stark im 19. Jahrhundert, bei Pierre Leroux zum Beispiel. Das ausgehende 19. Jahrhundert war zweifellos besonders reich an derartigen Gestalten, so Vincent van Gogh, dessen religiöser Eifer in den Jahren 1880–1885, zur Zeit der großen Streiks des Borinage und der Krise der Weber, in soziale Revolte umschlägt. Die Volksfront, die Befreiung hatten die Bande zwischen Linksintellektuellen und Arbeiterklasse endgültig gefestigt, sowohl soziales Gewissen wie Zukunftsprojekt. Die marxistische Deutung der Arbeiterklasse als Triebfeder der Geschichte und Erretter der Welt setzte sich in den fünfziger Jahren durch; es ließen sich viele Zeugnisse dafür in Sartres Werk und in *Les Temps modernes* finden, ebenso in *Esprit*.[7] Doch wie stark mußte der Aufruhr sein, um bis zu mir, der Klosterschülerin, vorzudringen, die vom industriellen Leben abgeschnitten, in der Einsamkeit versunken war. Wie sich diese Bewußtwerdung, die auf ihre Weise von der Kraft der Dinge zeugt, bei mir vollzogen hat, möchte ich nun kurz darlegen.

Rue Saint-Denis, eine besetzte Fabrik (wahrscheinlich eine Konfektionswerkstatt), Fahnen, junge Frauen, die zu den Klängen des Akkordeons singen und tanzen; dies ist meine erste »historische Erinnerung«, vor allem eine Erinnerung an Geräusche, bei denen man Lust bekommt, ins Innere zu schauen, und deren verlockende Fröhlichkeit in starkem Kontrast stand zu der ängstlichen Unruhe, die in meinem Milieu allgemein herrschte. Der Sommer der Volksfront, Betretenheit in den bürgerlichen Familien; es ist nicht mehr möglich, ungestört am Meer zu sein, von dem auch die Arbeiter träumen. Die Strände den Barbaren und ihrem Butterbrotpapier überlassend, flüchten sich die »Reichen« auf ihre Landgüter. Dieses Klischee traf im wörtlichen Sinn auf mich und meine Vettern zu; im Juli tauschten wir La Baule gegen das Schloß in Ruault unweit von Montreuil-Belley, das vorübergehend im Besitz meines Onkels und meiner Tante war. An manchen Abenden stoßen ihre Freunde aus Saumur zu ihnen, ganz in Weiß gekleidet, um Krebse im Schein der Laternen zu fangen, die wir Kinder tragen; der Abend endet mit den Klängen des Tango, den sie elegant tanzen. Verschärft durch die soziale Angst, erschien uns dies wie der letzte Abglanz von Feierlichkeiten. Was wird geschehen? Was wird Paris, was werden die Arbeiter tun, die nicht einmal mehr arbeiten wollen? Sie sprechen von ihnen wie von Domestiken – »diese Mädchen« –, die nicht an ihrem Platz zu bleiben verstehen.

Furcht und Verachtung fließen in ihre Reden ein. Ich bin acht Jahre alt, ich amüsiere mich prächtig, dunkel schäme ich mich. Mein Vater rettet mich, indem er die Rechte der Arbeiter – Leute wie andere, die auch leben wollen – während eines schrillen Essens verteidigt, das mit dem plötzlichen Aufbruch der »Bourgeois« endet. Er war keineswegs ein engagierter Mann, aber er konnte Ungerechtigkeit und Verachtung nicht ertragen. Vielleicht auch zeigten ihm seine Schuster-Kunden ein anderes Bild der Gesellschaft. Dieser im Grunde wenig qualifizierte Beruf war damals noch immer, wie im 19. Jahrhundert, das Milieu, in dem Verfolgte Aufnahme fanden. Dort traf man spanische Flüchtlinge, Anarchisten, zuweilen Kommunisten. Während des Kriegs hat einer von ihnen, ein überzeugter, militanter Kommunist, meinem Vater *Das Kapital* geliehen, er las es zunächst mit dem Argwohn, den jeder Bekehrungseifer ihm einflößte, dann mit großem Interesse, vor allem betroffen von der Analyse des Mehrwerts, die er für sehr einleuchtend hielt. Die Ideen zirkulieren also nicht immer von oben nach unten...

Im Sommer 1936 hatte ich zum erstenmal das Gefühl, »zum Lager der Ungerechten zu gehören«, wie Mauriac sagt, der dieses Gefühl und die Unerträglichkeit dieses Gefühls gut kannte. Drei Jahre später kam mir der Umzug nach Montmorency, in jene aristokratische Einsamkeit, deren Zauber ich indes schätzte, wie eine Flucht aus der Stadt vor, ein Rückzug auf den Aventin (später sagte ich mir, daß die Bourgeois immer »Versailler« waren). In der nördlichen Vorstadt war Montmorency tatsächlich ein merkwürdiges, altmodisches grünes Eiland, bedroht vom dumpfen Druck eines Proletariats, das fast überall einsickerte, in die morschen Hütten oder die baufälligen Wirtschaftsgebäude der oft leerstehenden großen Villen (viele armenische oder jüdische Familien waren nicht zurückgekehrt), deren Verfall durch den Krieg noch beschleunigt wurde. Rings um unser Haus lebten einige sehr arme Familien, denen ich in der Zeit meiner durch Schuldgefühle verursachten Appetitlosigkeit alles brachte, was zu essen ich mich weigerte. Die Wachhäuser waren häufig von Arbeiterfamilien besetzt, bei denen die Frau als Aufseherin Dienst tat, während der Mann außerhalb arbeitete. So auch in einem Anwesen neben dem unseren; ich befreundete mich mit der Wärterstocher Rolande, die in meinem Alter war. Ihr Vater, Arbeiter bei Renault, sah aus wie Jean Gabin, trug Mütze und Brotbeutel mit dem Stolz des klassenbewußten Produzenten. Als überzeugter Kommunist und ostentativer Leser von L'*Humanité* litt er darunter, daß seine Frau die Bourgeois bediente und seine Tochter in weißem Kleid zur Erstkommunion ging; im übrigen weigerte er sich, sie in die Kirche zu begleiten; er sah es auch nicht gern, daß sie unser »Schloß« besuchte; als sich im August 1944, im Augenblick der Schlacht von Montmorency, das Gerücht verbreitete, daß die Deutschen wiederkommen würden, begab er sich in einem Anfall von Entsetzen auf die Flucht, wovon wir erst durch das Gemunkel auf der Straße erfuhren; Rolande und ihre Eltern waren weggegangen, ohne uns zu benachrichtigen. Abermals hatte ich das Gefühl, einer verhaßten Klasse anzugehören.

Verhaßt, weil verabscheuungswürdig. Die Krise des bürgerlichen Bewußtseins ist zweifellos eines der wichtigsten ideologischen Phänomene des 20. Jahrhunderts; das heutige Frankreich hat ihm viel zu verdanken. Mein Bewußtsein hörte nicht auf, Fragen zu stellen. Nach den Gefangenen wurden für mich nach und nach die Arbeiter zum Sinnbild des Anderen und des Nächsten, den man lieben soll wie sich selbst. Ich entdeckte ihr physisches Elend und Céline, dessen Bücher ich meinem Vater entwendete (*Tod auf Kredit*, das ich heimlich las, hat mich sehr beeindruckt), und ihre geistige Not über Maxance van der Meersch und vor allem über *France, pays de mission* von Abbé Godin (1943). Abbé Godin zeigte das ganze Ausmaß der Entchristianisierung der ältesten Tochter der Kirche, wobei er sich auf die ersten religionssoziologischen Studien von Gabriel Le Bras stützte. Insbesondere hob er die Tatsache hervor, daß man die Arbeiterklasse vernachlässigt hat, die außerhalb des Christentums, im Elend und in sozialer Gleichgültigkeit herangewachsen sei. Die Christen – die Kirche – waren schuld an der Entfremdung der Arbeiter. Die Arbeiterklasse war das Missionsfeld von heute. Dorthin müsse man sich begeben. Sie war die aufsteigende Kraft; ohne sie gab es keine Zukunft.

Es entwickelten sich nun zwei Aktionstypen: die *Action catholique* und die Arbeiterpriester. Beide fesselten mich. In der Abschlußklasse organisierte ich eine *J. E. C. F.*-Sektion im *Cours Bossuet*, der diese Initiative mit großem Argwohn duldete. In Montmorency führte ich in diesem Jahr viele Diskussionen mit dem lokalen Verantwortlichen der *J. O. C.*, einem jungen Elektriker, den ich in der Gemeinde kennengelernt hatte und dessen gelassener Optimismus mich faszinierte. Er meinte, daß die Welt den jungen Arbeitern gehören werde (es war kurz vor der Befreiung, und überall gab es eine große Hoffnung); aber er lehnte den atheistischen Materialismus ab, weil er ihn für kalt und trostlos hielt. Er beharrte auf einer der Hauptideen der *J. O. C.* Es geht nicht darum, Individuen zu retten, indem man sie aus der Arbeiterklasse herausholt wie Fische aus einem Aquarium; das ganze Wasser muß erneuert werden, alle Lebensbedingungen der Arbeiterschaft. Und er mißtraute dem missionarischen Eifer der jungen Intellektuellen; daß Simone Weil in die Fabrik ging, erschien mir nur als Erfahrung und Experiment tauglich, nicht im Sinne einer Eroberung. Die Arbeiterklasse besaß eigene Werte, und deren freie Entfaltung würde die Gesellschaft verändern. Ohne es zu wissen, war ich dem *courant autogestionnaire* begegnet, der von Fourier und Proudhon bis Edmond Maire, über den Syndikalismus der direkten Aktion, stets eine wichtige Komponente der französischen Arbeiterbewegung gewesen ist. Pierre verließ Montmorency; ich habe ihn nie wiedergesehen; oft habe ich mich gefragt, welche Rolle er wohl gespielt haben könnte.

So veränderte sich meine Vorstellung von der Arbeiterklasse. In meinen den Nächsten suchenden Augen war der Arbeiter zuerst der Stellvertreter des Armen, ja des Clochard gewesen; durch seine Armut hatte er mich angezogen, als der bedürftigste Nächste; er war mein Gewissen gewesen. Mit dem Lager der Ausbeuter zu brechen, in das die Geburt mich gestellt hatte, erschien mir eine Verpflichtung. Nun jedoch zeichnete sich die Arbeiterklasse insgesamt weit positiver ab, nämlich als die große aufsteigende Kraft, als Schlüssel unseres Schicksals und des Schicksals der Welt. Kurz, ein marxistisches Bild, das von der gesamten Epoche gestützt wurde und in gewisser Weise das Bild eines christlichen Messianismus überlagerte, der ebenfalls an der theologischen Erneuerung der Zeit mitwirkte. Wie aber sollte ich mich der Arbeiterklasse anschließen?

An der Sorbonne hatte der Kommunismus das eher verführerische Antlitz der jungen Intellektuellen, die ich oben erwähnt habe. Der Marxismus trug das Gesicht von Ernest Labrousse, an dessen großen Einfluß ich erinnern möchte. In der Sorbonne der Jahre von 1946 bis 1950 – meiner Sorbonne – repräsentierte Labrousse die dreifache Sorge um Strenge, theoretische Reflexion und gesellschaftliche Öffnung, kurz, die Modernität. Wir wußten, daß dieser aus der Ökonomie kommende Überläufer bei seinen Kollegen schlecht angesehen war und daß seine Werke – *Esquisse du mouvement des prix et des revenus au XVIIIe siècle, La Crise de l'économie française à la fin de l'Ancien Régime* – deutlich mit der herrschenden Geschichtsschreibung brachen. Sogar der Ton des Professors, sein brillanter, vor lauter Eile ein wenig keuchender Vortrag mit seinen beißenden Formulierungen und zuweilen lyrischen Gedankenflügen, in denen man ein Echo von Jaurès zu vernehmen meinte, seine vielleicht eher parlamentarische denn universitäre Selbstdarstellung hob ihn von seinen Kollegen ab. Man drängte sich zu seiner Vorlesung »Die sozialen Ideen und die Arbeiterbewegung in Frankreich und Großbritannien in der ersten Hälfte des 19. Jahrhunderts«. Er sprach über die Doktrinen: die der Liberalen, Jean-Baptiste Say, aber auch Bastiat, Dunoyer und ihre ängstlichen Visionen einer sich vermehrenden Arbeiterwelt, der es vor allem »Voraus- schau« einzupflanzen galt; die zukunftsträchtigen Doktrinen der Sozialisten, Fourier, Pecquer, Proudhon, insbesondere Saint-Simon, dessen Lob der Arbeit und der Produzenten je- ner Zeit des Wiederaufbaus so gut entsprachen. Das Studium der Ideologien war nicht von dem ökonomischen und sozia- len Kontext getrennt, in dem sie wurzelten: die erste indu- strielle Revolution auf dem Textilsektor, die Entstehung ei- nes pauperistischen Proletariats, das sich mit dem Problem des täglichen Brots konfrontiert sah, die Nahrungsmittelkri- sen, jene Aufstände des Markts, wo die Hausfrauen revoltier- ten; und dann die ersten Kampfformen, Koalitionen, Asso- ziationen, darunter jene »Widerstands«formen, die die Hilfe verschleierten – Streiks, die sich auf Vereinsbeiträge stütz- ten... Dieses überquellende, lodernde 19. Jahrhundert nahm mich gefangen und ließ mich nie mehr los.

Das Neue am Unterricht von Labrousse in der ein wenig veralteten Sorbonne, die von der Erneuerung der *Annales* kaum berührt wurde, war vielfältig. Zu einer Zeit, da vor allem in der Neuesten Geschichte weiterhin das Politische und das Ereignis das Wichtigste blieben, führte er kraftvoll das Ökonomische und Soziale, die Strukturen und die Kon- junkturen, den grundlegenden Begriff der »Krise« sowie den der Klasse ein. Gleichzeitig forderte er uns auf, Zahlen und Statistiken zu benutzen, wobei er den größten Wert auf die Erarbeitung von »Serien« legte und im Quantitativen, der Anzahl und dem Maß, eine Gewähr für Wissenschaftlichkeit suchte. Im übrigen sollte diese Geschichte explikativ (wenn nicht kausal) sein, immer auf der Suche – in der Art von Si- miand – nach der »am wenigsten substituierbaren Ursache« und der »begleitenden Abweichung«. Zwei große Lehrmei- ster: Marx, den Labrousse am Ende des geschichtswissen- schaftlichen Kongresses in Rom (1955) enthusiastisch wür- digte (gewöhnlich zitierte er ihn nur selten), und François

Simiand, durch den sich seltsamerweise die Verbindung zur Durkheimschen Soziologie vollzog, zu Maurice Halbwachs, der Gruppe von *L'Année sociologique*. Zweifellos war dieses Vorgehen auch mit vielen Illusionen verbunden, mit einigen begrifflichen Unklarheiten und, trotz einer dialektischen Sichtweise, auch mit einem gewissen Positivismus, der Ernest Labrousse vielleicht zu einem der besten Nachfolger Durkheims machte. Ist der Begriff der »*histoire totale*« nicht ein Erbe der »integralen Wissenschaft« des Autors von *Der Selbstmord*? Eines Tages wird man diesen dunklen Genealogien wohl nachspüren müssen. Im Jahre 1950 war es nicht allein das Denken, sondern auch Instinkt und Überzeugung, die uns zu Labrousse drängten. Seine Lehre entsprach unserem Wunsch nach Wissenschaftlichkeit, unserem Ernst, unserem Verlangen nach Verständnis; für den Sozialismus und die Arbeiterbewegung hegte er Sympathie, ohne sie zu verherrlichen; er erklärte sie endlich zu geschichtswürdigen Gegenständen, einer warmen und freien, verständnisvollen, aber auch strengen Geschichte. Daher hatte er eine große Zuhörerschaft, nicht nur unter den marxistischen Studenten. Man beeilte sich, ihn um »Diplom«themen zu bitten. Maurice Agulhon, Alain Besançon, François Dreyfus. Pierre Deyon, Jean Jacquart, Annie Kriegel, Emmanuel Le Roy Ladurie, Claude Mesliand, Jacques Ozouf, André Dedesq – um nur meine Zeitgenossen (im weiten Sinn) zu nennen –, viele von denen, die man heute mit fortschreitendem Alter an verantwortlichen Stellen wiederfindet, an der Universität oder anderswo, sind zuerst Schüler von Labrousse gewesen. Als die Zeit kam, zögerte ich nicht.

Labrousse empfing mich in seinem mit Bücher vollgestopften Büro in der Rue Claude-Bernard; ich setzte mich in den Clubsessel, in dem ich noch oft Platz nehmen sollte, und hatte irrsinniges Lampenfieber. Er fragte mich mit seiner gewohnten Freundlichkeit, worüber ich arbeiten wolle. Es war im Frühling 1949; vor kurzem war *Das andere Geschlecht* erschienen; ich schlug ihm ein Thema über den Feminismus vor. Dieser Vorschlag brachte ihn zum Lächeln: »Sie wollen ja ein sehr aktuelles Thema«, sagte er. Er riet mir, doch lieber über die Arbeiterkoalitionen in der ersten Hälfte des 19. Jahrhunderts zu arbeiten, über die es nur punktuelle Studien gebe. Man müsse erschöpfende Serien ermitteln, das für den Historiker unerläßliche Material der *Gazette des tribunaux* und vor allem der Archive miteinander verbinden und diese Serien der Konjunktur und den Preisen gegenüberstellen. Er empfahl mir Simiand, die Triologie des *Salaire* (die mir viele Alpträume bescherte), vor allem *Salaire des ouvries des mines de charbon en France*: »Es müßte ihr Lieblingsbuch sein«, sagte er mir später. Dies war meine erste Lektion in Methodik.[8] Ich sah ihn noch einmal wieder, bevor ich ihm ein Jahr später meine Arbeit übergab. Sie gefiel ihm, was in gewisser Weise über mein berufliches Schicksal entschied.

Daß ich die Geschichte der Arbeiterbewegung wählte, war indes kein Zufall, und meine spätere Entwicklung sollte diese Wahl in eine grundlegende Entscheidung verwandeln. Der nächste Akt spielt in Caen, wo ich im September 1951 als Lehrerin am dortigen Mädchengymnasium landete. Landen ist das richtige Wort; die Stadt war zu drei Vierteln zerstört; ein Zimmer zu finden war aussichtslos; ich strandete bei einer gewissen Dame Fumichon, mit der ich schnell zusammenstieß. Sie war erregt, wie die ganze Stadt. Es hatte gerade einen Streik gegeben, an den Hochöfen der *Société métallurgique de Normandie* (S. M. N.), die abends die östliche Ebene erleuchteten; Michel de Bouard, ein berühmter Mediävist und Professor an der Universität, deren Dekan er bald werden sollte, war an der Spitze des Zugs der Metallarbeiter marschiert. Die vom Krieg aus den Fugen geratene gute Gesellschaft, die sich mühsam zu erholen begann und von den Kirchweihfesten der Gemeinde Saint-Jean träumte, zitterte wegen des Verrats eines ihrer brillantesten Köpfe. Ehemaliges Mitglied der *Action française*, Widerstandskämpfer, Deportierter, war Michel de Bouard der *P. C. F.* beigetreten, die ihn bei jeder nützlichen Gelegenheit in die vorderste Reihe schob, obwohl sie den moralischen Gründen seines Beitritts ein wenig mißtraute. »Michel«, wie die Genossen sagten, war für mich eine vorbildliche Gestalt.

Eine Zeit wichtiger Begegnungen nahm ihren Anfang: glückliches Ende der Einsamkeit. Ich habe geheiratet. Ich bin Liebschaften, dauerhafte Freundschaften eingegangen; ich lernte auch die Kameradschaft kennen, jene ein wenig männliche Beziehung, wie sie bei gemeinsamen Unternehmungen entsteht und deren Intensität ihre Vergänglichkeit kompensiert. Über diese lebendigen Liebesverhältnisse werde ich nicht sprechen. Einzig in der Fiktion, die häufig wahrer ist als die Geschichte, weil weniger gesteuert, läßt sich das Private und vor allem das Intime ausdrücken, die geheime Triebfeder des öffentlichen Handelns. Dennoch ist uns diese Wegstrecke gemeinsam. Die Ausübung eines Berufs, der Wiederaufbau, ein alltägliches, wenngleich sehr langsames Schauspiel in Caen, der Kalte Krieg sowie die ersten Anzeichen der Krise des Sozialismus, der beginnende Algerienkrieg waren der gemeinsame Horizont. Wie in einer sich wandelnden Provinzstadt linke junge Lehrer, die es nicht wagten, sich für Intellektuelle zu halten, unwissentlich dieses befremdliche Ende der Vierten Republik miterlebten, ist ein Geschichtsfragment, über das ich eines Tages vielleicht mit ihnen zusammen schreiben möchte.

Im Pasteur-Gymnasium absolvierte ich meine Lehrzeit, einerseits begünstigt durch die Übereinstimmung von Angebot und Nachfrage und durch die angenehme Komplizenschaft, die mich mit den Schülerinnen verband, andererseits erschwert durch die Starrheit einer Verwaltung und eines Milieus, die jede Innovation fürchteten. Ich lernte, daß das öffentliche Schulwesen das Gegenteil von Phantasie ist und daß die moralische Ordnung nicht nur an die katholische Erziehung, sondern weit grundlegender an die Lage der Frau gebunden ist. Die Direktorin lebte in der Furcht vor dem Zwischenfall, der das Gymnasium in ein schlechtes Licht rücken würde, und unter der Fuchtel einer sehr konformistischen Bourgeoisie, die vor allem um die Unbescholtenheit ihrer Töchter bangte. Daher übertrieben sie noch eine Disziplin, die unsere Kollegen am Knabengymnasium (und wir mit ihnen) für absolut veraltet hielten, ohne sich im klaren zu sein, daß Berufseifer kein sekundäres Geschlechtsmerkmal ist, sondern das Resultat der Situation, in der ständig verdächtigte Frauen leben. Die Schülerinnen trugen die marineblaue Uniform (wie im *Bossuet!*); jeder Hauch von Schminke war verpönt, das Tragen von Hosen verboten, ebenso das Laufen auf der Straße, wofür ich vom Studieninspektor gerügt wurde. Skeptische Familienmütter paßten auf, und ihre besondere Wachsamkeit galt dem ideologischen Unterricht. Eine Kollegin, die ihrer Philosophieklasse *Der Ekel* zu lesen gegeben hatte, bekam großen Ärger; man mußte sich zu ihrer Verteidigung mobilisieren; das Paar Sartre-Simone de Beauvoir war die Inkarnation des Teufels, und zu jener Zeit wurden sie mir zu Geschwistern. Die Ankunft von Nicole Le Douarin und Mona Ozouf verstärkte den fortschrittlichen Clan. Unser Trio kämpfte für die Aufnahme der Schülerinnen in den Filmclub (die Vorführung von *Frühstück im Gras* hätte um ein Haar einen weiteren Zwischenfall provoziert), für Vorträge über Picasso, über die politischen Parteien, die algerische Literatur, den Rassismus. Die Routine oder die Wachsamkeit der Verwaltung war der Ausdruck unserer höchst prekären Stellung innerhalb einer Stadt, die dem Bild, das André Siegfried von ihr gezeichnet hat, noch immer glich.

Die jungen Lehrer, die Zugvögel, wurden in der lokalen Bourgeoisie, die ihnen mißtraute, gar nicht empfangen. Auch die in der Stadt integrierten Kollegen, die neidisch waren auf unsere Verbindungen zu Paris, empfingen uns nur halbherzig. Paris blieb für alle der einzige Maßstab des Erfolgs und für uns letztlich die einzige Stadt, in der man als Intellektueller zu leben vermochte. Aus verschiedenen Provinzen stammend, waren wir nicht regionalistisch und sehnten uns keineswegs danach, »auf dem Land zu leben und zu arbeiten«;

es war übrigens die Zeit der demographischen Explosion der Pariser Region. Man steckte noch mitten im Mangel; viele von uns besaßen weder Auto noch Telefon und konnten nur selten heizen. Obwohl um unsere Kleidung besorgt, begrüßten wir doch freudig die neuen Technologien, Kühlschrank und vor allem Langspielplatten, erste Anzeichen für die Invasion der Dinge; aber die Helden von Pérec waren noch fern. Wir waren unbesonnen und abgebrannt, überbrückten das Monatsende mit dem Flaschenpfand und bezahlten die Putzfrau mit Verspätung.

Unser Randdasein verstärkte unsere innere Geselligkeit. Wir bildeten eine Bande aus vier Ehepaaren – das Ehepaar war unsere Maßeinheit, vereint durch gegenseitige Hilfeleistungen, Riten und eine Ideologie. Die Politik im weiten Sinne verband uns, der Fortschrittsglaube, ein bestimmtes linkes Bewußtsein – wir zweifelten nicht daran, daß es das richtige war und in die Richtung der Geschichte zeigte; aber wir befanden uns nicht am selben Punkt. Wir verteilten uns fächerförmig um die *P. C.*, die Hauptachse; vier Ehepaare, vier Nuancen: militanter »Basis«-Kommunist; kritischer Kommunist; nicht der Partei angehörender und deshalb stalinistischer Hyperkommunist; Sympathisant, faszinierter, aber zögernder Weggenosse. Zu letzteren gehörten Jean-Claude und ich.

Wir waren die »linken Christen« der Bande, und die Fragen der Zeit trieben uns um. Zum Glück besaß Caen »seine« Arbeiter, deutlich von der Stadt getrennt, dank einer Stadtplanung à la Schneider, der nach dem Ersten Weltkrieg die von Krupp gegründeten Metallfabriken übernommen hatte. Die Städte auf dem Plateau überragten den Orne-Fluß. Die Sammlung der Arbeiterklasse war nicht leicht in dieser langen Zeit vom Textilsektor beherrschten Region; *turn over* und Absentismus erreichten hier hohe Prozentzahlen; und von Zeit zu Zeit brachen große Streiks aus, die in diesen sporadisch aufsässigen Gemarkungen des Westens häufiger sind, als man glaubt.[9] In Ermangelung von Arbeiterpriestern – sie waren verboten worden – hatte sich die *Mission de France* der Gemeinden des Plateaus angenommen; ihre Geistlichen waren begierig, ihre Pfarrkinder besser kennenzulernen. Damals entfaltete sich um Chombart de Lauwe, Georges Friedmann und Gabriel Le Bras eine ausgedehnte Untersuchungstätigkeit. Wir sind zu ihnen gestoßen und widmeten unsere Freizeit der Auswertung von Kirchenbüchern, Standesamtregistern, Wahllisten und Wahlergebnissen. Unser erstes Vorhaben beschränkte sich auf eine vergleichende Studie über politisches Wahlverhalten und religiöse Praxis; dann dehnten wir unsere Untersuchung auf alle Aspekte des Arbeiterlebens (z. B. die Lesegewohnheiten, anhand der Register der Stadtbibliothek) und der Arbeiterbewegung aus. Bei einer öffentlichen Konferenz, auf der wir erste Ergebnisse vortrugen, warfen uns die Ingenieure des Betriebs Voreingenommenheit vor. Der Direktor der *S. M. N.*, dessen Kinder unsere Schüler waren, lud uns zum Essen ein, um die Sache zu klären. Doch die Akten der Fabrik wurden uns fortan verwehrt.

Gleichzeitig engagierten wir uns noch offener in der Linken einer sich verhärtenden Kirche. Wir unterstützten *La Quinzaine*, die Publikation, die Jacques Chatagnet leitete und deren Anhänger sich zu einem Netz organisiert hatten. Da wir die Meinung vertraten, daß die Privatmoral weniger wichtig ist als die soziale Gerechtigkeit, prangerten wir das Bündnis der Kirche mit den Geldmächten und dem Imperialismus an; wir forderten gewerkschaftliche und politische Freiheit; wir verteidigten die Rechte der Arbeiter. Der Bischof von Bayeux erhielt, so wie seine Amtsbrüder, den Auftrag, *La Quinzaine* zu verurteilen. Von einem Priester der *Mission de France*, dessen Bruder im Bischofspalast tätig war, erfuhren wir, daß er diesen gebeten hatte, ihm seine Beweisführung vorzubereiten: »Ihr Bruder ist doch bei der *Mission de France*, Sie haben bestimmt eine Sammlung«! Er hat uns vorgeladen (zu jener Zeit wurden wir dauernd vorgeladen!) und auf unseren Irrtum hingewiesen. Mit einer solchen Kirche hatten wir nicht mehr viel zu tun.

Vielleicht hatten wir ja schon mit ihr gebrochen. Vielleicht sogar hatte uns der Glaube bereits verlassen? Denn Gott verläßt einen ebenso, wie man ihn verläßt. Es war eine lange und schmerzhafte Geschichte, deren Schlußepisode im übrigen eine Befreiung war. Und plötzlich spielte sich alles auf dieser Erde und in dieser Welt ab, eine einmalige Erfahrung, bei der mir jeder Augenblick, jede Begegnung immer tragischer, aber auch kostbarer vorkam. Ich war frei für die Intensität der Gegenwart. Nicht mehr zwischen zwei Polen zerrissen, sondern verfügbar für die Kämpfe hier und jetzt.

Der Algerienkrieg begann. Daß es ihn zu verurteilen galt, darüber bestand in der Gruppe kein Zweifel, auch wenn die Dinge in der Praxis weniger einfach waren – das sah man deutlich im Augenblick der Einberufungen. Was mich betrifft, so sind mir die Dinge selten so klar gewesen. Ich war durch eine Studienreise im Herbst 1951 für das Algerienproblem sensibilisiert worden. Das Aurèsgebirge war abgeriegelt, wir hatten uns nicht dorthin begeben können. In Constantine, vier Jahre nach den Massakern, von deren Ausmaß ich damals erfuhr, hatte ich moslemische Intellektuelle kennengelernt, die Ferhat Abbas nahestanden. Sie hatten mich von der alarmierenden Lage unterrichtet. Seitdem achtete ich auf alles, was aus Nordafrika kam.

In Caen taten wir unser Möglichstes, vor allem während der Audin-Affäre.[10] In der Stadt und im Gymnasium stießen wir auf offene Feindseligkeit oder höfliche Gleichgültigkeit. Eine Kollegin, die wir, weil sie bekannt und einflußreich war, besonders nachdrücklich baten, eine Petition gegen die Folter zu unterzeichnen, erwiderte uns, daß der Versuch sinnlos sei: würde man etwa eine Petition gegen Diebstahl unterzeichnen? Es erregte Mißfallen, daß wir nachts Plakate geklebt hatten (wir waren von einem Polizisten »geschnappt« und aufs Polizeirevier geladen worden, und über den Sohn des Präfekten, Olivier Stirn, hatte das ganze Gymnasium davon erfahren), und erst recht, daß wir auf dem Marktplatz Unterschriften sammelten. Einige Geschäftsleute machten ein saures Gesicht, und wir vermieden bestimmte Gehsteige. Aber das waren Kleinigkeiten, im Grunde waren wir sehr begünstigt. Auf unsere Freunde Lory, die eine große Buchhandlung hatten, wurde ein Sprengstoffanschlag verübt; und nach 1958 war die Spannung noch viel größer.

Unabhängig von der Bewegung der Pariser Intellektuellen wäre es vielleicht verdienstvoll, diese bescheidene Chronik des Widerstands gegen den Algerienkrieg in der Provinz zu schreiben. Freilich konnten wir die Massen nicht mitreißen, und ihre spontane Opposition war schwach. Dafür will ich nur ein Beispiel anführen.

Ich war in die *U. F. F.* (*Union des femmes françaises*, eine Frauenorganisation der *P. C.*) eingetreten, der im übrigen in Caen sonst niemand angehörte. Auf einer Versammlung, bei der wir zu dritt waren (darunter die beiden verantwortlichen Parteimitglieder), beantragte ich, eine Initiative gegen den Krieg zu ergreifen. Die Verantwortliche (eine Stadträtin, die wie Simone Terry redete) machte den Vorschlag, für das Weihnachtsfest der kleinen Algerier Jäckchen zu stricken... Ihre politischere Gehilfin regte eine Frauendemonstration auf den Straßen von Caen an. Großartig! Sie nahm ihren 4 CV, und zwei Wochen lang klapperten wir die Kommunen des Arrondissements ab, vor allem die der Arbeitervorstadt, um die Hausfrauen aufzusuchen, die, wie wir später erfuhren, alle mit Militanten verheiratet waren. Wir baten sie, zum genannten Tag und Zeitpunkt zum Bahnhof von Caen zu kommen, mit Spruchbändern, die wir auf dem Marsch zur Präfektur entrollen würden.[11] Die Hausfrauen legten nur mäßige Begeisterung an den Tag. Schließlich fanden wir uns zu etwa zweihundert vor dem Bahnhof ein, desgleichen eine sehr leutselige Polizei, was ich äußerst demütigend fand. Der Kommissar erlaubte uns, in kleinen Gruppen und ohne Spruchbänder zu marschieren, was wir auch taten, wobei wir uns plötzlich an bestimmten Kreuzungen versammelten, alle Spruchbänder entrollten und Parolen riefen, die ich leider vergessen habe. A.-M. L., ich und einige Frauen, die wir in diese Taktik »eingeweiht« hatten, rhythmisierten die Bewegungen der Demonstrantinnen, die ihre Schritte vor den Schaufenstern der Rue Saint-Pierre verlangsamten, was meinen bornierten Bekehrungseifer schockierte...

Der Algerienkrieg beschleunigte unsere politische Entwicklung. Bereits seit mehreren Jahren waren wir Weggenossen der *P. C.* und wurden mehr verwöhnt als die Mitglieder selbst. Wir »kämpften« in der Friedensbewegung, gegen die Europäische Verteidigungsgemeinschaft; wir standen auf den Wahlplakaten als »Unterstützer«. Zusammen mit anderen Freunden (Jean und Yolande Lepoivre) hatten wir eine Gruppe der *Union progressiste* von d'Astier de La Vigerie gegründet. Was uns den Entschluß fassen ließ, den endgültigen Schritt zu wagen, war eine Zusammenkunft mit Jacques Soustelle, dessen damals relativ gemäßigte Worte uns aufgeschreckt hatten. An jenem Abend beschlossen Jean-Claude und ich, in die *P. C.* einzutreten, da sie am ehesten in der Lage war, den Krieg zu bekämpfen, angesichts der Zerrüttung der *S. F. I. O.* und der Palinodien von Guy Mollet, die wir verachteten. Ich verwirklichte meinen Traum, einer »Zelle« anzugehören, der modernen Form der Brüderlichkeit, und mich dem gerechten Kampf der Arbeiterklasse anzuschließen.

In der Zelle Sampaix erwarteten uns viele Freunde, darunter Michel (de Bouard) und zwei der Ehepaare, von denen ich gesprochen habe. Es war eine Stadtteil-Zelle, da das Mißtrauen der Partei gegen die Intellektuellen die Gründung einer Betriebszelle im Gymnasium verhindert hatte; sie war sehr buntscheckig, außer Studenten der Universität fand man dort einige überzeugte und äußerst aufopferungsvolle Arbeiter, davon zwei oder drei aus der *S. M. N.* Es herrschte eine sympathische und herzliche Atmosphäre mit jenem »Du«, das für mich einen initiatorischen Wert hatte, bis zu dem Augenblick, da man die »Linie« kritisierte. In diesem Moment schlossen sich die Lippen, die Blicke wurden hart, die Körper richteten sich auf; man spürte einen argwöhnischen Tadel in der Luft und das Bedauern darüber, undisziplinierte Neulinge zu unbekümmert aufgenommen zu haben; im allgemeinen jedoch überwog die Geduld: »Ich werde es dir erklären«, sagte der Sekretär.

In Wahrheit kamen wir ungelegen, mitten in der Diskussion über die »absolute Pauperisierung«, die einige der Ökonomen von *Economie et politique*, über die wir gründlich gearbeitet hatten, so stark in Verlegenheit brachte. Aber das war ein Kinderspiel. Der wirkliche Sturm brach natürlich 1956 los. Es herrschte eine starke Spannung in der Zelle zwischen den Intellektuellen, die die »bürgerliche Presse« lasen und als erste den »dem Genossen Chruschtschow zugeschriebenen Bericht« in *Le Monde* gelesen hatten, und den anderen, die nicht willens waren, über einen in ihren Augen apokryphen Text zu diskutieren. Die Sektion organisierte Generalversammlungen, zu denen man Verantwortliche aus Paris kommen ließ, um »es uns zu erklären«. Man hätte meinen können, dieser Bericht sei eine Erfindung von uns gewesen. Anläßlich des Budapester Aufstands hielten wir indes Wache vor den Lokalen der *P. C.* und der *C. G. T.*, eine äußerst ungemütliche Situation. Um so mehr, als die *P. C.*, in ihre eigenen Probleme verstrickt, darauf bedacht war, sich eine Arbeiterkundschaft, die nicht unbedingt die Unabhängigkeit Algeriens befürwortete, zu erhalten, und folglich, zunehmend reservierter gegenüber den Positionen des *F. L. N.* und der *P. C. A.*, ihr Engagement gegen den Krieg deutlich dämpfte. Auf lokaler wie auf nationaler Ebene waren nun die linken Christen oder die Intellektuellen, Keimzellen der »Neuen Linken«, am aktivsten. Das Faktum ist bekannt; auch in Caen war es so.

Bei Schulbeginn im Herbst 1957 wurden drei der vier Ehepaare unserer Gruppe nach Paris berufen. Wir haben unseren Parteiausweis nicht verlängern lassen. Und dieser zweite Bruch war zweifellos leichter als der erste. Dennoch bewahrte ich für meinen Teil die wehmütige Erinnerung an eine Begegnung, die nicht wirklich stattgefunden hatte, und noch lange ein schlechtes Gewissen, das meine politischen Entscheidungen oft belastete. Es bedurfte 1968 und der neuen Reflexion über die Natur des kommunistischen Staats und des sowjetischen Imperialismus, des Anblicks der Volksdemokratien, um mich davon zu emanzipieren, so sehr hatte die *P. C.* in meinen Augen die »Partei der Arbeiterklasse« verkörpert, jener Klasse, deren Sache mir als einzig legitime erschien.

Mein Entschluß, die Geschichte der Arbeiterbewegung zu studieren, wurzelt in diesen Verhältnissen, die auch meine Vorgehensweise erklären. In Ermangelung eines physischen Engagements[12] oder eines unmittelbar politischen Engagements schien mir die Entscheidung, die Arbeiterklasse zum Gegenstand meiner Untersuchung zu machen, eine Art und Weise zu sein, mich ihr anzuschließen, ihr zu dienen, indem ich zu ihrer Kenntnis und Anerkennung beitrug. Natürlich war das größtenteils eine Illusion. Bis in die jüngste Zeit – die der dritten industriellen Revolution, in der die klassische Fabrik ausstirbt und zu einer archäologischen Stätte wird – hat sich die Arbeiterklasse sehr wenig für ihre Vergangenheit interessiert. Die Geschichte der Arbeiterbewegung war vielmehr bloßes Streitobjekt zwischen Gewerkschaften und Parteien. Von einer Gedenkfeier zur anderen versuchte man der Arbeiterklasse ein Gedächtnis zu erschaffen, vergleichbar den Bemühungen der Schulen, mittels der französischen Geschichte das Nationalbewußtsein zu festigen. Und der Graben zwischen Intellektuellen und Arbeitern ist bei uns besonders groß, da er durch all die Barrieren des Raums und der Zeit verstärkt wird. Diese Geschichte für eine Universität zu schreiben, die nichts von ihr wußte, ja sie insgeheim verachtete, erschien mir indes als ein vielversprechendes Unternehmen und gleichsam als ein Ausdruck von Solidarität. In den sechziger Jahren ist die Universität noch eine Instanz für die Legitimation des Wissens; die Medien spielen noch nicht die Rolle wie heute; eine *thèse* zu schreiben, ein »Meisterwerk« nach Gesellenart, blieb ein diesen handwerklichen Zeiten würdiges Ziel. Andererseits war die historische Schule, der ich mich am nächsten fühlte (auch wenn ich ihr bisweilen ihre mangelnde Theoriebildung vorwarf) – die der *Annales* –, zu ausschließlich auf das Mittelalter oder die Moderne fixiert und vernachlässigte das 19. Jahrhundert, die Industriegesellschaft und mehr noch die Arbeitswelt. Dazu kamen noch viele andere Gründe, als erster der Dogmatismus oder der sentimentale Moralismus, der diese Geschichte allzu oft kennzeichnet, Zuflucht der schönen Seelen und eines sektiererischen Bewußtseins. Wozu sich auf diese Sperrgebiete wagen, wo man nichts als Schläge riskierte, und dazu noch vergeblich? Ist Geschichtswissenschaft möglich, wenn das Gewicht der Mythen so groß ist?

Ich glaubte an die Geschichte und lehnte jede hagiographische Anwandlung, jede ideologische Obedienz ab. Ich mißtraute den Apparaten und konstituierten Gedächtnissen. Ich wollte die »Basis« (Luftspiegelungen dieses Worts in meiner historischen Topographie) erreichen, die »Massen«, die Namenlosen, die Arbeiter selbst, in ihrem Alltag, ihren Verhaltensweisen, ihren Bestrebungen und ihren Träumen. Entgegen meinen persönlichen Neigungen und instinktiven Sympathien bemühte ich mich, eine Festung »wissenschaftlicher« Geschichte zu errichten, die, nicht von Einzelfällen, sondern von möglichst erschöpfenden Serien ausgehend, der Unklarheit qualitativer Schätzungen die unwiderlegbare, metallene Härte der Zahl entgegensetzen sollte. Die sechziger Jahre sind auch die Jahre, in denen die serielle Geschichte triumphiert, eine Geschichte, die sich jenen neuen Techniken öffnete, welche sich oftmals als äußerst problematisch erweisen sollten. Strenge suchte man eher in der Askese des Zählens und der Veranschaulichung der gemessenen Strukturen als in der Definition von Begriffen.

Daß ich als Thema den Streik wählte, hat mit dieser doppelten Perspektive zu tun. Diese doppelte Perspektive schien mir das Arbeiterwort, das aus den Tiefen des Streiks hervorbrach, mit der Forderung eines unerläßlichen Maßstabs des Handelns zu versöhnen. Das alles habe ich ausführlich im

Vorwort zu *Ouvriers en grève* erläutert, so daß ich hier nicht näher darauf einzugehen brauche.

In seiner Machart trägt das Buch noch einen anderen Stempel, den der Revolte von 1968, die just in dem Moment ihren Anfang nahm, als ich im Begriff war, es zu schreiben. Der Streik als Ausdrucksform flammte vor meinen Augen auf. Wenn in diesem Buch ein freier, zuweilen libertärer Ton angeschlagen wird, so verdankt es ihn auch dem Geist des Mai. Im übrigen hat es gerade in dieser Generation, derjenigen, die *Libération* ins Leben rief und die einen entscheidenden Einfluß auf die Kommunikationsformen gehabt hat, ein gewisses Echo gefunden.

Als Assistentin an der Sorbonne stand ich im Zentrum des Ereignisses, zumindest in seiner studentischen, wesentlichen Dimension, eines Ereignisses, das ich weder vorausgesehen (durch das Studium der Geschichte wird man weder Prophet noch scharfsichtig) noch gemacht hatte, an dem ich jedoch intensiv teilnahm, im Bewußtsein, etwas Einmaliges zu erleben, gleichsam einen entscheidenden Bruch, dessen Bedeutung und Auswirkungen wir noch heute nicht ausgeschöpft haben. Für das Universitätsleben jedenfalls hat 1968 sichtbare und relativ rasche Folgen gehabt. Es hat den Konsens zerrissen, der die alte Universität begründete.[13] Bei der anschließenden Aufteilung habe ich mich für die Sorbonne VII entschieden[14], als Chance, einen »Freiraum« zu schaffen, der Begegnungen und Innovationen fördert. Aber das ist eine andere Geschichte, die noch andauert.

Kreuzungspunkt von Leuten, Disziplinen, Ideologien, so vielen verlorenen Kindern – und Vätern –, war – und ist? – Jussieu, dieses architektonische Desaster, eine stimulierende und strapaziöse Erfahrung. Die Sorge, den »brennenden Fragen der Gegenwart« gerecht zu werden, und jene neue Form der Kriminalisierung der Intellektuellen, die der französische Maoismus teilweise gewesen ist, machten einerseits offen für neue Bestrebungen und Ideen, andererseits anfällig für Moden. Ich hatte nie ein »ruhiges Gewissen«. Ich war immer empfänglich für den Geist der Zeit. Nachdem ich die lange Konzentration auf die *thèse* – die schützende Mutter – hinter mir hatte, stand ich zur Verfügung. Ich neigte dazu, in vielfältige Richtungen »zu explodieren«, die kollektive Arbeit dem Streben nach einem individuellen Werk vorzuziehen, auf die Gefahr hin, mich zu verlieren, denn die »guten Werke« ergeben noch kein Werk und dienen zuweilen nur dazu, dessen Abwesenheit zu kaschieren. Oft fand ich übrigens sehr alte Themen wieder, so das Gefängnis. Für mich wie für viele andere war das Werk von Michel Foucault, eine ungeheure Reflexion über die zeitgenössische Gesellschaft, in jeder Hinsicht zentral.

Schließlich habe ich mich an der Sorbonne VII unter dem Eindruck der Frauenbewegung, die sich von einem sehr machistisch gebliebenen (und in diesem Punkt auch sehr Sartreschen) Gauchismus emanzipiert hatte, in Lehre und Forschung mit der Geschichte der Frauen beschäftigt. Von heute aus betrachtet, scheint mir die Frauengeschichte ein »Pionierprojekt« zu sein. Bleibt noch zu erklären, warum. Aber auch: warum so spät?

Ich hatte mehr Glück mit meinen Männern als Monsieur Seguin mit seinen Ziegen. Mein Vater war für seine Generation sicher ungewöhnlich feministisch gesinnt; er bewunderte meine Mutter und dachte ganz allgemein, daß die Zukunft den Frauen gehöre, die er insgesamt für intelligenter und vor allem für mutiger und kämpferischer hielt als den Durchschnitt der Männer. Kurz, er teilte jenen alten, ständig wiederkehrenden, zwiespältigen Glauben an die Rettung durch die Frauen, hinter dem sich oft eine große Angst vor den Frauen verbirgt, die zum starken Geschlecht geworden sind, und der dazu führen kann, daß man sie beiseite schiebt, auf die Altäre oder anderswohin: ein herrliches Alibi, um ihre unmittelbaren Forderungen zurückzuweisen. Wenn die Frauen morgen ohnehin gewinnen, was liegt dann an den Nebensächlichkeiten des Alltags! Gewiß argumentierte mein

Vater nicht so. Wahrscheinlich kam er, von Tag zu Tag, mit einer recht traditionellen Verteilung der Rollen und Aufgaben sehr gut zurecht. Aber seine freiheitliche Gesinnung, seine Offenheit und sein Vertrauen waren mir eine große Stütze.

Ernest Labrousse ist der beste aller »Vorgesetzten« gewesen. Seinem Zuspruch verdanke ich sehr viel. Ohne ihn hätte ich es zweifellos nie *gewagt*, zu forschen und an eine universitäre »Karriere« zu denken. Als ich studierte, erschien mir die Vorstellung, daß ich eines Tages zum Beispiel in den *Annales* schreiben könnte, als ein völlig maßloses Ziel. – Sollten die Frauen, um etwas unternehmen zu können, immer einen »Kindervater« brauchen? Das ist ein Problem.

Schließlich hatten fast alle meine Studienkameraden – angefangen mit demjenigen, den ich geheiratet habe – recht egalitäre Vorstellungen vom Eheleben. Unsere kleine Bande in Caen mokierte sich über die bürgerlichen Ehen, und die Frauen waren im Alltag und im Beruf ebenso autonom wie ihre Gefährten, deren Karriere zum Beispiel niemals Vorrang hatte. Außerdem stand die Frage des Geschlechterverhältnisses für uns nicht im Mittelpunkt; weit mehr zählte das Soziale. Dennoch kam es bei Kleinigkeiten zu Spaltungen; so bei der Lektüre von *Das andere Geschlecht*; während sich die Frauen mit Simone de Beauvoir identifizierten, hielten die Männer sie im allgemeinen eher für schroff und ziemlich furchtbar. Zweifellos waren wir sanfter, wie es sich 1950–1960 ziemte, aber unsere Probleme lagen anderswo, wir meinten, daß das Unglück kein Geschlecht hat.

In beruflicher Hinsicht bin ich nicht wirklich auf Hindernisse gestoßen. Gegen meine Ernennung zur Assistentin an der Sorbonne hatte es zwar einige Einwände gegeben; manche hatten, wie man mir sagte, das Ende jenes Herrenclubs bedauert, der der Fachbereich Zeitgeschichte bislang gewesen war; aber da ich einem Forschungsinstitut unterstellt war, bekam man mich nicht oft zu Gesicht. Eine *thèse* zu schreiben, kam mir im Grunde sehr gelegen; ich mochte die

Archive und das Gefühl, Zeit zu haben... Später habe ich in starkem Maße von der Expansion der siebziger Jahre profitiert.

Diese individuelle Chance gab kaum Anlaß, Forderungen zu stellen. Indem sie mir die reale Situation verbarg, verhinderte sie meine Bewußtwerdung. Andererseits war mein Modell eindeutig männlich; ich erstrebte Gleichheit eher in der Assimilation als im Unterschied. Die Welt der Frauen reizte mich wenig. Den *Cours Bossuet* fand ich rückschrittlich und seine Frömmigkeit fade; in gewisser Weise erschien mir die mystische Nüchternheit des Kriegs männlicher. Als einsame und gequälte Heranwachsende hatte ich wenige Freundinnen. Die bürgerlichen Damen von Angers, die mit meiner Tante Bridge spielten, fand ich unerträglich, kindisch und borniert. Später, bei den bürgerlichen Abendessen – oder bei Anlässen, die in dieser Hinsicht noch schlimmer waren –, wo sich im Salon, wenn der Kaffee gereicht wurde, die Trennung der Geschlechter auf ganz natürliche Weise vollzog, langweilte ich mich tödlich im Kreis der Damen, bei denen im übrigen in den sechziger Jahren eine Frau-die-arbeitet noch schlecht angesehen war. Die bürgerlichen Frauen habe ich schlichtweg verabscheut, ohne zu erkennen, weshalb sie so waren.

Es war die Welt der Männer, ihre Kultur, ihre Bücher, zu denen ich Zugang haben wollte; weil man den Frauen abgeschmackte Nahrung gab, wünschte ich mir entschieden gemischte Kost. Gleichzeitig jedoch übernahm ich die Ansicht der Männer über die Frauen – die unterentwickelten Frauen, zu denen ich nicht gehörte! Weil mein Vater unter der Macht seiner Mutter gelitten hatte, übernahm ich die klassischen Thesen der kastrierenden Mutter; ich pflichtete dem Bild der moralisierenden Frau bei, der Frau als Disziplinierungsinstrument, Hüterin der Zurückhaltung und des *comme il faut*, wie es die gesamte – männliche – Literatur des 19. Jahrhunderts befördert; ich glaubte an die häusliche Tyrannei der Madame Vintgras und der Madame Lepic sowie an die dunkle und erdrückende Macht der Frauen. Wie die meisten Emporkömmlinge paßte ich mich mühelos den Vorstellungen der Herrschenden an. In die männliche Welt integriert, hatte ich alles, um eine »Alibifrau« zu werden, die man vorzeigt, um die Probleme zu negieren.

Moral und Schuldgefühle – meine Erziehung hatte mich auf Zustimmung vorbereitet. Sie hatte mir ein Opfergefühl eingeflößt, das mich eher zum Rückzug und zur Duldung trieb als zur Verweigerung. »Ich« zu sagen, ist mir immer schwergefallen; in gewisser Weise habe ich vielleicht deshalb Geschichte getrieben, um nicht von mir sprechen, nicht an mich denken zu müssen. »Nein« zu sagen, ist mir oft unangenehm gewesen, auch wenn es um alltägliche Kleinigkeiten ging. Mir grauste vor der Konfrontation, vor Konflikten. Mein Widerstand (im Grunde habe ich trotz allem ungefähr getan, was ich wollte oder zu wollen *glaubte*) war stumm und hartnäckig, er lag im Bereich der Trägheit und der List – jener List, die man ja gerade für »weiblich« hält. Ich war wohlerzogen, brav, ein feiner Kerl und schrecklich »nett«. Perverse Auswirkungen einer weiblichen Erziehung. Diese Nettigkeit, die mir auf der Haut klebt wie eine zweite Natur und mir zuweilen den Wunsch eingibt, heftig und ordinär zu sein, hat gewiß mein Leben, meinen Stil und mein Denken geglättet. Mangelnder Ehrgeiz, der mich die risikolosen Bahnen der Schule einschlagen ließ, eine relative Hemmung gegenüber der Macht (vor dem Förmlichen, Institutionellen und Politischen habe ich immer die Flucht ergriffen) kommen zu jener Entsagung hinzu, die man den Frauen suggeriert, für die »alles immer gut genug« ist. Von dieser typisch weiblichen Erziehung, der die religiöse Dimension lediglich eine zusätzliche Kraft verlieh – aber die Religion ist der Dünger jeder weiblichen Erziehung –, habe ich mich nie wirklich erholt; sie hat mich dauerhaft geformt; sie belastete meine intellektuellen Entscheidungen und mein soziales Verhalten. Sie hat die Geschichte geprägt, die ich studierte, auch wenn ich es gegen sie tat. Aber ich brauchte lange Zeit, bis ich ihre Wurzeln und

Mechanismen erkannte, vor allem bis ich verstand, daß es eine den Frauen gemeinsame Geschichte ist und daß das Geschlechterverhältnis eine elementare Struktur der Geschichte ist. Dafür bin ich der Frauenbewegung dankbar, dieser vielgestaltigen Bewegung der heutigen Zeit, die über die förmlichen Organisationen weit hinausgeht.

Obwohl ich zur Neubewertung des historischen Blicks beitragen möchte, beabsichtige ich nicht, eine Spezialistin für Frauenfragen zu werden, und noch weniger, die Geschichte der Frauen zum Spezialgebiet zu erklären. Nichts wäre meiner Meinung nach gefährlicher, als Reservate zu schaffen – ein Territorium der Historikerin, ein neues Getto, in dem die Frauen sich einschließen würden und das Vergnügen hätten, unter sich zu sein, unter Ausschluß jeder Konfrontation und infolgedessen jeden Einflusses. Und außerdem gibt es eine »feministische Wissenschaft« ebensowenig, wie es eine »proletarische Wissenschaft« gibt. Weder Schdanow noch Schdanowa! Wenn das Geschlechterverhältnis eine wesentliche und verdrängte Dimension der sozialen Entwicklung ist, dann müßte ihre Erforschung in dem Maße, in dem sie das Feld unserer Fragestellungen und unserer Standpunkte erweitert, auch unser Geschichtsverständnis erneuern.

– Und was wirst du jetzt tun? fragt meine Tochter.
– Und du?

Für dich.

Anmerkungen

Vorwort

1 Den Prototyp lieferte Philippe Ariès, *Un historien du dimanche*, Paris 1980, ein Werk, das Michel Winock anregte, der selbst zwei für ihn entscheidende Jahre erzählt hatte in *La République se meurt*, Paris 1978. Ihm folgte Emmanuel Le Roy Ladurie mit *Paris-Montpellier, P. C.-P. S. U., 1945–1963*, Paris, 1982.

   Hier und dort wird die Gattung angedeutet. Zu nennen ist insbesondere Pierre Goubert, »Naissance d'un historien: hasard et racines«, als Vorwort zu *La France d'Ancien Régime*, Mélanges Pierre Goubert, 1964, sowie »L'image dans le tapis«, eine der Ego-Historie recht nahe kommende autobiographische Einführung von Mona Ozouf zu *L'Ecole de la France*, Paris, 1984; oder, auf völlig entgegengesetzten Ebenen, Ernest Labrousse, »Entretiens avec Christoph Charle«, *Actes de la recherche en sciences sociales*, April-Juni 1970, Nr. 32–33, und die *Entretiens* von Georges Dumézil mit Didier Eribon, Paris, 1987, sowie die Memoiren von Alain Besançon, *Une génération*, Paris, 1987.

Pierre Chaunu: Der Sohn einer Toten

1 Dieser Text stammt von Ende des Sommers 1982. Mein altes bäuerliches Erbe veranlaßte mich, das Datum und die Grenzen, die mir gesteckt waren, wörtlich zu nehmen. Meine Pünklichkeit zeigt, wie sehr mir Pierre Noras Vorschlag schmeichelte und noch immer schmeichelt.

   Ich weiß nicht – hat die Frage überhaupt einen Sinn? –, ob ich heute noch Wort für Wort denselben Text schreiben würde, aber ich stehe auch heute noch hinter dem, was ich vor fünf Jahren geschrieben habe. Es genügt mir also, ihn zu aktualisieren. Diejenigen, die meine Gedankengänge überrascht haben, haben mich schlecht verstanden. Wie die Zeit verfließt mein Leben ohne Bruch. Ich nähere mich nur jeden Tag ein wenig mehr dem Augenblick, da nichts mehr sich hinzufügen läßt, nichts, was sich nach einem anderen Modus schreiben ließe als dem der ewigen Gegenwart.

2 *Eugène Sue et la IIe République* lautet der Titel meines ersten Buches, das 1948 bei P. U. F. erschien. Ich verdanke es der Großmut meines aufmerksamen und zartfühlenden Lehrers Charles H. Pouthas.

3 *Histoire quantitative, histoire sérielle*, Paris, *Cahier des Annales*, Nr. 37.

4 Einige Spuren davon findet man in *Histoire quantitative, histoire sérielle*, op. cit.

5 Diese Theorie wurde formuliert in *Histoire, sciences sociales*, Paris, S. E. D. E. S., 1974.

6 Anfang 1955 erschienen.

7 »Une histoire hispano-américaniste pilote – En marge de l'œuvre de l'École de Berkeley«, *Revue historique*, 1960, Nr. 4, S. 339–360.

8 Inzwischen erschienen.

9 In *Ce que je crois*, Paris, Grasset, 1982.

10 Das ist geschehen: *L'Obscure Mémoire de la France*, Paris, 1988.

Jacques Le Goff: Der Appetit auf Geschichte

1 J. Le Goff, »Codes vestimentaires et alimentaires dans *Eric et Enide*«, in: *La Chanson de geste et le mythe carolingien – Mélanges René Louis*, II, 1982, S. 1243–1258; wiederabgedruckt in: *L'Imaginaire médiéval*, Paris 1985, S. 188–207.

2 J. Le Goff und P. Vidal-Naquet, »Lévi-Strauss en Brocéliande«, in: *Claude Lévi-Strauss*, Paris 1979, S. 265–319; wiederabgedruckt in *L'Imaginaire médiéval* a. a. O., S. 151–187. P. Vidal-Naquet, *Le Chasseur noir*, Paris 1981, 1983². Dt. Ausgabe: *Der Schwarze Jäger. Denkformen und Gesellschaftsformen in der griechischen Antike*, Frankfurt 1989.

3 J. Revel und J.-P. Peter, »Le corps: l'homme malade et son histoire«, in: *Faire de l'histoire*, Paris 1974, 1986², Bd. III, *Nouveaux objets*, S. 169–191. J. Le Goff, »Corps et idéologie dans l'Occident médiéval«, in: *L'Imaginaire médiéval*, a. a. O., S. 123–126. »Le refus du plaisir«, *L'Histoire*, Nr. 63. »L'amour et la sexualité«, *L'Histoire*, Januar 1984, S. 52–59, wiederabgedruckt in: *L'Imaginaire médiéval*, a. a. O., S. 136–148.

4 J. Le Goff und J.-Cl. Schmitt, »Au XIIIe siècle: une parole nouvelle«,

in: J. Delumeau, Hg., *Histoire vécue du peuple chrétien*, Toulouse, 1979, Bd. I, S. 257–279. J. Le Goff, »Saint Louis et la parole royale«, vorgesehen für *Mélanges Paul Zamthor*. Über die Gesten s. J. Le Goff, »Les gestes du purgatoire«, in: *Mélanges de Gandillac*, Paris, 1985, S. 457–464, wiederabgedruckt in: *L'Imaginaire médiéval*, a. a. O., 127–135. J. Le Goff, »Les gestes de Saint-Louis: approche d'un modèle et d'une personalité«, in: *Mélanges Jacques Stieunon*, 1982, S. 445–460. J. Le Goff, »Le Rituel symbologique de la vassalité«, in: *Simboli et simbologie nell'Alto Medioevo*, Settimane di studio del Centro italiano di studi sull'alto medioevo, XXIII, Spoleto 1976, S. 679–788; wiederabgedruckt in: *Pour un autre Moyen Age*, Paris 1977, S. 349–420. J.-Cl. Schmitt bereitet eine Untersuchung über die Gesten im Mittelalter vor: »Le geste, la cathédrale et le roi«, *l'Arc*, Nr. 72, 1978, S. 9–12, und als Herausgeber der Sondernummer von *History and Anthropology*, Nr. 1, 1984, »Gestures« (mit einer Bibliographie). Im Hintergrund das große Buch von André Leroi-Gourhan, *Le Geste et la parole*, Paris 1964.

5 Antti Aarne und Strith Thompson, *The Types of the Folktale*, F. F. C. Nr. 184, Helsinki 1964.

6 J. Le Goff, E. Le Roy Ladurie, »Mélusine maternelle et défricheuse«, *Annales E. S. C.*, 1971, für den mittelalterlichen Teil wiederabgedruckt in: *Pour un autre Moyen Age*, a. a. O., S. 307–331.

7 Cl. Brémond, J. Le Goff, J.-Cl. Schmitt, *L'Exemplum, Typologie des sources du Moyen Age occidental*, Faks. 40, Turnhout 1982.

8 J. Le Goff, »Une collecte ethnographique en Dauphiné au début du XIIIe siècle«, in: *Mélanges Charles Joisten*, Sondernummer von *Le Monde alpin et rhodanien*, 1982, S. 55–66; wiederabgedruckt in: *L'Imaginaire médiéval*, a. a. O., S. 40–58.

9 Zum Beispiel R. Chartier, »La culture populaire en question«, in: *Histoire*, Nr. 8, 1981, S. 85–96. H.-Cl. Schmitt, »Religion populaire et culture folklorique«, in: *Annales* E. S. C., 1976, S. 941–953. G. Bollème, *Le Peuple par écrit*, Paris 1986. J. Le Goff, »Aspects savants et populaires des voyages dans l'au-delà au Moyen Age«, englische Fassung in: *Understanding Popular Culture*, St. L. Kaplan, Hg., Berlin–New York–Amsterdam 1984, S. 19–37, französische Fassung in: *L'Imaginaire médiéval*, a.a.O., S. 103–119.

10 J. Le Goff, »Les mentalités: une histoire ambigue«, in: *Faire de l'histoire*, a.a.O., Bd. III, S. 76–94.

11 J. Le Goff, »Les rêves dans la culture et la psychologie collective de l'Occident médiéval«, *Scolies*, I, 1971, S. 123–130; wiederabgedruckt in: *Pour un autre Moyen Age*, a.a.O., S. 299–306. J. Le Goff,

»Le christianisme et les rêves (IIe−VIIe siècle)«, in: *I sogni del Medioevo*, Tullio Gregory, Hg., Rom 1985, S. 171−218; wiederabgedruckt in: *L'Imaginaire médiéval*, a.a.O., S. 265−316.

12 J. Le Goff, Artikel »Antico/moderno«, »Calendario«, »Decadanza«, »Documenta/monumento«, »Escatologia«, »Età mitiche«, »Memoria«, »Passato: presente«, »Progresso/reazione«, »Storia«, in den Bänden I, II, IV, V, VIII, X, XI, XIII, XV der *Enciclopedia Einaudi*, Turin 1977−1982, zusammengefaßt in dem Band *Storia e memoria*, Turin 1986. Eine Ausgabe der französischen Fassung einiger dieser Artikel erscheint demnächst bei Gallimard.

13 J. Le Goff, *Naissance du purgatoire*, Paris, 1981; deutsch: *Die Geburt des Fegefeuers*, Stuttgart, 1984. J. Le Goff, »Les limbes«, *Nouvelle Revue de Psychanalyse*, Nr. 34, Herbst 1986, *L'attente*, S. 151−174.

14 Marc Bloch, *Les Rois thaumaturges*, Paris 1924¹, 1961², 1983³ (mit einem Vorwort von J. Le Goff, S. I−XXXVIII).

15 J. Le Goff, »Is Politics still the backbone of History?«, *Daedalus*, Winter 1971, S. 1−19; wiederabgedruckt in: *Historical Studies Today*, F. Gilbert und S. Graubard, Hg., New York 1972, S. 337−355. Französische Fassung: »L'histoire politique est-elle toujour l'épine dorsale de l'histoire?«, in: *L'Imaginaire médiéval*, a.a.O., S. 333−349.

16 *Problèmes et méthodes de la biographie*, Actes du Colloque, Sorbonne, 3./4. Mai 1985, in: *Sources-Travaux historiques-Histoire au présent*. Bernard Guenée, *Entre l'Eglise et l'Etat. Quatre vies de prélats français à la fin du Moyen Age*, Einleitung, Paris 1987, S. 7−16.

17 J. Le Goff, »Saint Louis a-t-il existé?, *L'Histoire*, Nr. 40, Dezember 1981.

18 Zwei große sowjetische Historiker, Michail Bachtin und Aaron Gurjewitsch haben reizvolle anthropologisch-historische Annäherungen an das Lachen im Mittelalter vorgeschlagen. Ein weiteres sehr anregendes sowjetisches Buch ist das von D. S. Lihacev, A. M. Pancenko und N. V. Pompko, *Smeh v Drevnej Russi (Das Lachen im alten Rußland)*, Leningrad 1984, vorgestellt von Cl.-S. Ingerflom in den *Annales* E. S. C., 1985, S. 841−843.

Michelle Perrot: Der Geist der Zeit

1 *Journal à quatre mains*, Paris, 1962; 1980, S. 281, unter dem Datum vom 20. Oktober 1941. Zahlreiche Anspielungen auf den *Cours Bossuet*.

2 P. Claudel, *Le Soulier de satin*, Paris, 1949, S. 858. dt. *Der seidene Schuh*.

3 Im vorliegenden Fall eine Bestätigung für die Richtigkeit der These von Arno Mayer, *La Persistance de l'Ancien Régime. L'Europe de 1848 à la Grande Guerre*, Paris, 1983.

4 *Correspondance de Vincent van Gogh avec son frère Théo*, Brief 324, April 1883.

5 Vielleicht auch jene Einsamkeit, von der ich erst sehr viel später erfuhr, daß sie ein wirksames Heilmittel gegen Appetitlosigkeit ist.

6 In dieser Hinsicht waren die »Fakultätslager« in den 50er Jahren unbestreitbar ein Erfolg.

7 Vgl. Michel Winock, *Histoire politique de la revue ›Esprit‹ (1930–1950)*, Paris, 1975.

8 Nachdem ich die Assistentin von Labrousse am *Institut d'histoire économique et sociale* geworden war, sollten noch viele methodische Anregungen von ihm ausgehen. Das Institut war von Marc Bloch an der Sorbonne gegründet worden. Er stand ihm von 1962 bis 1967 vor, bis er in den Ruhestand trat und Pierre Vilar, dessen Bildung, Strenge und Freundschaft ich so geschätzt habe, seine Stelle einnahm.

9 Anfang 1968 gingen der Studentenbewegung die Streiks von Redon und Caen voraus, getragen von jungen Arbeitern, die aus der neuen Dezentralisierungsstrategie hervorgegangen waren.

10 Damals war Pierre Vidal-Naquet Assistent der Universität von Caen. [Maurice Audin, Hochschulassistent und Mitglied der KP Algerien in Algier, im Juni 1957 verhaftet und zu Tode gefoltert. 1959 erschien *L'affaire Audin* von Pierre Vidal-Naquet. Anm. d. Ü.]

11 Wir waren zur Präfektur geladen und vom Generalsekretär empfangen worden, der uns aufforderte, darauf zu verzichten: »Meine Damen, das ist nicht Ihr Platz. Stellen Sie sich vor, es passiert etwas. Und Sie, Madame, Sie sind doch Lehrerin, glauben Sie, das ist ein gutes Beispiel?« Wir hatten beschlossen, nicht zu antworten; der Generalsekretär hatte es mit zwei Stummen zu tun.

12 In der Fabrik zu arbeiten war der Wunsch und die Pflicht dieser Generation. Simone Weil, Claire Etcherelli, die Soziologen der »teilnehmenden Beobachtung« sowie die Arbeiterpriester sind einige

Beispiele dafür, die mich immer fasziniert haben. Auch ich dachte daran, in der Fabrik zu arbeiten. Aber ich war wankelmütig und tat es nie.

13 Was Georges Lefebvre (zu Albert Soboul) sagen ließ: »Reden Sie nie schlecht über die Universität.«

14 Mit der Gruppe, die Jean Chesneaux leitete und deren prominenter Bürge Emmanuel Le Roy Ladurie war.

Verzeichnis der Abkürzungen

CGT   Confédération Générale du Travail (Der PC nahestehender Gewerkschaftsbund)

CNRS   Centre Nationale de la Recherche Scientifique

EPHE   Ecole Pratique des Hautes Etudes

FLN   Front de Libération Nationale (Nationale Befreiungsfront Algeriens)

INED   Institut National d'Etude Démographique

JECF   Jeunesse Etudiante Chrétienne Féminine

JOC   Jeunesse Ouvrière Chrétienne

MRP   Mouvement républicain populaire (Christdemokraten)

PC   Parti Communiste

PCA   Parti Communiste Algérien

PSU   Parti Socialiste Unitaire

PUF   Presses Universitaires de France

RHES   Revue d'Histoire Economique et Sociale

SDN   Service des Nations

SFIO   Section Française de l'Internationale Ouvrière (Sozialdemokraten)

SNCF   Société Nationale des Chemins de fer Français

SNESup   Syndicat National de l'Enseignement Supérieur

UFF   Union des Femmes Françaises

Die Autoren dieses Bandes:

Pierre Chaunu, geboren 1923, lehrt Geschichte der Frühen Neuzeit an der École des Hautes Études en Sciences Sociales und arbeitet am C.N.R.S. in Paris.

Georges Duby, 1919 in Paris geboren, lehrt seit 1970 Geschichte des Mittelalters am Collège de France. Er ist Mitherausgeber der fünfbändigen *Geschichte des privaten Lebens*, die ab Herbst 1989 im S. Fischer Verlag erscheint.

Jacques Le Goff, 1924 in Toulon geboren, lehrt mittelalterliche Geschichte an der École des Hautes Études en Sciences Sociales und ist Mitherausgeber der Zeitschrift *Annales*.

Michelle Perrot, geboren 1918, ist Professorin für die Geschichte der Neuzeit an der Universität in Paris. Sie ist Herausgeberin des 1989 im S. Fischer Verlag erschienenen Bandes *Geschlecht und Geschichte. Ist eine weibliche Geschichtsschreibung möglich?* sowie Herausgeberin des 4. Bandes der *Geschichte des privaten Lebens*.